智勝 BEST-WISE 公共管理评估丛书

第三部门评估与责信

官有垣 陈锦棠 陆宛苹 主编

北京大学出版社
PEKING UNIVERSITY PRESS

图书在版编目(CIP)数据

第三部门评估与责信/官有垣,陈锦棠,陆宛苹主编.—北京:北京大学出版社,2008.5

(公共管理评估丛书)

ISBN 978-7-301-13529-7

Ⅰ.第…　Ⅱ.①官…②陈…③陆…　Ⅲ.第三部门-研究-国际学术会议-文集　Ⅳ.C916-53

中国版本图书馆CIP数据核字(2008)第038695号

书　　　名:第三部门评估与责信

著作责任者:官有垣　陈锦棠　陆宛苹　主编

策 划 编 辑:丁莉华

责 任 编 辑:丁莉华

标 准 书 号:ISBN 978-7-301-13529-7/D·2012

出 版 发 行:北京大学出版社

地　　　址:北京市海淀区成府路205号　100871

网　　　址:http://www.pup.cn

电　　　话:邮购部62752015　发行部62750672　编辑部62117788
出版部62754962

电 子 邮 箱:law@pup.pku.edu.cn

印　刷　者:三河市新世纪印务有限公司

经　销　者:新华书店

730毫米×980毫米　16开本　23.5印张　322千字

2008年5月第1版　2008年5月第1次印刷

定　　　价:45.00元

《公共管理评估丛书》

PREFACE

《公共管理评估丛书》总序

公共组织不以私人利益为追求目标,因此公共组织往往容易缺乏内在发展的动力。另一方面,公共组织又具有相对的垄断性,缺乏市场竞争机制,因此组织自我改进与发展的外在动力也不足。公共组织的这种先天不足,会直接影响到公共组织服务质量与绩效的提高。因此,公共组织最迫切需要解决的问题就是动力源泉!

公共组织的动力有两方面的来源,第一是组织内部自身,即组织的使命与员工对使命的认同。但遗憾的是,公共组织经常会出现使命失灵的现象。第二是组织外部的压力,但这种外部的压力与市场竞争机制又有很大不同,它不是建立在优胜劣汰的基础上,而是建立在评估的基础上。也就是说,外部的评估是公共组织提升绩效与服务质量的重要动力来源。这也是为什么评估成为新公共管理的热点的原因。事实上,无论是发达国家,还是发展中国家,政府在推进行政体制改革或公共事业改革方面,都离不开评估这一管理的核心工具。

中国的改革更离不开评估。改革实际上是对利益进行重新调整与分配的过程。随着中国改革开放的不断深化,改革的阻力与难度也越来越大;而从技术层面入手、从管理改革入手,就具有较强的正当性与可行性。它不仅符合世界的潮流,容易为利益各方所接受,而且也容易取得立竿见影的效果。而作为管理改革的核心工具,评估是最理想的技术手段之一。也就是说,从评估切入,通过评估来推动中国的改革是未来一个切实可行的路径与选择。

然而,评估又是一件非常困难的事情,甚至可以说是管理学的世界性难题。毕竟评估是一种基于价值的判断,具有较强的主观性。因此,没有绝对客观、公正与科学的评估。特别是对于公共组织而言,由于其目标的多元与弹性和指标的难以测量,评估工作更是难上加难。在这种情况下,公共组织的评估就更需要小心谨慎,更需要理论的指导。在西方国家,评估作为一门专业与学科,始于 20 世纪 60 年代后期。到 20 世纪 80 年代,这门学科已经相对成熟。然而,中国公共管理学界对评估的研究才刚刚起步。可以说,在很大程度上,中国的公共管理是实践先于理论。

近年来,由于实践的需要,国内各个地方开展了各色各样的评估活动,例如政策评估、政府绩效评估、项目评估等。然而,由于中国相关理论研究的滞后和评估专业人员的匮乏,在缺乏理论指导和缺乏专业评估人员的情况下,有的地方开展的评估不仅没有取得预期的效果,反而产生了一些负面的效应。因此,中国的公共管理学界理应积极回应社会的需求,加强评估领域的研究、评估知识的传播和评估专门人才的培训。

正是基于以上考虑,我们组织出版了这套《公共管理评估丛书》。本丛书具有以下特点:

第一,系统性。这套丛书不仅包括政府绩效评估、事业单位绩效评估、非营利机构绩效评估、社会福利机构评估方面的专著,也包括评估理论模型、政策评估、公共服务与事业评估等方面的著作。

第二,前沿性。本丛书抓住了当前评估领域的热点与前沿性问题。例如,在政府绩效评估方面,侧重于群众评议政府绩效的理论与方法。群众评议政府绩效是未来发展的趋势,有关这一问题的研究,即使在发达国家,也是一个相对较新的领域。而在国内,这可能也是第一部专门阐述群众评议政府绩效的著作。

第三，实用性。本丛书的另一个特点，是注重可操作性。有的著作不仅阐述了评估的思想、理论，也尽量给出具体的评估方法、解决评估难题的方案，有的还列出了一些具体的评估指标体系与评估问卷，有的还给出了实际的评估案例及案例分析。因此，这套丛书不仅适宜于公共管理领域的教师、MPA 学员使用，也特别适宜公共部门的管理者与实践者参考。

本丛书的另一特色在于它是两岸三地公共管理领域的学者共同努力的结果。其实，我个人一直都很看重香港和台湾地区公共管理的理论与实践经验。西方的一些公共管理理论虽然很前沿，但有些可能不适合我国，或我们暂时还做不到。而香港和台湾地区与祖国大陆的情况很相似。特别是台湾地区的学者较早到西方学习公共管理，20 世纪 80 年代后陆续回台湾，他们较早将西方公共管理理论应用于台湾地区的实践，并将其本土化。无论如何，香港和台湾地区有很多经验值得我们学习，更有许多教训值得我们吸取。因此，这套丛书主要由祖国大陆、香港和台湾地区从事公共组织评估研究的学者和实务工作者共同撰写而成。

最后，我要特别感谢台湾智胜文化事业有限公司副总经理陈春燕女士。几年来，春燕女士多次来清华大学，不仅为我带来了台湾地区公共管理学界的最新书籍，而且帮助我们与台湾地区公共管理学界牵线搭桥，对我们的研究给予很大的帮助。本套丛书的出版也离不开她的大力支持。

在中国，公共管理领域的评估研究还是一个初生的婴儿，本套丛书也一定存在许多不足之处，还望广大读者不吝指正。

邓国胜

2006 年 9 月于清华大学

CONTENTS

目录

CHAPTER

导　论

近十多年来，不论是欧美或亚洲地区，政府与民间非营利组织的互动日益频繁，从社会运动到伙伴关系，双方都有不同的学习与成长，政府与民间非营利组织因此有更多的协力合作在进行。最常见的是政府向非营利组织采购服务，由于政府所提供的是公共服务，其规模、范畴及影响都较大，因此对于非营利组织服务成效的评估及评量更显重要。另一方面，由于非营利组织具有公益使命，且其资源大多来自社会大众，因此组织的健全与否，对社会也有一定的影响。然而要了解非营利组织在运作上是否健全及其未来的发展怎样，对组织及其执行的方案进行评估实是一项非常有必要且有意义的工作。

以台湾地区为例，已有不少学者及研究生分别在政策、组织及方案的评估等方面进行研究，但在社会工作、社会福利等相关科系中，却甚少教导学生“评估”的重要性以及如何进行评估的，以致学生毕业进入职场后，只会一味投入实务工作，而忽略了去了解服务方案是否有成效、机构的服务方案是否符合其使命，甚至也无法对政府的政策内容及执行成果是否公平、适当，去做系统评判。

事实上，评估的运用范围是非常广泛的。举例来说，政府及立法监督机关经常通过评估工作，来了解政策执行成效，即是运用政策评估的方法。而评估的取向，粗略来说，包括组织评估以及方案评估。对于非营利组织而言，组织评估的方面有人力、财力、物力等有形的资源，以及组织的资源网络、管理与领导能力、募款能力等无形的资源。至于方案评估的目的，主要是要让我们去陈述方案整体的表现，另一方面是找到一些指标，以判断方案表现的成效。

再者，近年来无论是企业部门或第三部门，责信（accountability）议题引发了不少讨论，责信可视为一种关系的建立与展现，即受托者（非营利组织）对委托者（利益关系人）应负责并有所交代。因此，实践责信的方法之一是必须通过评估工作来彰显与达成。故通过评估也可让非营利组织的责信关系得以确立，使其更符合为社会公益而存在的目的。

基此，财团法人海棠文教基金会与中正大学社会福利学系、台湾地区大学社会工作学系、世新大学管理学院于2005年8月26—27日在台北共同举办了《非营利组织的评估——绩效与责信》国际研讨会，目的是借由举办此次研讨会，让政府部门、学术界以及实务界人士，能够体会认识到评估的重要性，进一步能够提升对评估工作的重视，同时也借由国外在这方面的经验，提供各地在评估工作上的参考。本次研讨会连同来自荷兰 Tiburg University 的 Patrick Kenis 博士所发表的专题演讲论文，共有 20 篇非营利组织评估与责信的专论。该研讨会结束后，为使更多读者有机会阅读这些精彩的学术研究论文，于是官有垣（中正大学社会福利学系）、陈锦棠（香港理工大学应用社会科学系）与陆宛苹（海棠文教基金会）3 人承担编辑工作，经过数次的意见交换后，决定从 20 篇研讨会论文中选取 8 篇，另外增选 5 篇相关议题的邀稿性质的学术论文合而编撰为一本专书，订名为《第三部门评估与责信》。本书的结构，除了导论外，收录的论文共有 13 章，根据其讨论分析议题的不同，这些文章被归纳为 3 篇：第一篇为 NPO 评估的理论、方法与指标、第二篇为 NPO 评估案例，以及第三篇为评估、绩效与责信。

（一）非营利组织评估的理论、方法与指标

本书的第一篇有四章，分别论述评估的政治、衡量与实作三个维度；平衡计分卡在社会服务上如何运用；厘清以结果为基础的评估模式的概念与结果的测量；以及应用 GIS 并从空间分析观点剖析社会服务方案的评估方法。

本书的第一章由肯尼斯教授（Patrick Kenis）执笔，原文为《非营利组织的评估——绩效与责信》国际研讨会的专题演讲论文《评估的三个维度：政治、衡量与实践》（The Three Words of Evaluation ： Politics，Measurement and Practice），译者涂瑞德先生，是美国印第安纳大学公共与环境事务学院博士。

肯尼斯教授在本章中强调，非营利组织的功能发挥与责信，其实是一个相当复杂的议题，因而他提出一个兼顾责信与非营利组织特征的评估整合架构。作者首先提出一些与非营利组织评估相关的命题（propositions），这些命题汇整与组织、政策拟定及评估相关的文献，并以系统的方式阐述一些核心议题。作者在本章一方面描述非营利组织如何达成评估的目标，另一方面，却尝试避免使评估流于仅是一种社会技术（social-technology），即强调

评估行动本身要比该行为的发展与目的来得重要。作者指出,影响评估的三大维度包括政治、衡量及实践,政治代表责信准则的拟定程序;衡量意味准则的可操作与可测量性;实践意指责信实施的情况。上述三个维度有其个别特定的逻辑与标准,而非营利组织的责信达成度也取决于如何有效整合上述三个维度。

香港理工大学应用社会科学系陈锦棠教授与明爱会的梁赞权先生所写的第二章,详细介绍如何使用平衡计分卡的概念和架构应用于社会服务的机构内,并建构一套有效的管理制度,加强社会福利机构面对内部和外在的挑战,以便更有效地达到机构服务的理念和价值。两位作者指出,在 2000 年,香港社会福利署推行整笔拨款(Lump Sum Grant)的津贴计划,并以该类型服务的标准人手编制,用标准薪酬的中位数作为计算津贴金额,以整笔的形式发放给有关的非政府机构,让他们自由运用,以便提供符合社会福利署和服务使用者要求的服务。由于计算是以标准薪酬中位数计算,这个定额和整笔拨款使很多非政府机构面临财政困难,他们要考虑重整人力资源政策、重整机构的组织架构、积极开拓新资源和与外界商业机构合作等等,以应付日益紧迫的财政短绌困难。因此,为了适应此项政策变革,在 2004 年,香港社会服务联会与 17 家非政府机构合作,聘请管理顾问公司一同以平衡计分卡为蓝本制定了一套名为服务表现评估及管理工具(Performance Measurement and Management Tool (PMMT)),供各参与机构使用,以加强他们的策略管理,更有效地评估和监督其工作成效,使机构更有效地面对社会福利界内的急剧转变。

平衡计分卡有三个重点和管理效能,它们分别是策略管理功能、表现评估及监督功能和沟通功能。作者接着在文内对于平衡计分卡运用于福利机构的策略管理是否适当做出反思,回顾整个尝试推行计分卡的过程,认为计分卡适合机构使用,机构可善用计分卡引导整个面对转变的过程,计分卡所主张的概念正切合机构的需要,机构要有策略地面对外界的挑战,要善用沟通渠道加强与员工沟通,有效地评估中心的表现,并确实反映给员工和机构成员知悉,以上各点均是中心现阶段所需要的。

第三章讨论以结果为基础的评估模式,特别着重的是其概念的厘清与结果如何测量,由官有垣与王仕图两位教授主笔。本章强调,近年来,评估的理论与实务工作者特别重视有关结果的评估。主要是因为,衡量一个方案的结果——方案对于顾客、案主或参与者的获益或结果,将对非营利人群服务、医疗卫生与其他福利服务的组织带来巨大影响。也就是说,方案结果的衡量将注重的焦点从活动转移到结果,从注重一个方案如何运作转为关注方案达成什么好的成就。举例而言,近年来在美国全国性的非营利组织由评估结果的测量甚至已经发展出测量方案结果的方法与指标,同时提供各项资源协助地方分支机构进行本身的方案结果的评估测量。在本章中,作者经由方案结果评估的讨论,期盼有助于非营利组织了解其推动方案对于案主的贡献,同时协助为非营利组织提供方案服务有关事项进行更佳选择,包含案主的选择、政策决定、资源提供等。再者,本章作者认为利用结果的评估思维,将有助于非营利组织有更佳的机会与能力来改善方案的内容,并且提升与强化非营利组织在责信度上的要求。总而言之,以结果为基础的评估不单是要了解一般方案活动的产出,还包含了方案的实施与组织的目标达成的关系以及组织方案本身的成效等评估。因此,以结果为基础的评估是一种成就量度(performance measurement)与价值评量(value assessment)的方法。

接着,东海大学社工系的刘丽雯教授所写的第四章,旨在论述空间分析观点的社会服务方案评估方法,也就是讨论地理信息系统(GIS)在这方面的运用。作者指出,现代社会问题的解析,以及解决方案的设计与执行,不能仅仅掌握单一层面或是传统比较静态的因素分析,而是需要进一步关注到多方面的影响因子,包括社会、心理以及环境与空间等因素,对服务对象以及发展的服务方案的影响。以独居老人的居家服务方案规划为例,在进行方案的形成性评估时,除了需考虑到个别老人本身的特质,及其生命历程可能面临的经济、健康以及社会与心理支持层面的需求外,也需要顾及老人的居住环境、地理区位与可能的资源所在及距离等因素,对于服务案主的各项生活功能满足所可能产生的影响。

作者因而强调,以上叙述的现象突显出政府或民间社会福利机构,在从事服务方案的形成性评估或是服务过程评估时,为确保社会服务方案符合服务对象的需求，亟需将服务对象面临的环境空间因素列入解析与考量，以协助发展较适合服务对象的服务方案，并适时调整服务方向与内涵。因此，如何运用一套兼具静态数据与动态环境空间解析功能的方案评估技术，以协助社会服务相关机构，建构一个具备环境空间分析观点的社会服务方案评估体系，通过对方案的执行程度做监控或过程评估以及方案的执行成效做评估，以响应经费提供单位以及社会大众的责信要求，是公、私部门相关社会福利组织近年来所面临的持续挑战。

（二）非营利组织评估的案例

在论述非营利组织评估的理论、方法与指标之后，本书的第二篇进入案例分析的部分。本篇总共收录六章，占本书最大的篇幅，包括以家居及小区照顾计划为案例的成本分析；以祖国大陆为分析背景的项目绩效评估案例；使用美国及台湾地区联合劝募（United Way）的推展及导入经验来论述成效评量模式；以台湾地区亚洲基金会《一九九八年非营利组织专业人员海外暑期研修》为例的非营利组织的方案影响评估；以弱势家庭服务为例，借以省思评估的逻辑模式；以2004年台湾地区北区非营利组织人才培训为例，进行非营利组织人才培训方案的评估。六章六个案例，且都以实证资料为分析的基础，用以论述不同的评估模式与方法，是本篇内容的最大特色。

1. 成本分析——《家居及小区照顾计划》案例

香港理工大学的陈锦棠、施育晓两位教授在第五章中指出，自20世纪90年代末期以来，成本效益的数据成为政府福利方案项目委托的设计、管理和财政预算的重要依据。两位作者强调，近年来，香港社会服务机构所处的政策、社会和经济环境都正经历巨大的改变。社会福利署在新的改革和改变中强调“有效运用公共资源、创新、响应性和表现管理，从而及时地满足转变中的社群需要”。自1999—2000年《津贴及服务协议》和《服务质素标准》的推出以来，服务表现方面的改革渐渐地落实。《整笔拨款计划》的各项安排正式运作，结果和成本效益成为社会服务界别中新的考虑标准。成本的数据成为项目委托的设计、管理和财政预算的重要依据。

换言之，伴随着竞争投标和项目委托的发展，成本考虑成为香港社会服务机构其中一项关注的事项。引入新制度所期望的,并不单是要在现状得以维持下节省成本开支,而是要完善管理服务提供过程之中由输入、过程、程序、输出以致成果的各样表现。由于采用项目委托的竞标决定福利服务,社会服务机构被期望使用最低的成本提供跟从前一样的服务,这无疑对一直以来依赖政府资助维持财政开支的社会服务机构形成压力。全章分析的重点是根据 Martin Knapp 教授的"福利生产模式"(Promotion of Welfare Model)来介绍成本分析的概念和方法。由于《家居及小区照顾计划》是香港政府刚刚推出的社会服务项目,独立于现存的其他服务提供系统,故此被选择为案例去讨论及阐释成本分析的方法和应用。

2. 幸福工程项目绩效评估案例

第六章由北京清华大学 NGO 研究中心邓国胜主笔。邓教授强调,近年来,越来越多的非营利/非政府组织实施了各式各样的项目,项目的开展已经成为非政府组织的主要活动方式,项目管理也成为非政府组织的热门话题。然而,作者提出几项核心问题,即非营利/非政府组织如何通过项目证明组织存在的理由与价值?如何通过项目实施,打造品牌,扩大组织的知名度,树立组织的形象?如何通过项目活动募集更多的资金?毫无疑问,绩效评估就是达成这一目的的重要手段。绩效评估不仅是非政府组织项目管理的重要环节,也是非政府组织问责的重要内容。因此,对所实施的项目开展绩效评估就显得非常重要。作者在本章以幸福工程绩效评估的实例来阐述如何进行绩效评估。在本章,首先,描述通过评估了解幸福工程在各项目点实施的实际状况;其次,通过评估反映幸福工程实施的效率与效能,以及工程实施的质量及其社会影响;最后,通过评估总结项目管理的经验与教训,从而进一步完善幸福工程的管理办法,并为后续项目的策略规划和决策提供依据。简言之,本章以幸福工程的绩效评估为案例,剖析了社会公益性项目的评估方法、评估内容与指标,且也为项目评估报告的写作提供了一个极佳的模板。

3. 成效评量模式——美国及台湾地区联合劝募的推展与导入经验

目前担任台湾地区联合劝募协会副秘书长的陈文良先生在第七章中描述方案成效评量的理论与美国的实务运作,并以台湾地区联合劝募协会推动方案成效评量的发展过程与实务经验作为分析的案例。作者指出，方案成效评量（Program outcome measurement）自20世纪90年代中期开始就是美国联合劝募组织（United Way of America，UWA）大力推展的方案评估方法。从进入21世纪开始，美国联合劝募组织因应组织定位与募款竞争的新挑战，从方案（项目）层次的成效，进一步探讨小区成效，进而说明联合劝募存在的新意义，展现整合小区资源的投资效益。台湾地区的联合劝募协会于2000年开始探讨成效评量模式导入的可行性，同时从2003年起将方案成效的概念导入机构申请方案的规划中。近年来美国联合劝募组织主张联合劝募不只是补助直接服务机构，而是给小区带来持续的改善，成效评量能力则是发展出小区投资组合（community investment portfolio）的基础建设。作者认为，参考其培育社会福利团体提升评估能力与展现服务成效的经验是相当有价值的。特别是社会福利机构有责任积极凝聚小区或社群力量，响应弱势群体需求，并且让这些工作产生具体可测量的影响力。

4. 方案影响评估——以台湾地区亚洲基金会《一九九八年非营利组织专业人员海外暑期研修》为案例

第八章的作者为官有垣与王仕图。在本章中，作者分析台湾地区亚洲基金会在1998年实施的一项海外NPO人才教育训练方案结束5年后的影响评估。作者指出，亚洲基金会（The Asia Foundation，TAF）自1954年起在台湾地区设立办事处，1997年台湾地区办事处转型成为台湾地区亚洲基金会（Asia Foundation in Taiwan，AFIT）。同年，AFIT在TAF的协助下，开始推动《非营利部门发展计划》（Non-Profit Sector Development Program）。其中一项计划是与TAF旧金山总部合作，推动台湾地区NPO人才至海外接受短期或长期的NPO管理的教育训练方案。1998年初，决定与旧金山大学（University of San Francisco，USF）的非营利组织管理研究中心（Institute for Nonprofit Organization Management，INOM）合作此研修计划，同年7月开始执行《台湾地区非营利管理暑期研修计划》，共有10名学员与1名助教参与此暑期研修课程。

作者在本章运用"影响评估"（Impact Evaluation）研究途径探索该项NPO专业人员海外暑期研习方案，从执行完成至2003年暑期作者开始进行此研究时已满5年，到底该方案对于学员在NPO管理的知识、技术、认知、态度与行为的影响有哪些？对于其个人的工作生涯发展的影响有哪些？又对于其所服务或领导的非营利组织的管理与发展带来哪些积极的效益？影响评估的分析标准是以影响评估概念中的三项观察指标，即知识技能、工作生涯以及价值态度，来检视学员在这三方面的改变程度。整体来看，这10位参与研修的学员在知识技能层面受到USF暑期NPO管理课程的影响最大；次之，是工作生涯的影响；最后才是价值态度。

5. 逻辑模式的省思——以弱势家庭服务为案例

由暨南大学社会政策暨社会工作学系张英阵与许雅惠两位教授合写的第九章，论述逻辑模式（Logic Model）与 Martin & Kettner（1996）所提出的绩效评估模式（Performance Evaluation Model），并纳入“内政部”儿童局“危机单亲家庭弱势儿童少年外展服务计划”的研究资料，并在“隔代、单亲及原住民弱势家庭的儿童青少年外展服务区域督导计划”，同样采用上述的绩效评量模式运用于10个提供上述服务的机构的行动研究报告。作者指出，逻辑模式是20世纪90年代以后逐渐发展出的一种比较简单的方案管理模式，它强调方案需要有基本假设与理论，且依据理论与假设规划方案的活动，并将方案的过程和成效与理论假设做联结。逻辑模式的发展可说是适应社会大众对方案绩效的期待，过去习惯以服务效率代表绩效，近年来则必须兼顾效率、质量与效能三种观点。作者列述其研究的主要发现有如下几点：

（1）实务工作者坦承，没有太多时间阅读专业文献，甚至部分社会工作者宣称，从学校毕业后就没进过图书馆。因此在逻辑模式中最重要的假设与理论部分无法提供较有利的依据。

（2）大部分机构在方案中没有用专门章节来做问题陈述和需求评定。

（3）目标与目的的设定大多仅提出产出的具体目的，在品质与成效上较少。

（4）输入资源中最重要的人力资源是方案管理者与社工督导，而组织专业人员流动性高也势必影响方案的运作与绩效。

（5）活动是各机构的服务策略，研究发现目前的活动不够创新，家访次数不多且没有详细的记录。

(6) 输出与成效部分,发现多数方案中没有具体指出所运用的评估技术,且不习惯运用标准化测量工具。

(7) 最后,作者指出,机构内部高阶主管对绩效的期待与支持、方案管理者的评估技术、执行人力的稳定性、方案规划是否适当、组织外部赞助者对绩效的脐带都是影响机构服务方案绩效的因素。尤其在英美社会工作伦理守则中明确表示,实务工作者针对自己的实务工作做评估,是专业伦理的基本要求;对台湾地区社会工作者来说则是一项挑战,真要做好绩效评估,则管理者与实务工作者都需要在态度与行为上做调整改变,绩效的要求才能落实。

6. 人才培训方案评估——以 2004 年台湾地区北区非营利组织人才培训为案例

海棠文教基金会的陆宛苹执行长与陈伲漶女士运用该基金会在 2004 年接受"行政院青年辅导委员会"委托的北区非营利组织人才培训计划所进行的评估资料,在第十章剖析在办理人才培训时的合理单位成本,以及培训对于学员及组织的成效,以提供未来在执行同性质的人才培训计划时,可以学习及改进的地方。作者的评估研究对象是参与 2004 年"青辅会"委托办理的国际事务研习班、志工管理研习班、方案管理研习班、信息管理运用研习班、营销管理研习班、募款管理研习班及财务管理研习班等 7 个 NPO 人才培训班的 419 名学员,共运用了产出评估、成本-效率评估、教育训练评估(反应层次、学习层次、行为层次以及结果层次)等三项评估方式。评估后发现,课程设计、师资、教学方法、学员的筛选与录取以及如何将个人能力转化为组织能力等五大部分值得检讨与改善。作者强调,在台湾地区,非营利组织人才培育至今已逐渐被重视,但是仍有许多的机制尚未周延,因此建议需要着重非营利组织核心人才的培育,人才培育中资源的投入与分配应更聚焦,课程规划与培训方式需要适应组织的多元发展,并建立组织的人才库。

(三) 评估、绩效与责信

本书在第三篇,收录了三章的篇幅,分别阐释了非营利组织绩效如何评量的问题及其对策;从社会服务契约委托的责信课题为例,论述绩效、质量与消费者权益保障;以及从美国的非营利组织财务信息的公开报道经验,评析其对台湾地区的启示。

评量非营利组织绩效的问题与对策是第十一章论述的主题,作者从系统模式来看非营利组织的组织绩效,强调在日益竞争的第三部门环境中,非营利组织无法仅凭借善良的信念或坚定的价值就足以达成使命与远景。反之,非营利组织必须引进管理原则与技术,以追求组织使命、实践远景。第三部门学界大致上已发展出四种绩效评量的途径:目标达成途径、系统资源途径、声望途径以及决策过程途径,每一个途径代表了对非营利组织绩效不同的界定,作者也发现一些特性。这些途径固然有作为研究与理论工具的优点,但也都存在着限制,因此作者尝试以组织系统论的观点,结合上述四种非营利组织绩效评量的途径设计一个多层面、整合性的分析模式。而此以系统论观点设计的多层面、整合性分析模式,包含了四个核心项目:输入、转换、输出、反馈。

非营利组织绩效评量的问题主要发生在这个绩效评量模式各个核心项目之间的环节,这些问题包括:因果关系的问题、多重目标的问题、负面效果的问题、评量技术的问题以及制度限制的问题。本章作者由此提出五点解决对策:①评量非营利组织绩效的首要工作就是评量达成使命的程度;②不同类型的非营利组织应采用不同的绩效评量机制;③将非营利组织的绩效视为社会建构,绩效评量的要素与指标应由各关系人共同决定;④非营利组织的绩效评量无法化约为单一层面,应由多层面的角度予以评量;⑤非营利组织绩效评量的主要功能应定位为提升组织的调适能力。

台大社工系的刘淑琼教授在第十二章探讨社会服务契约委托的责信机制。作者强调实践契约委托责信过程中产生的问题,有颇为广泛的理论概念层次的讨论,尤其在管理主义脉络下,论述层级、法律、政治与专业的责信内涵,以及行政法脉络下的责信,反思管理主义委外责信的诸多不当的做法与缺失;并且以当事人-代理人理论为轴心,剖析社会服务契约委托制度的本质,及要求管理主义与行政法责信的内在困境与限制。此种分析途径使读者对于社会服务契约委托的责信课题有较为全面的认识。再者,作者以其建构的责信理论架构,从实证的角度对于台湾地区社会服务委外责信有相当仔细的论述，并对委外责信的困境有所反思，最后，在实务运作层面对民间受托的非营利组织提出具体的建议。

第十三章，也是本书收录的最后一章，论述美国的非营利组织财务信息的公开报告情形及其对中国台湾地区的启示，作者是台北大学公共行政暨政策学系博士生郑惠文女士，以及世新大学行政管理学系彭文贤教授。两位作者指出，由于美国是一个臻于成熟的公民社会，发展非营利组织有其悠久的历史，而台湾地区则是从1987年后才逐渐蓬勃发展起来，因此，本章主要汲取美国非营利组织财务信息报道的发展经验，植根于财务的观点，从责信下的信息公开、财务信息报告的特性与目标，以及公开报告的途径，探讨财务信息公开对非营利组织的意涵。借由美国非营利组织信息公开报告的实务，对照台湾地区目前非营利组织报告系统的困境与不足，思索因应对策，并提出建议与结论。期望能有助于台湾地区重视非营利组织财务信息公开制度的构建，以提升营运透明度，确实达到妥善代理社会大众善用社会资源的目的。作者提出的因应对策与建议是:①在缩短时间落差方面，政府机关、研究机构和民间团体须评估可能的电子申报途径，以增进信息的预测价值、回馈价值和时效性。②在揭示信息内容方面，须针对会计年度、会计基础、会计方法、会计制度、报告事项，以及报表签证和预决算申报等有统一的规范，以增进信息质量的重要性和可靠性，客观公正地反映组织的真实状况。

总结而言，本书收录的13章专论，所探讨的议题均围绕在第三部门非营利组织的评估理论、方法与指标方面；以台湾地区、香港地区及祖国大陆的华人社会为研究领域而进行的各式各类的非营利组织评估案例；以及非营利组织的绩效评量问题与责信的实践。本书三位主编深信，这本集近20位学术研究者与实务管理者的诸多心血所撰述出来的第三部门评估与责信议题专论，并历时两年时间修改论文与编撰，必然有助于读者深进一层了解第三部门评估与责信研究的样貌、内涵与意义。

官有垣、陈锦棠、陆宛苹

PART 1

第一篇

非营利组织评估的理论、方法与指标

CHAPTER 1

第一章 评估的三个维度：政治、衡量与实践

肯尼斯　荷兰帝博格大学组织研究学系教授
涂瑞德译　美国印第安纳大学公共与环境事务学院　博士候选人

---

① 作者至为感谢《非营利组织的评估：绩效与责信》研讨会与会成员所提供的评论意见。也感谢会议主办单位，包括：中正大学社会福利系、台湾地区大学社会工作学系、世新大学管理学院及海棠文教基金会等，让我有机会发表个人的想法。

② 本译文的原著：Patrick Kenis，The Three Words of Evaluation：Politics，Measurement and Practice. Keynote speech paper presented at the "Evaluating Nonprofit Organization：Performance and Accountability" International Conference，2005/08/26－27，Taipei. 之后，再经过 Kenis 教授的增修，始成此文。为求译文的信实与流畅，翻译的过程中，曾征询 Kenis 教授的意见，最后全文再经主编官有垣修订后完成。

本章简介

随着非营利组织在社会中提供公共服务的角色日益重要,大众也日益关切非营利组织应该如何实践责信(accountability)的要求。在本篇文章中作者强调,非营利组织的功能发挥与责信,是一个复杂的议题。本文提出一个兼顾责信与非营利组织特征的整合架构,此一架构是根据评估的三个重要维度,包括政治(politics)、衡量(measurement)及实践(practice)。政治代表责信准则(criteria)的拟定程序;衡量意味准则的可操作与可测量性;实践意指责信实施的情况。上述三个维度有其特定的逻辑与标准,而非营利组织的责信达成度也取决于如何有效整合上述三个维度。

第一节　导　论

非营利组织必须展现责信(accountability),以向大众说明其组织运作的成效,这也是本篇文章的基本论点。这个论点的基本逻辑是,非营利组织不仅接受许多公共资助,也提供许多影响民生福祉与生命安全的重要服务;同时,许多赞助单位也开始关注非营利组织如何在展现成果时也能有效降低成本。另一方面,我们也必须承认,评估与责信的要求会衍生科层的繁文缛节,以及对一些新设立的非营利组织产生服务提供的进入障碍。对于那些在新兴领域运作而之前少有经验的非营利组织而言,他们首要关注的议题并不是责信或效能,而是要如何达成任务。因此,对新设立的非营利组织而言,有时评估与责信是不受欢迎的。同时我们也发现,那些有能力将责信与评估工作包装精美、对外讲得头头是道的非营利组织,不论他们所提供服务的质量是好是坏,却经常容易获得大量的经费资助以及外界赋予其的组织正当性。

本章作者一方面阐述非营利组织如何达成评估的目标,另一方面,却尝试避免使评估流于仅是一种社会技术,即强调评估行为的本身要比该行为的发展与目的更为重要。本章也提出一些与非营利组织评估相关的命题。这些命题汇整与组织、政策拟定及评估相关的文献,并以系统的方式阐述之前提到的核心议题。如同本章标题所强调,影响评估的重要三大维度包括政治、衡量及实践,而非营利组织的评估质量也取决于如何有效整合上述三个维度。

第二节　政　治

Carol Weiss (1998) 将评估定义为:评估是根据一组显性或隐含的标准(standards),有系统地衡量一项政策或方案的执行或成果,其目的是经由此项工具的使用来改善政策或方案质量。这个定义强调在任何评估的过程中,用来衡量或判断一项政策、组织或介入的所谓标准,其实是我们的核心关注点所在。本文接下来的论述中,标准将被意指为准则;而准则通常被认为是与规范等量齐观,于其中详述是否要衡量一个介入的方式、一个组织或一项政策,例如目标达成度、效率、顾客满意度或是其他指标。由于评估准则通常具有规范性,因此选择评估准则来评量一项政策、组织或介入的过程,往往是一种政治程序。从这个论点可以推演以下的相关命题。

命题一:任何评估准则都有弱点

在任何有关评估的介入方式、组织或政策的绩效表现分析上所用的准则,都会有一些弱点。由于有很多评估准则可被使用,也由于准则的规范性特质,因此我们在选择过程中,不可能客观地决定哪个准则会比较好。例如,到底大众运输工具应该用准时、安全或舒适的哪一项指标来衡量较为恰当?同时许多研究也显示,这些评估准则并没有统计相关性,亦即较准时的大众运输工具不一定是比较安全与舒适;而相同的评估对象,用某一个准则来评估,也许获得正面的评价,但同一时间,当你用另外一个准则时,也许就获得负面评价。

非营利组织评估的难度与复杂度,也是因为存在有太多的准则可以被用于评估的这项事实,此情形是与一般营利组织在市场网络中运作有所不同的。对企业而言,绩效衡量的最佳指标是根据一般大众是否愿意支付一定的价格来购买企业所提供的产品或服务(这是企业一成立就建构于内的控制机制)。换言之,企业的成功与生存取决于顾客的消费决定(Przeworski,2003)。比较而言,在非营利部门,此情形却是截然不同的,因为该类组织缺乏与营利组织类似的定型于内的控制机制。通常在非营利组织的运作情形里,产品与服务的购买者与消费者可能不是同一人,更有甚者,非营利组织彼此之间亦经常追求许多不同且甚至是彼此矛盾的议题与目标(例如济助穷困的弱势群体,同时试图改变弱势群体所面临的社会经济环境)。本章稍后将会有更多针对此议题的讨论,不过在此还是强调准则的选用是任何评估的关键。

命题二:没有所谓最佳的评估准则,因为按其定义,任何准则都具有规范性

在选择评估准则时,必须考虑两个重点:一是评估准则最少必须符合一组方法论的标准;二是由于准则必须符合那些标准,不同评估准则之间,有时很难比较其优劣点。

选择评估准则时,两项方法论的标准必须纳入考虑:

首先,指标必须合理与适当,例如准则必须与方案所要达成的目标紧扣在一起,亦即有所关联。这对非营利组织而言,的确是一个重要的议题。例如,一项提供强化案主群阅读技巧的方案,若其评估是根据该方案能否降低社会不均的准则,那么该项评估是很难进行的。

其次,评估问题必须是可回答的,意即我们必须有可能找出一些证据,而这些证据是确实可以获得的,且数据有相当的可信度,足以来回答问题。例如,以一个人的阅读内容直接来评估其阅读技巧能力是否已提升,则很难有效来进行。

至于就评估的内容而论,我们认为不同的评估准则各有其优点与重要性。例如,目前存在大量的评估准则是可被用来评估任何介入、组织或政策,例如包括生存(survival)、效率(efficiency)、责信(accountability)、顾客导向(client orientation)、小区贡献度(contribution to the community)以及目标达成(achievement of goals)等。虽然这些准则似乎都很重要,但实际上却不然,例如生存或存活可能是一个重要评估指标,可是对一些非营利组织而言,如果已经达成原先设立的组织目标或所要解决的社会问题已经消失,那生存或存活对该 NPO 而言,就不一定是一个合适的评估准则。

另外,在某段期间内,一些评估准则有可能会比其他准则变得更为重要,例如财务责信(financial accountability)就是一个典型的例子。然而这不代表该项准则比其他准则重要,它只意味从政治程序来看,某些人认为在此时此刻,财务责信是一项十分重要的评估准则。

简言之,评估非营利组织时,关键并不在于组织的目的,而在于评估本身的目的。评估所反应的并不只是单纯的客观目标,而是包括提供组织、政

策或方案重要资源的政治程序。通过评估,组织可以持续获得那些重要资源的注入,然而不可忽略的是,经过评估使得组织从内外部关系人取得正当性的重要含义(Suchman,1995)。因而,我们形容此过程为评估的政治(politics of evaluation)。

命题三:用来评估非营利组织的工具不等同于评估准则

命题三强调,当我们评估非营利组织时,必须谨慎选用正式的绩效衡量工具。即我们必须考虑这些工具例如全面质量管理(total quality management)、作业规划(operational planning)、标杆(benchmarking)以及绩效成果行为法(performance and results acts)的运用等,到底在此具有什么样的意义。需知,这些评量工具的发展主要运用于营利组织,然而渐渐有一些人倡议非营利组织的评估也应该采用这些工具。纵使这些评估工具或许非常有用,但我们同时必须极为谨慎于何时(when)以及如何(how)选用与使用它们。

为何我们必须严肃看待上述的讨论呢?最主要的理由是它所传递的是两种似是而非的信息。其一,它传递出的信息,显示当一个非营利组织运用上述工具进行评估时,意味着它们将使组织的绩效变为良好;其二,使用这些评估工具的优点是,可以使讨论的过程"去政治化"(de-politicization),例如视效能(effectiveness)准则为标准或规范。Kenis(2006)却指出,甚少有明确的证据显示,那些评估工具的使用可以促使组织产生较佳的绩效。一些研究的结论甚至显示,使用这些评估工具对非营利组织而言,不仅对绩效没有正面帮助,有时甚至可能产生负面效应(此研究结论也适用于营利组织)。

这也隐含评估工具对非营利组织评估的重要性。如同之前所述,任何准则都可用于评估非营利组织,而差别只在于我们想要评估的与实际所评估的有所不同。特别是当政策制定者如果用这个标准来评估非营利组织的绩效时,将可能产生一些负面的效应。一个典型的例子是顾德哈法则(Goodheart's Law)。Goodhart(1975)指出,当一项社会或经济指标被用于执行社会或经济政策,其指标所具有的质量与含义将被扭曲。例如,如果根据接受服务的等待时间长短来评估服务提供者,可能会使问题比较不严重的顾客反而先接受服务。顾德哈法则类似于 Heisenberg 量子力学所描述的不确定原则的社会学说法:衡量一个系统,通常就是意味着去阻碍干扰它。再者,另外一个潜在的负面效应是,一些在某种评估准则下表现良好的组织,不一定在其他评估准则下也会有好的表现(例如一些在非营利组织服务的专业人员觉得十分沮丧,因为他们花了太多时间在填评估表格,而不是提供服务给有需要的案主)。

针对第二点关于评估工具及准则的使用,此也可能导致一种极为强调技术专家主义者的态度产生(Morell,1979)。评估工具的本身总是隐含着一种要达成什么目的的理念,但这些理念绝非清楚地显示出来,而是隐隐约约地存在。因此,关于准则如何被使用于评估中的政治讨论,也就容易被忽略。也由此产生了另一种危险的结果,即评估工具的存在被视为是一种目的而非手段,此乃所谓目标履置(goal displacement)的现象。

第三节　衡量或指标

一般而言,指标(indicators)代表以下意义。首先,指标代表评估准则如何被操作与如何衡量。即如前所述,准则是一种规范,然而指标却是一种衡量规范可以达成到何种程度的工具。固然,没有任何一个评估准则比其他的准则来得更好,然而,在指出是否某种准则已经达成或是尚未达成时,指标的选取至关重要,因为指标有好有坏。其次,相较于其他可用的信息,我们认为指标与政策以及决策过程较为相关。指标是政策对话的工具,其与一般只具有叙述性质的统计数据是不一样的。因此,指标的设计必须着眼于评估的目的,而非描述的目的,因为指标是有意识地被用来追踪进度或是落后,以观察其是否达成准则的情况。再者,指标也应该与政策有关,其能提供政策设计者一些重要、清晰的信息,譬如当前社会所关切的议题,以及那些政策回应后能够产生具体影响的议题。

命题四:指标必须符合一些方法学的标准

命题四明确指出指标与准则不同。固然,准则很明显带有政治性,但指标本身却是与衡量的议题有关,这是再清楚不过了,因此指标必须兼顾方法学与科学标准。

根据 Weiss(1998)的研究,选择评估指标必须考虑以下的方法学标准:

(1) 效度(validity)(即指标应该能够衡量它所欲衡量的标的物)。

(2) 信度(reliability)(即多次衡量相似的现象,均能得到同样的结果)。

(3) 方向(direction)(即它应该清楚指出好或坏的结果)。

(4) 差异敏感度(sensitivity)(即测量分数应该均衡分配)。

(5) 现状(currency)(即当询问受访者时,应该着重于了解现况或近期的发展)。

(6) 没有偏误的资料搜集方法(unbiased by the data collection method)。

(7) 可近性(accessibility)(即衡量的信息可以充分取得)。

(8) 系统性(system)(即衡量的定义非常清楚,且在衡量时,系统地与一致性地搜集数据)。

命题五:成效指标优于其他类型指标

所谓成效指标(Outcome indicators)是指,这类指标通常会显示某一种准则或标准是否已经被达成。例如,针对低收入家庭儿童的基本读写与演算能力改善的一项教育课程方案,其实施结果显示的数字与程度即是成效评估。当然,有时政策结果或是组织与介入方式的成效并不容易被评估,特别是当一些政策具有所谓的迟滞效应(在未来发生)时,更是如此。同时,许多案主可能同时从许多方案或组织接受服务,因此很难单独评估其成效。在这种情况之下,我们宜采用过程或投入指标作为成效指标的替代品。

在此强调这一论点是为了避免误解,因为许多的误解是来自于将准则与指标混为一谈。例如,有些期刊主张不应该评估非营利组织的成效,因为成效无法被衡量或者成效与非营利组织的介入无关。然而,本文认为这与成效指标没有关系;反之,真正的关键在于决定何种准则应该被用于评估介入方式与方案,即不是衡量的问题,而是准则的问题,也就是与政治有关。例如,一个赞助经费的组织想要了解其赠款对于舒缓贫穷产生的影响,因而,此问题可从准则的观点,或是从指标的观点来处理。

如果从准则的观点来看,则上述的例子会按以下的逻辑发展:接受经费补助的非营利组织已承认(或是默认)贫穷将会因而减缓的事实。因此,非营利组织将被依据其推动的方案是否能够减缓贫穷来评估其成效。然而,问题就在于减缓贫穷是否是一个合理的目标,且应该成为非营利组织的首要目标(参见前述关于选取评估指标的方法论准则)。在上述的情况之下,如果非营利组织强调,它确实可以舒缓贫穷,但却无法充分证明之,因为成效本来就很难被具体彰显出来。当然,这很难构成合理正当的论断。另一方面,如果非营利组织强调其目标不是欲减少贫穷,而是欲提高贫困家庭儿童的教育程度(此论点是根据教育程度提升的结果,将有助于减少贫穷的假设)。在此情形下,评估非营利组织方案成效的标准应该是其所提供的教育方案的量与质,而非贫穷的减缓。如果在此情形下,赞助单位还是要求非营利组织证明它已达成了减缓贫穷的目标,则赞助单位的这项要求也绝非是一个合理正当的期待。

指标观点则提供另外一个思考议题,当接受补助的非营利组织宣称无法用适当的指标来衡量是否能降低贫穷程度时,此论辩具有合理正当性。即由于很多事情无法直接衡量,因此就必须通过替代指标(例如考虑投入、程序与产出)来衡量降低贫穷程度的成效。另一方面,如果赞助单位不接受用替代指标作为评估标准,而是坚持希望知道介入方式是否真正有效,则赞助单位的论辩将不具有合理正当性。例如,某一个提供经费赞助的基金会期待在这种情形下看到预期的成效证明,则这或许是与政治的目的有关。

上述论点显示如果清楚区分准则与指标,将可以避免一些误解与冲突。

命题六:当使用投入或程序指标来替代成效指标时,必须具有正当的理由

如前所述,成效指标通常要比其他指标更为人所偏爱。不过,我们也应该知道有时成效很难被衡量,例如,我们很难衡量学生必然将从高中毕业、是否一个人会在他的某一个工作岗位上待很久、是否人们会持续维持健康的行为,以及是否通过小区活动的举办,有助于改善小区结构的健全等。有些成效的确是不容易被评估的,因此可以考虑以投入或程序指标作为替代

指标。替代指标通常是由间接方式来评估绩效,例如检视降低贫穷的投入指标可以是支出在降低贫穷方案上的经费额度,而程序指标可以是,生活在贫困小区里的人们互动接触的次数类别。

如果要使用替代指标,必须符合下列条件:

首先,赞助单位与提供服务的非营利组织在一开始就必须充分了解,将无法以直接的指标与证据来衡量成效。其次,使用替代指标之前,必须确认其是可信赖的。如同 Weiss(1988)所强调的,选择投入与程序指标时,必须确认这些指标与成效之间的因果关系。而在逻辑上可以与成效直接相关的,也通常比较可能会被采用。例如,如果使用全科医生(general practitioner,GP)的数目占总人口数的比例来衡量大众健康时,我们就必须要有充分的证据证明,当 GP 数量增加时将有助于大众健康的改善。此外,当一个非营利组织使用投入指标当作替代指标,却又宣称无法证明其与成效之间的因果关系时,纵使它所使用的确实是好的替代指标,此情形即显示它不具有合理正当性。换言之,这也隐含替代指标的选用必须具有适度的正当与合理性。

上述观察也衍生一个问题,就是什么是良好的替代指标?此答案可从科学与实务中发掘。科学强调可以经由科学研究来找出变量之间的统计关系,如果研究发现在各种情况下,吸烟对于人体健康都造成危害,这项知识将可以被应用于评估如何提升健康的替代指标。另外一个关于替代指标的信息来源是根据实务的介入情况,具有实务经验的人通常会知道不同事件之间的因果关系,例如从事青少年方案的实务工作者会知道一项方案的处于哪些情况之下比较有效或比较无效。

一个很好的例子是由瑞士健康促进组织(Health Promotion Switzerland)所使用的五个基本要素方法(quint-essenz methodology)。这个机构主要目的是激励、协调、评估健康促进与疾病预防。他们根据之前的经验还有跟其他机构执行的合作计划来发展一种用于评估项目质量的方法(称之为 quintessenz)。这个评估方法包括发展出一连串具有高信度的投入与程序指标,这些指标包括方案的需求性已被证实,处置介入的标的团体以及在同样环境里的其他利益关系人的需求都已纳入适当的考虑了,以及从其他方案的执行所获得的正面与负面经验均已纳入充分的考虑等。此评估方法具有高的信度,主要是因为根据许多过去的经验以及由那些曾经实施过相似介入处置方案的组织发展出来的。不过,这项评估方法能否适用于瑞士以外的机构,换言之,这涉及所谓的外部效度,则依然还是一个问题,需要慎重考虑。

第四节　实践:评估的实际状况

前面章节说明关于方案、政策与组织评估的一些重要概念及其意义。本章的结论是,任何评估的质量将取决于上述那些概念能否被纳入严肃的思考与运用。将来实际进行评估时,如果能考虑上述情况,将可以使那些负责执行规制的机构、经费赞助单位以及非营利组织三者之间避免发生一些潜在的冲突。我们也希望这样的观点可以应用在一篇最近刊载于《经济学人》(*The Economist*)描述第三部门困境的文章:对第三部门而言,达成组织的使命是一项艰巨的任务。在面对与政府的竞争合作关系时,通常需要在维持议题倡导角色与兼负责信与能力之间取得平衡。当第三部门被政治人物高度专注时,也往往造成其无形的压力(*The Economist*,July 22,2006)。

最后,我们也研拟了一些根据前述命题所衍生的实务评估建议:

(1) 赞助单位与非营利组织之间必须对于选用方案或政策评估指标,采取非常小心与谨慎的态度。

(2) 赞助单位与非营利组织之间必须了解,准则的选用本身即是一个政治过程,必须兼顾不同利害关系人的想法。

(3) 赞助单位与非营利组织之间必须知晓一项事实,即评估经常是针对方案,而较少针对组织。实际上,许多非营利组织的方案甚少是与单一组织有关,而是牵涉不同组织之间的联结网络。因此,评估过程应该将上述那些对目标达成有所贡献的因素与对象纳入考虑。

(4) 评估指标本身必须可信且能反映实际的应用情况。除了要强调方法上的严谨度,也要让实务工作者能参与建构可靠的投入、过程或成效指标。

(5) 评估应该避免造成政治与衡量之间的紧张关系,所有的评估都牵涉政治与衡量。因此,重要的挑战是在这两者之间取得平衡,且尽可能将所有参与者的意见纳入考虑。

(6) 当我们一面在推动与实施评估时,同时也要积极充实我们的评估能力(包括那些评估者与被评估者)。

关键术语

评估(Evaluation)	指标(Indicators)
准则(Criteria)	责信(Accountability)
衡量(Measurement)	非营利组织(Non-profit organization)

复习思考题

1. 在评估非营利组织时,评估准则的制定被视为是在政治过程中完成的,那么如何确保所有涉入此准则制定过程中的参与者的意见都被纳入考虑呢?

2. 从本章的内容了解到,指标是被用以衡量准则的达成度,那么如何确保这些指标是可靠的,且对于欲评估的现实情境具有反应的敏锐度?

3. 如何充实评估者与受评者的评估能力?

参考文献

Goodhart, C. A. E., Problems of Monetary Management. The UK Experience. In Goodhart, C. A. E., *Papers in Monetary Economics*, *Volume I*. Reserve Bank of Australia, 1975.

Health Promotion Switzerland., *Quint-essenz*: http://www.quint-essenz.ch/en/ (last accessed August 25, 2006), 2006.

Kenis, P., A Typology of Performance Control in Public Organizations. In

R. M. Walker, G. Boyd and K. Meyer, *Determinants of Public Performance*. Cambridge: Cambridge University Press, 2006.

Morell, J. A., Evaluation as Social Technology. In Morell, J. A. *Program Evaluation in Social Research*. New York: Pergamon Press, 1979.

Przeworski, A., *States and Markets: A Primer in Political Economy*. Cambridge, UK, Cambridge University Press, 2003.

Suchman, M. C., Managing Legitimacy: Strategic and Institutional Approaches. *Academy of Management Journal*, Vol. 20, No. 3, pp. 571 - 610, 1995.

The Economist, Both Tony Blair and David Cameron have fallen in love with the "third sector". July 22, 2006: 44. London: The Economist Newspaper Limited, 2006.

Weis, C. H., *Evaluation: Methods for Studying Programs & Politics*. 2nd ed., Prentice Hall, 1998.

CHAPTER

2

第二章

平衡计分卡在社会服务中的应用

陈锦棠　香港理工大学应用社会科学系副教授/首席讲师
梁赞权　香港明爱社会工作员

▶ 学习重点

1. 介绍及讨论 Kaplan 及 Norton（1996）平衡计分卡的概念、四个视角（顾客、财务、内部流程、员工学习与成长）。
2. 介绍 Niven（2003）公营及非营利部门的平衡计分卡的概念和运用。
3. 通过案例来阐释将平衡计分卡应用于社会服务机构的具体步骤。
4. 讨论平衡计分卡在非营利组织应用上的限制、困难和一些解决方法。

本章简介

Kaplan 及 Norton 被委托研究美国 500 家表现极佳企业成功的原因，及后他们把研究成果归纳为四个重要因素，包括：顾客、财务、内部运作以及员工学习与成长四个范畴，更将这个范畴转为一表现量度工具——平衡计分卡（Balanced Scorecard）。可惜，由于这个工具是源于商业机构、早期在应用上颇感困难，后来 Niven 将 Kaplan 与 Norton 的方案做出修改，并提出非营利部门的平衡计分卡。本文的重点是介绍平衡计分卡的概念及各元素，并就顾客、财务、内部流程及员工学习与成长四个视角做分析和讨论；并且通过香港 1 家社会服务机构其中一单位作案例来阐释应用平衡计分卡的八项步骤。最后讨论在设计过程中所遇到的限制和困难以及一些解决的建议。

第一节 背 景

香港社会福利界所面对的改变

近年来，香港社会福利界在服务提供模式和财政津贴制度上有着急速和影响深远的转变。社会福利署在1995年3月，聘请了管理顾问公司检讨上述两种制度，以便改善当时的拨款方法，为社会福利署和非政府机构（Non-governmental Organization）制定一套以顾客和成效为本、追求高效能和高问责的社会福利服务制度。之后，社会福利署推出了《服务表现监管制度》（The Service Performance Monitoring System，SPMS）去监督及评估非政府机构的表现，以便决定是否继续发放政府津贴予该机构。表现按双方拟定的《津贴与服务协议》（Funding and Service Agreements，FSAs）和《服务质素标准》（Service Quality Standards，SQSs）作为准则，若未能符合协议和标准的要求，社会福利署有权削减甚至停止所有相关的拨款。

在2000年，社会福利署推行"整笔拨款"（Lump Sum Grant）的津贴计划，并以该类型服务的标准人手编制，用标准薪酬的中位数计算津贴金额，以整笔的形式发放给有关的非政府机构，让他们自由运用，以便提供符合社会福利署和服务使用者要求的服务。由于是以标准薪酬中位数计算，这个定额和整笔拨款使很多非政府机维度临财政困难，他们要考虑重整人力资源政策、重整机构的组织架构、积极开拓新资源和与外界商业机构合作等等，以应付日益紧迫的财政短绌困难。

部分非政府机构的管理层直觉和被动地响应上述事件的发展，他们只着重面对现时的挑战，部分会用直接减薪，或裁减资深员工，以低薪聘请经验浅的员工作替代等方法，以便消除财政赤字的压力。可惜，他们忽略了这些方法对员工和机构所带来的负面影响。员工的士气及稳定性，将会减少，机构形象和服务质素也可能下降。为了正面地面对急剧的转变，有效的管理知识和系统确实需要确立，以便提高非政府机构管理层的管治能力。

在寻找的过程中，各机构曾在众多的管理知识中，尝试使用不同的管理方法，例如全面优质管理、持续质素改善和目标管理等等，并取得一定的成果。在2004年，香港社会服务联会与17家非政府机构合作，聘请管理顾问公司一同以平衡计分卡为蓝本制定了一套名为服务表现评估及管理工具(Performance Measurement and Management Tool, PMMT)，供各参与机构使用，加强他们的策略管理，有效地评估和监督其工作成效，使机构更有效地面对社会福利界内的急剧转变。

平衡计分卡有三个重点和管理效能，它们分别是策略管理的功能(Strategic Management)、表现评估及监督功能(Performance Measurement and Management)和沟通功能(Communication Tool)。本文将会介绍如何使用平衡计分卡的概念和架构应用于社会服务的中心内，并建构一套有效的管理制度，加强中心面对内部和外在的挑战，以便更有效地达到中心服务的理念和价值。

本文分为六个部分。第一部分介绍使用平衡计分卡的背景。第二部分分析和说明平衡计分卡的主要概念和重点，并介绍如何使用计分卡于社会服务中心内。第三部分描绘实际推行的过程和检视其成效。第四部分将讨论把商业用的管理知识运用于社会福利界的可行性和确实性，并研究其限制和可行的解决方法。第五部分将讨论在香港的环境内使用计分卡的意义和功能、最后第六部分将总结整个推行的过程和成效。

第二节　平衡计分卡的概念和重点

史蒂芬·柯维(Stephen Covey)表示，人们和经理都十分努力地工作，以确保工作顺利和正确地完成，但是他们没有时间去决定这些工作是否必须要完成(Rohm, 2004, p. 1)大部分社会福利界内的工作人员都十分繁忙，他们没有时间去决定应该做哪些工作，他们只能不断地为解决眼前的问题而努力，部分机构的管理人员也同样地忙碌，没有时间制定策略以应付不断增加的工作量和拓宽机构的生存空间。平衡计分卡的出现正可给予管理人员一个较全面的架构作为参考，并依据该架构来有策略地组织机构内的资源来面对机构的困难和建构未来的工作远景，逐步有策略地向目标前进。

（一）平衡计分卡的原设计

罗伯特·卡普兰（Robert Kaplan）和大卫·诺顿（David Norton）在20世纪90年代初发展计分卡的架构，并在商业机构内试行，逐步受到重视和被很多大企业使用，由早期的表现评估系统逐步发展为企业策略管理系统并成为高效的沟通工具，实施的范畴也由私人商业机构发展到公共机构，很多政府部门和医疗福利机构也开始陆续使用。

计分卡能纠正过往商业机构只注重财务因素来决定成效的缺点，它添加了一些非财务视角（non-financial perspectives）于成效评估的架构内，使成效评估更为全面，更能反映机构表现的真貌。平衡计分卡在挑选量化指标的过程中通常与机构的策略挂钩，使员工在了解指标的同时也了解机构的工作目标和策略，这可令员工与管理层拥有共同的目标、策略和指标，同时利益相关者（stakeholder）也可通过计分卡了解机构目标、策略和指标。

原先计分卡的设计是把赚取利润相关的财务视角（the financial perspective）放在图2-1的上方首位，而愿景和策略放置在中央的位置与四个维度相连，这也突显愿景和策略的重要性。

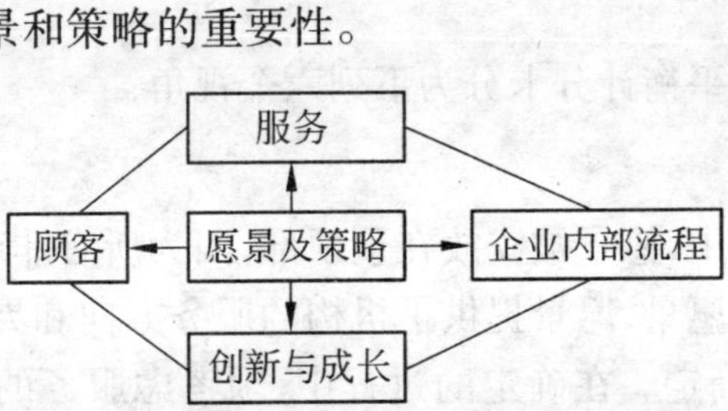

图2-1　平衡计分卡绩效系统基本设计（Kaplan and Norton，1996：9）

（二）平衡计分卡在公共机构的使用

现今社会对公共机构的要求不断提升，善用有限资源、高透明度和问责性是不可缺少的。平衡计分卡可有效地把机构愿景和宗旨与顾客的要求和机构日常运作连成一线，在落实机构策略和监控机制的发挥上，保证机构服务质素能符合顾客的要求和期望。在增加顾客对机构的理解上，把机构的服务指标通过计分卡的演绎和高度透明的交代方法，让利益相关者更理解机构的目标和表现成效，这一方面吸引利益相关者的支持，另一方面让其他人士了解机构，并给予机构资源上的支持，拓宽机构的发展和生存空间。保罗·尼文（Paul Niven）在 2003 年提出了为公共机构而设计的计分卡图表（Niven 2003, p. 32）。笔者将会介绍各视角的重点。图 2－2 修订的重点如下：

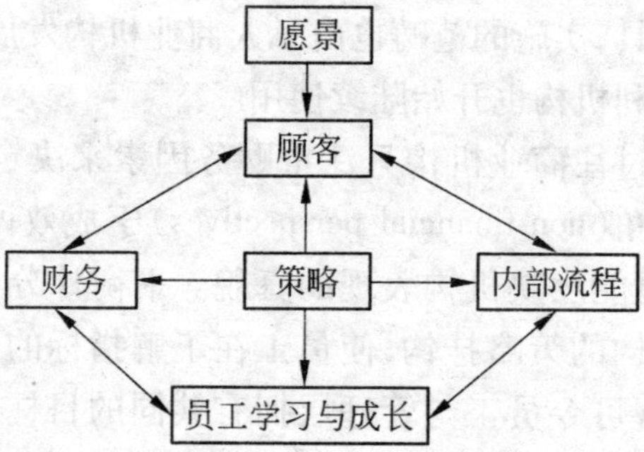

图 2－2　公营及非营利部门平衡计分卡（Niven, 2003, p. 32）

（三）六个主要视角

尼文所修订的平衡计分卡分为下列六个视角：

1. 愿景

在六个视角当中，愿景被安放在最顶部，因为所有非政府机构的主要原动力是来自他们的愿景，愿景提供了机构的服务方向和界定了服务范围，所以，愿景必须首先确定。在确定的过程中，须考虑服务的宗旨和价值观，并把顾客的需要一并考虑，这样才可制定合乎机构本身和顾客需要的愿景，通常机构会制定机构声明向所有员工传达机构的基本价值和信念，并确认机构的目标。

2. 策略

在图 2－2 的中央部分为策略，策略联系了四个视角，包括顾客、财务、内部流程和员工学习与成长，通过制订适当的策略，可以让管理者把四个视角联系起来，互相影响和支持，产生机构预期的效果，达成机构的愿景。在制订策略时要有才智和勇气去决定选择执行那些计划，放弃那些不太重要和不迫切的计划，机构在有限的资源下，不可能把所有计划完成，管理者必须正确选择先执行最优先的计划，以便保持及提升服务质素。

3. 顾客视角

顾客视角被安放在四个视角的首位，以表现其重要性。在非政府机构的工作中，首要满足顾客的需要，并发展他们的潜能，协助他们更有能力自助和帮助他人。因此，无论财务、内部流程和员工学习等，都以顾客获取适当服务为主。在了解顾客需要的过程中，机构应让顾客参与服务计划的制订过程，提升机构的透明度，鼓励他们多发表意见，让服务计划更切合他们的需要。

顾客是一个庞大的资源库，低则可通过口碑宣传建立机构形象，高则可成为机构的合作伙伴，提供人力和物质上的支持，让机构保持生存空间，甚至拓宽发展。因此，机构必须重视顾客，尽量了解他们的需要，提供适切的服务和机会，让他们参与机构事务，发展合作伙伴关系。

4. 员工学习与成长视角

在员工学习与成长的视角中，适当的人力资源政策十分重要。机构应聘请合适的员工，并提供适当的培训，建立专业知识和工作态度，通过有效的知识管理制度和科技的配合，持续发展员工的知识和面对外界转变的能力，使机构更有能力和更快速地响应顾客不断变化的需要。持续进修和改善服务质素的组织文化要不断培养，让员工拥有足够的动力和意识面对转变，员工抗拒接受转变已成为机构发展的重大阻力，管理层可善用计分卡带动转变，加强沟通，减少员工的阻力。

5. 内部流程视角

内部流程视角强调内部流程的设立和优化过程，并在落实执行的层面上加以监察和控制。大部分表现不佳的机构不是没有良好的制度，只是没有贯彻执行所有的政策和流程，使机构陷于艰难的局面。良好的制度、不断优化制度的心态、确切执行的意志和制度是机构成功的必要因素，计分卡在机构表现评估时，不仅只看成效，也要通过监察流程和报告，确保服务的质素，这正表现计分卡作为表现评估管理系统的功能。

6. 财务视角

有效的财务管理是必须的，尤其在资源不断紧缩的津贴制度下，机构必须善用现有资源，减少浪费。机构也可通过重整服务策略和服务计划去更有效地调拨资源，另一方面可通过表扬机构的成就，以便吸引更多外界团体或商业机构，建立合作伙伴关系，引入新资源，拓宽机构资源的来源，发展机构的服务，使机构更能满足顾客的需要，进一步稳固机构在行业内的地位。

削减资深员工人数和削减员工薪酬的处理方法，不利机构的生存和发展，只会减低员工的士气和服务质素，令机构的生存空间萎缩，实为不明智的处理方法，机构可积极运用计分卡来加强机构内部的团结和对外的竞争力。

第三节　实际推行的过程和检视其成效

在推行平衡计分卡的初期，高层管理人员的参与和支持十分重要，他们可设定中心服务的愿景和提供足够的资源来支持落实计分卡的工作，让员工了解中心对计分卡的重视程度和恒心。现介绍中心在推行计分卡的八个步骤，八个步骤是互相关联和系统性的，要逐步依次序完成。

1. 评估中心的表现

第一步是评估中心的表现，一个全面的自我评估是需要的。在评估时可用“强—弱—优—劣分析法”（SWOT analysis）去评估中心的优点、缺点、机会和威胁等范畴的情况，并反思中心愿景与表现的差距，鼓励员工多分享个人意见、经验和感受，推动互相学习。部分内部运作流程也做出检讨和修订，员工培训、课程改革、与学员和利益相关者的关系等议题也在讨论和分享的内容内，让员工畅所欲言。

在初步评估后，要成立计分卡工作小组，并开始草拟工作小组的人选、工作范围和时间表，挑选合适的员工为召集人（Convenor）。召集人是一个重要的职位，因为他要推动主要的员工一起按照计分卡工作和协调计分卡的发展。工作小组的人数不需要多,可按中心的规模和服务的数量而决定。笔者在推行的初期,便逐位邀请了3位员工加入工作小组,笔者期望他们的参与可作为大使般把计分卡的优点向其他员工宣传和带动其他员工参与。

笔者办了两次工作坊让工作小组成员和其他员工参加,加强他们对计分卡的认识。在进行了3次工作小组会议时,中心经理和另外3位员工也被邀请出席,并成为组员,这对计分卡的推行有很大的帮助,决策的时间可缩短,资源得到经理的允许而增加了,在推行时的力度也可加大。成员由4位加至8位。

2. 界定中心服务策略

工作小组在开始推行计分卡的初期,曾访问中心经理有关他对中心现况及未来发展的构思,并获得他对计分卡的支持。他最关心的是中心能达到社会福利署与中心所协议的服务指标和有效地执行服务质素标准,使中心的服务可以延续。工作小组开始参阅相关文件和机构表现蓝本,开始设计策略和目标,把行动方案与策略目标等连在一起,使它们互相补足。

3. 制定策略地图

在制定策略地图时,首要确定主要的视角,根据诺顿和卡普兰的提议,对大部分机构而言,四个视角已足够。工作小组成员十分赞成诺顿和卡普兰的提议,希望保持计分卡的简洁和把注意力集中在小数但最重要的指标上。

在中心的角度,顾客是最重要的,他们的利益应放在第一位。其次是员工的学习与成长,因为,员工的表现直接影响服务的质素。第三是内部流程,流程的好与坏直接影响员工的工作和服务质素。最后是财务,没有充足的资源,中心运作也有困难,因此善用现有资源和开拓新资源同等重要。

确定了视角后,要在每个维度下决定策略目标,策略目标是把整体策略的不同部分分拆出来,建构成独立的目标,它是整体策略的基本组成部分,策略目标的数量也应维持在一个小的数量,因为每个目标内也要设定关键表现指标,若果目标太多,指标随之增加,会令管理者分心而不集中,工作效果自然不理想,因此,目标应在20个之内。

在选择策略目标时,首先要回顾中心的服务愿景,现时中心的优缺点,中心所面对的困难和挑战，中心现有的资源等因素，然后衡量每个目标的重要性和与其他目标的因果关系，从而决定选用那些策略目标，目标之间是互相补足和影响。图2－3正可表现整体策略与愿景的关系，也表现出维度、策略目标和指标的关系。

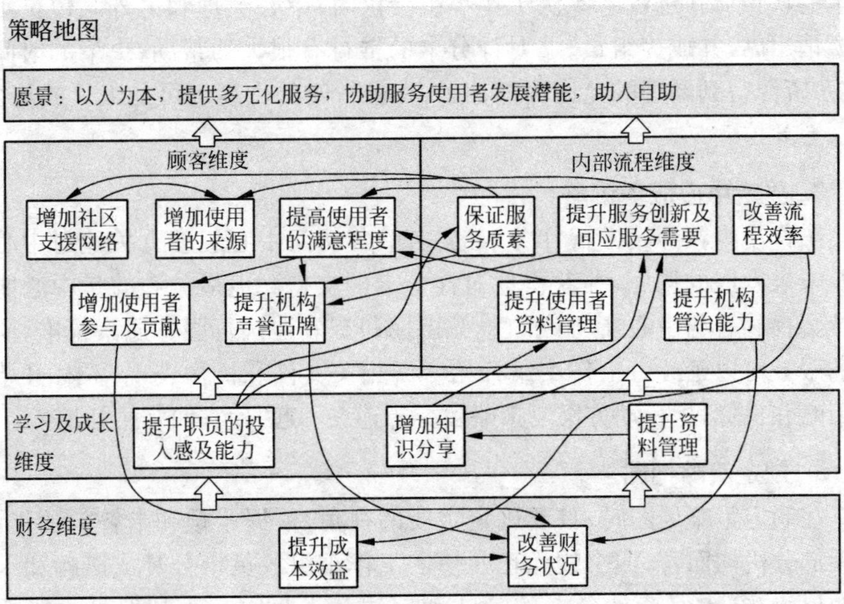

图2－3　中心策略图

在图内，大箭头表示四个维度之间的关系，而小箭头则表示策略目标之间的因果关系，起点为因，终点为果，最终应达至中心的愿景。在确定策略地图后，开始决定关键表现指标（key performance indicators），指标可分为领先指标（leading indicators）和延迟/落后指标（lagging indicators），领先指标引领表现以达至策略目标，延迟指标则指示达到策略目标后的效果。两种指标均重要，要平衡使用。除上述两种指标外，也可加入定性指标（qualitative indicators）和定量指标（quantitative indicators）。同样地要指标保持在一个小的数量，因为会分心及达不到预先的成效。策略目标和指标是表现蓝本（performance blueprint）的重要组成部分。

4. 发展表现蓝本

表现蓝本把策略地图演变为行动计划，表现蓝本内包括维度、策略目标、指标、量度、执行者、目标表现、资料来源等。在制定的过程中，中心经理与工作小组一同检视策略地图，建立对中心表现的期望，订立指标和所需的资源，然后为每一个指标构思行动计划，一步一步把策略目标通过指标和行动计划实践出来。

在制定的过程中，顾客及中心的需要均十分重要，必须要顾及和小心处理，选择适当的指标和行动计划，有目的和方向地把选择的工作妥为处理，达到已定的目标。选择适当人选也十分重要，由有能力的员工负责，让他们有机会表现自己的能力。

5. 发展策略行动方案

完成了策略地图和表现蓝本后，要开始制定行动方案以达至策略目标，可以利用策略行动方案图表网格把行动方案和策略目标排列起来，并加以配对和连上因果关系，若某一行动方案与大部分策略目标有关联，这个方案便优先执行。把它们排列起来，可以让管理者与员工清晰行动方案的先后次序，有助日后执行。在资源分配时要参考方案的优次和整体目标。

在组织行动方案时工作小组先草拟，后交职员会议通过，让每位员工都有参与的机会。由于资源所限，职员培训、实习安排和数据处理成为首三位要处理的行动方案。其余的行动方案则留待日后处理，希望初步尝试，成功后再鼓励更多员工参与。

6. 沟通

良好和有效的沟通是成功推行计分卡的关键因素。在机构内设计一套沟通策略和建立双向沟通渠道有助信息交流，提高机构的透明度，提高员工对计分卡的认识，并知悉机构推行计分卡的状况和进展，减少错误信息的传递，澄清真相，减少误解和冲突。计分卡作为沟通工具，沟通是它其中一个重要功能。

7. 层层下达

层层下达把机构的计分卡散布给机构各部门和员工知悉，鼓励他们把日常工作与计分卡内的指标和行动方案挂钩,表现他们的工作与计分卡的关系。有部分员工制定个人的计分卡,落实个人对机构的贡献。这会提升个人的成就感,使他们更投入其中。

8. 检讨和改善计分卡

持续检讨和改善对机构运作和计分卡的使用十分重要,若没有检讨和改善,服务质素难以保持和发展,表现评估系统是计分卡其中一个重要功能,若没有检讨和改善,这个功能便不能实现。因此,计分卡的推行是一个没有完结的过程,它需要不断评估,不断改善和进步。

八个步骤是一个不断重复的过程。机构管理者需要不断的定期检讨计分卡的进展和内容,若有需要,便要做出修改。

第四节 商业管理知识运用于社会福利界的可行性和实用性

(一)平衡计分卡对中心的适切性的反思

回顾整个尝试推行计分卡的过程,计分卡适合中心使用,中心可善用计分卡引导整个面对转变的过程;计分卡所主张的概念正切合中心的需要,中心要有策略地面对外界的挑战,要善用沟通渠道加强员工沟通,要有效地评估中心的表现,并确实地反映给员工和利益相关者知悉,以上各点皆中心现时所需要的,因此,计分卡十分适合社会服务机构使用。

在推行的过程中,可总结数点经验。

第一,中心经理的支持十分重要,没有他的支持,计分卡没有可能实现,他操控着中心的资源,他直接参与是必须的。因此,在工作小组第三次会后,工作进度加速了。

第二,员工的参与也是必须的,员工是计分卡的执行者,没有他们的参与,计分卡只是空谈,为了鼓励他们参与,工作小组安排了两次职员培训,并指出计分卡与未来个人表现评估的关系,加强他们认识计分卡的动机。工作小组首先邀请一些有兴趣参与的员工参加计分卡的推行,从少数员工开始,逐步扩大影响比较合适。

第三,寻找合适的召集人可协助经理推行计分卡的工作,让经理有充足时间思考中心的整体安排。

第四,参考其他管理的理论,可补足计分卡的不足。

(二) 运用时要考虑的要素

1. 推行计分卡应由机构或单位层面开始

经历了整个推动过程,计分卡应由机构层面开始。机构最高管理层首先表明他们的决心,让所有员工知悉,并开始关心计分卡的发展及让他们参与共同制定的过程。管理层先制定机构的愿景、策略地图、策略目标、表现指标和表现蓝本,让机构内的服务单位依据机构的方向来制定不同层次的计分卡,最终让每位员工也制定自己的个人计分卡,把计分卡与个人绩效评估挂钩,增加员工参加的积极性和方向感。

2. 在服务单位内的一个部门开始或在所有部门开始

平衡计分卡为服务单位提供了一个很有效的管理系统,在推行时可首先在一个或数个成功率较高和员工参与率较高的部门开始,把目标设立了可达到的水平,不可要求过高,让成功感带动力给员工,也让其他员工感受计分卡为单位带来的好处,共同分享成果,减弱抗拒感。

3. 平衡计分卡由上而下或由下而上

在刚开始时,管理层的支持十分重要,所以从上而下的方向较合适,管理层可通过机构内的沟通渠道向所有员工表明他们的决心和计分卡对机构的重要性,并委任适当的人选为负责人,负责带领整个机构采用计分卡的知识和技巧去面对机构的发展。当计分卡逐步推展时,员工的积极性便要尽量提高,鼓励员工参与,在各不同服务单位制定单位的计分卡,并向管理署反映意见,提出改善方案,这时,由下而上的意义便加强,若由上而下和由下而上的气氛不断培养,整体持续改善,向前迈进的气氛便可形成,对机构的发展有很大的帮助。为了加强员工的参与,减少猜疑,高透明度的管理系统，有效的沟通计划，如通过定期通讯，网上平台让员工知悉机构的最新发展等，也可以减少猜疑，增加投入感。

4. 愿景宣言 vs. 终点宣言

在最新的发展中，Gavin Lawrie and Ian Cobbold (2005) 提出平衡计分卡第三代发展的论调，他们提议用终点句子替代愿景句子和用两个视角代替四个视角。他们相信终点句子可以在设定指标的过程中发挥参考的作用，并在制定的过程中，在选择策略目标和说明因果关系的假设时，让管理者更容易掌握，取得共识的机会也增加不少，最终可加快管理者与员工取得共识。

其实，两者的分别不大，在第二代的计分卡已把愿景放在图表的顶端，愿景给予机构一个清晰和明确的方向，这直接影响策略目标和指标的制定，与终点句子的作用类似，所以不要只计较名称的分别，应以实用为主。

5. 多少个维度才最理想

按诺顿和卡普兰(1996，p. 34)表示四个视角合适和足够，它只不过是样板，不是约束，因此，有不少学者或管理人员会把视角增加或减少。视角的多少要与行业所处的环境和机构策略有关，例如爱立信(Ericsson Enterprise)有五个维度，包括财务、顾客、内部流程、学习及成长、环境保护。

近年，Gavin Lawrie and Ian Cobbold (2005) 提议“两个视角策略联系模式(two perspective strategic linkage model)”去取代原先的四维度模式。他建议用“效果”来取代财务和顾客，用“活动”取代学习与成长和内部流程，他们相信简化了模式有助于联系简化了的因果关系。

若维度的数目太少，维度的界线便会扩大，目标便会松散和模糊，对确立策略目标和指标不利。另一方面，四个不同的维度可令我们考虑财务与非财务量度、内在和外在量度、效果和输入量度等 (Mike Bourne & Pippa Bourne，2002，81)因此，四维度模式较为合适。

6. 制定良好的策略是必须的，而执行策略的技巧是不可缺少的

最近向 197 家公司的高级管理人员所作的调查显示，公司只能履行 63% 的公司策略(Wharton School，2005)。多数的商业管理硕士课程提供很好的策划训练,但在执行的技巧和知识上的训练则不足(Lawrence G. Hrebiniak cited in Wharton School,2005,p.1)。因此,很多高层管理人员可以策划优秀的公司策略,但在执行上则遇到很大的困难。失败的原因包括沟通问题、同步问题、个别员工的抗拒、内部文化、员工动机等等。但最大的问题是不太重视确切执行的基本要求,很多时候策略制定后很少跟进工作,直至完成为止。

良好的沟通计划可推动工作执行的过程,经常沟通交流是执行的必要条件,若员工明白策略的内容和方向,他们才可以有效地执行,贡献他们的努力,达成目标。在研究执行的知识中,有两派主张,其中一派着重人的参与,他们主张把合适的人放在合适的位置上,他自然会执行妥当。另一派主张则重视过程多于人。把两个主张合二为一,最为理想。

在设计执行计划时,有五个步骤。第一步是发展一套执行的模式,平衡计分卡是其中一个模式。第二步是选择合理的量度指标(right metrics)。第三步是不要忘记执行计划,通过会议和与员工直接沟通以便跟踪计划的执行情况。第四步是定期及经常评估表现。最后是加强内部沟通。

7. 计分卡应着重数量或质量量度

很多社会工作员均表示社会工作被量化很困难,他的变量很多,所以客观地评估其表现很困难,而社会工作应注重质量而不是数量。因此,所有评估表现的工具皆不适用于社会工作。

在评估表现的工具中,可分为输入(input)、输出(output)、运作过程(throughput)和效果(outcome)等不同的量度,其中效果量度可量度素质的程度。效果量度可把服务的结果证明出来,提供证据让管理者决定资源的投放。把注意力投放在效果量度,有助机构明白自己的表现和达至机构愿景的程度。因此,计分卡适用于社会工作专业的范畴。

(三)平衡计分卡的限制

1. 时间和成本

很多批评平衡计分卡的论点均提及时间和成本的问题,他们表示推行计分卡要使用大量的时间。诺顿建议用 26 个月的时间由头至尾去设计和推行计分卡。而 David Parmenter 则建议用 16 个星期把计分卡完成,他建议善用现有的管理系统,按计分卡的理念加以整合和改良,让员工在一个较熟识的工作流程内工作,减少不安的情绪和抗拒,另外也可节省推行的时间,让员工早些领略到成效,加强他们的投入感。

时间的长短,可按机构的实际情况和管理层的期望,而有不同的长短,部分机构的管理层会聘请外界专业的管理顾问公司协助,在他们的丰富经验和知识支持下,推行的时间可望缩短。

在成本方面,市面上有很多特别为计分卡而设计的计算机软件,它们可协助机构在资料搜集、分析、制作报表、制作报告、内部沟通等功能上处理一些数据的工作,它也需要计算机硬件的协助,一人一机是需要的,计算机训练课程也变成必须的,这样成本便会很高。

2. 实用性不足

Ittner & Larcker (2000) 评论计分卡时,指出在评估非财务量度时没有一致的基础,每个机构和个人也不同,令客观的评估过程产生困难。再者,在一些官僚架构的政府部门和非政府机构很难实施,因为他们的背景和传统文化会令计分卡沦为机械式的运作,很难达至原本的目的。

3. 多类型的利益相关者结构

M. Bourne & P. Bourne (2002)表示计分卡的设计不是为多类型的利益相关者结构而设计,所以它忽略了很多重要的利益相关者,如人、供货商、调节者和竞争者等,他们都对机构运作产生影响,所以应该被包括在计分卡内。再者,小区和环境的因素也应被包括在计分卡内,这样才可正确地反映机构所在的考虑要素。

4. 解决方法的建议

(1) 把活动成本计算(Activity-based Costing, ABC)与计分卡联系。

在分析计分卡的限制时,很多评论都针对成本的问题,成本包括推行计分卡的成本、经营机构服务的成本等,在推行计分卡的过程中,管理者加入很多不同的管理理论、技巧和知识,活动成本计算是其中一项经常被运用的理论。活动成本计算可以提供准确和有意义的成本资料让管理层使用,它可用来比较真实成本和预算成本的差异。Peter Turney（2005, p. 1）表示，把活动成本计算与计分卡联系运用可集中注意力于结果，这有助管理者控制成本，产生预期的结果。

（2）善用计算机软件。

采用专业和特意为计分卡研制的计算机软件是一件赏心乐事，但机构的财政状况未如理想，未来添购新的软件时，员工是不是推行计分卡或善用个人的聪明才智、善用现有资源去推行计分卡呢？在美国的夏洛特城（City of Charlotte, North Carolina）曾成功地推行计分卡，他们只运用微软公司的Word和Excel来制作报表和报告。计算机软件只是配件，最重要的是决心和创意。

第五节　平衡计分卡对社会服务管理的意义

（一）面对环境急剧转变的策略管理

社会正面对急剧的转变，社会服务的内容和津贴制度也在快速发展和转变，未能在早期有效地面对转变的非政府机构面临巨大的挑战，他们必须立刻行动，学习和实践策略管理的知识，增加他们的生存空间，平衡计分卡是其中一个可行的理论。在推行计分卡时，机构要明白自己在社会福利界的位置和定位，然后订立自己的愿景和策略，制定策略目标和指标等计分卡内容。Jay W. Lorsch 指出计分卡的价值在于让管理者知悉机构的实际运作情况，把机构策略与机构内所有活动连贯起来，让管理者能集中精神于机构运作和表现上。实施策略管理可以澄清机构的愿景和把工作订立先后次序，确立优次，有目的地推行机构的策略和工作，以满足顾客和其他利益相关者的要求，保持机构的生存空间，吸引外界基金的津贴，再寻找机会，发展机构服务（Niven 2003, p. 7）。

现时，工商业与非政府机构的合作机会陆续增加，香港社会服务联会正积极推动“关怀机构”的奖状，加强工商业与非政府机构的合作机会。非政府机构要吸引工商界的注意力，他们必须先做好自己的工作，有策略地建立机构的品牌，增加在传媒出现的次数，增加与工商机构合作的机会，寻找新的资源来发展现有或开拓新的服务予社会上有需要的人士。因此，策略管理是必须的。

（二）建立优质团队和推动个人及机构学习能力

计分卡着重沟通，它可以把抽象的愿景转化为确实的目标、策略、指标和行动，它增加了管理层与员工的沟通渠道和拥有共通的语言，加强了互相沟通的可能性，减少了误会，增加了互信。计分卡可分为不同的层次，由机构至个人，让员工也有参与的空间，使员工也有表现工作能力的机会。在推行计分卡的期间，员工意见十分重要，若意见被采纳和实施，员工将感受到自己对机构的贡献，增加成功和归属感，这也可鼓励其他员工参与，增加他们的投入感。在面对整笔拨款和财政紧缩时，很多机构没有采用适当的方法鼓励员工与机构共渡时艰，反而与员工对立，引至双输的局面，若那些机构早早尝试善用平衡计分卡，加强策略管理和员工沟通，事情可能得到一些转机。

（三）面对转变时，在机构内引发转变，改善服务质素

在面对急剧的转变时，机构和个人面对改变是无可避免的，因此，我们要以正面的态度面对。学者坚达灵（Charles F. Kettering）提醒我们这个世界憎恨改变，但是只有改变才能带来进步。管理层在面对改变时，要提升员工对机构的信任。计分卡正可达到管理层的要求，它主张员工多参与，高透明度的运作模式，强调沟通的重要性等，均可提高员工的归属感，让他们成为改变过程中的主人，把改变视为进步的机会，才不会抗拒改变（Niven 2003, p. 291）。

第六节　总　结

平衡计分卡的概念较容易学习，但在实施时较为困难，它涉及很多决策、讨价还价、组织联盟、游说、实际执行的过程，当中也花费了不少精力参

阅文件、访问中心经理、设立愿景、确定策略、目标、指标和行动方案等活动，所有决定均影响推行的过程，所以十分重要，不可以掉以轻心。

在使用的过程中，察觉有很多管理的理论可与计分卡互相参照，包括活动成本计算、全面优质管理、知识管理、流程改善等。计分卡的包容性很高，可善用各理论的优点，补充它的不清晰之处。

计分卡作为一套策略管理、表现评估系统和沟通工具，很适合香港社会福利界的需要，它可以有清晰系统和步骤让非政府机构的管理人员学习计分卡的基本概念和运作模式，也可以提醒管理人员必须建立机构的愿景和策略，有清晰的思维去面对混乱不堪的外在环境，掌握机构策略，有序地推行策略和行动方案，积极争取员工的支持和参与，共同面对外在恶劣环境，争取机会达成机构愿景。

总结而言，平衡计分卡确实适合香港地区现时的环境，各非政府机构应尝试和落实使用计分卡作为他们主要的管理系统，再加上参考其他相关的管理理论，以补其不足之处，相信各机构将会更有能力面对未来的转变。

关键术语

平衡计分卡（Balanced scorecard）
愿景（Vision）
策略（Strategy）
顾客视角（Customer perspective）
员工学习与成长视角（Staff learning and growth perspective）
内部流程视角（Internal process perspective）
财务视角（Financial perspective）
强—弱—优—劣分析法（SWOT Analysis）
策略地图（Strategy map）
关键表现指标（Key performance indicator）
领先指标（Leading indicator）
落后指标（Lagging indicator）
表现蓝本（Performance blueprint）
策略行动方案图表网络（Strategic initiatives mapping grid）
终点宣言（destination statement）

复习思考题

1. Kaplan 及 Norton 提出的平衡计分卡四个主要视角是什么？对企业来说，四张卡中，哪张卡最为重要？

2. Niven 所提出非营利平衡计分卡虽基于 Kaplan 及 Norton 的构思，但基本方向已有很大修订。Niven 所修订的内容是什么？你是否同意这些修订？

3. 你认为在非营利组织推行平衡计分卡时最大的障碍是什么？应如何解决？

参考文献

Bourne, M. and Bourne, P., *Balanced Scorecard in a Week*. Hodder & Stoughton, 2002.

Grayson, L. P., *A Primer on Developing a Strategy Map An example: A Management Strategy for a Private School*. Available from: http://www.bettermanagement.com, 2004.

HKCSS, *Manual on Performance Measurement and Management Tool*, 2004.

Ittner, C. & Larcker, D., Non-financial Performance Measures: What works & What Doesn't, *The Financial Times' Mastering Management Series*, Oct 16 2000.

Kaplan, R. S. and Norton, D. P., *The Balanced Scorecard: Translating Strategy into Action*. Harvard Business School Press, Boston, MA, 1996.

Kemmis, S. and Mctaggart, R., *The Action Research Planner* (3rd *Edition*). Victoria: Deakin University, 1988.

Lawrie, G.. and Cobbold, I., *Development of the 3rd Generation Balanced Scorecard, Part Ⅰ & Ⅱ*. 2GC Active Management, 2005.

Nair, M., *Essentials of Balanced Scorecard*. John Wiley & Sons, Inc., New Jersey, 2004.

Niven, P. R., *Balanced Scorecard Step-by-Step for Government and Nonprofit Agencies*. John Wiley & Sons, Inc, 2003.

Niven, P. R., *Balanced Scorecard Step-by-Step: Maximizing Performance and maintaining Results*. John Wiley & Sons, Inc, 2001.

Norreklit, H., The Balance on the balanced scorecard-a critical analysis of some of its assumptions, *The Management Accounting Research*, 11 (1): 65 – 88, 2000.

Parmenter, D., *How to Implement a Balanced Scorecard in 16 Weeks Revisited*. Available from: http://www.bettermanagement.com, 2005.

Rohm, H., A Balancing Act, *Perform Magazine*. 2(2): 1 – 8, 2004.

Rohm, H., A Balancing Act, *Perform Magazine*. 3(2): 1 – 8, 2005.

Smullen, J., *Balanced Scorecards and Activity-Based Management: the Practical Application*. Pitman Publishing. pp. 1 – 56, 2002.

Tinkier, M., *Activity-Based management: The Foundation of Performance Management*. Available from: http://www.bettermanagement.com, 2005.

Toten, M., *Using KPIs to Keep Performance Improving*, Workplace Info. Available from: http://www.bettermanagement.com, 2005.

Turney, P. B. B., *Linking ABC/M and the Balanced Scorecard*, Cost Technology. Inc. Available from: http://www.bettermanagement.com, 2005.

Wharton School., *Three Reasons Why Good Strategies Fall: Execution, Execution...* Available from Knowledge@Wharton, 2005.

CHAPTER 3

第三章

以结果为基础的评估模式探讨

——概念厘清与结果测量

官有垣　中正大学社会福利学系教授
王仕图　屏东科技大学社会工作系助理教授

▶ 学习重点

1. 介绍与了解结果评估的意义，以及其评估的逻辑关系。
2. 在认识结果评估下，不同层次的评估机制与评估标准。
3. 了解与介绍结果评估的评量重点。
4. 认识结果评量的技术。

本章简介

以结果为基础的评估(outcome-based evaluation)被视为是评估的一种重要模式，它不仅涵盖一般方案产出的评估模式，且同时包含了个人与组织层次的评估。结果为基础的评估不仅重视参与者在行为与思想的改变上，其中包含参与者的知识、态度、价值、技能、行为、生理条件与地位等的获益与变迁。同时，它也重视与评估有关者(促成者、监督者、方案评估者)对于方案的期待，也就是组织所期望的目标是否达成的问题，而这正反映在组织的绩效和效率的层面上。由此两大方向可以说明以结果为基础的评估不仅是方案评估，同时也包含绩效评估、影响评估以及政策的评估。

本研究焦点着重以结果为基础的评估模式的概念介绍，说明结果评估的运用必须涵盖方案、绩效、影响与政策评估的理由；以及该模式如何结合组织与个人的层次以作为评估的焦点；同时纳入两个不同方面的评估标准，即表现与价值观念，以建构结果为基础的评估模型。

第一节　导　论

有关评估的议题,从政府的公共政策推动到新兴的非营利组织方案的执行,均已经成为不可忽视的重要课题。政策的制订者或提供非营利组织相关资源者,均日益重视有关成本控制、服务改革以及实务的指引等,这些方面的关怀促使评估工作的发展日趋多元化,同时注重参与式的行动研究与整体政策性的评估工作。以美国为例,过去30年来在评估理论与策略上不断地产生重大的变迁。Schalock (2001)认为评估理论的变迁至少有四个阶段:20世纪60年代,方案评估强调的是解决社会问题,着重方案的绩效评量;20世纪70年代,方案评估的焦点为如何运用信息在社会方案的设计与修订;20世纪80年代初期,主要的焦点在于整合先前两阶段所发展的方法;20世纪80年代后期与20世纪90年代,被视为方案评估的后现代主义阶段,主要的目标在于降低科学为基础与量化研究方法论的角色偏重,同时扩大社会建构论、质化与多元化发展的取向。

纵然有以上这样的变迁过程,Schalock (2001: 1)强调评估工作不变的问题在于:①方案实施对于服务对象产生何种结果?②方案是否能提升组织责信度的要求?③方案是否符合组织的使命与目标?④方案的效率为何?⑤方案的绩效为何?⑥方案X所产生的结果是否比方案Y更佳?⑦结果所呈现的信息是否能够改善未来推动的方案或政策?由Schalock所陈述的评估关怀的重点与方向,可以了解这些问题所关怀的是一种以结果为基础的评估模式始能建构的工作。

为何评估的理论与实务工作者特别重视有关结果的评估呢?原因不外乎是,衡量一个方案的结果——方案对于顾客、案主或参与者的获益或结果,将对非营利人群服务、医疗卫生与其他福利服务的组织带来巨大影响。方案结果的衡量将注重的焦点从活动转移到结果,从注重一个方案如何运作转移为关注方案达成什么好的成就。评估的结果测量近年来在美国全国性的非营利组织甚至已经发展出测量方案结果的方法与指标,同时提供各项资源协助地方分支机构进行本身的方案结果的评估测量(Plantz et al.,1997)。

美国联合劝募出版的手册《衡量方案结果》(*Measuring Program Outcomes: A Practical Approach*)对方案结果的定义是方案参与者在接受方案处置当中或是之后所产生的获益或带来的改变(Plantz et al.,1997)。不过,若仅仅只是参与方案并不代表一定会有结果的产生;反之,一个结果的出现意味着方案参与者现在或曾经对于所提供的服务有所反应而有某种东西产生。方案结果与方案的产出(outputs)是有差异的,后者是服务递送的单位数量或是服务的人数。换句话说,产出是与方案有密切关系,而结果最为关切的是参与者本身的获益或改变(Plantz et al.,1997)。

以上有关方案结果的重要性论述,正好彰显近年来有关结果为基础的评估重要性,同时也为评估研究与实务工作所重视。本文期待通过方案结果评估的讨论,能够有助于非营利组织了解其推动的方案对于案主的贡献,同时协助与非营利组织提供方案服务有关者进行更佳的选择,包含案主的选择、政策决定、资源提供等。再者,我们也期待利用结果的评估思维,能够有助于非营利组织有更佳的机会与能力来改善方案的内容,并且提升与强化非营利组织在责信度上的要求。

第二节　以结果为基础的评估论述

(一)概念陈述

以结果为基础的评估被视为是评估的一种重要模式,它不仅涵盖一般方案产出的评估模式,也是评估一个组织的表现的重要评估方法,同时它也可以进行在参与方案之后个人的价值观、行为表现的评估方法。因此,以结果为基础的评估不仅重视参与者在行为与思想的改变上,其中包含参与者的知识、态度、价值、技能、行为、生理条件与地位等的获益与变迁。同时,它也重视与评估有关者(促成者、监督者与方案评估者)对于方案的期待,也就是组织所期望的目标是否能达成的问题,而此正反映在组织绩效和效率的层面上。由这两大方面可以说明以结果为基础的评估不仅是方案评估，同时也包含绩效评估、影响评估以及政策的评估（Schalock，2001）。

因此在评估的进程上，以结果为基础的评估不同于一般的评估理论与方法，它不仅关注参与方案的个人，同时也会影响到一个组织的责信度、绩效以及组织未来运作的方向与方法。所以任何一个方案的评估，不能仅以方案投入与产出的关系进行量化数据的讨论，有时因为参与方案之后带来的长远影响，将是一个方案成功与否的关键。故方案结果不能仅看到方案参与者期望的结果，而应是一系列的结果。如同 Plantz et al.（1997：18）指出，以结果为基础的评估将可以产生一连串"如果…那么"（if-then）的假设，造成变迁与受益的逻辑关系。例如若有一项方案针对年轻怀孕女性进行产前的咨询服务，则年轻女性将增加有关良好的产前照护知识；进一步，若怀孕年轻女性具备良好的产前护理知识，则将改变怀孕年轻女性的行为：适当的饮食、服用维他命、不抽烟、不喝酒、不使用毒品等；最后，若怀孕年轻女性依循这个程序，则结果是该年轻女性将生产出健康的婴儿。

根据该逻辑关系，Plantz et al.（1997：18－19）提出方案投入、活动进行、产出以及系列影响的因果概念图（如图 3－1 所示）。由该结果陈述可以了解结果有三个层次：初始（initial）、中期（intermediate）与长期（long-term）结果。初始结果在"如果…那么"的假设逻辑下，可以有明确的结果呈现。以

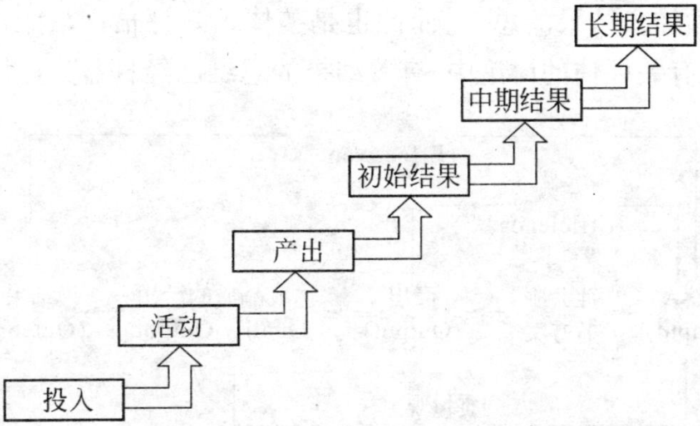

资料来源：Plantz et al.，1997：18。

图 3－1　投入到结果的因果概念图

上述的例子来看,对于怀孕年轻女性的产前知识的教育方案,对于怀孕年轻女性的知识将产生初始的结果,而此方案可以有利于怀孕年轻女性的健康,但是从长期的结果来看,一个健康的出生婴儿是否肇因于该方案所产生的效果,则有较大的争议空间。

令人较为困扰的问题是在进行结果的测量时,有关长期的结果认定问题如何决定,这样的认定问题必须考虑到两方面的需求(Plantz et al. ,1997 : 18):

(1)长期结果必须距离整个因果链有够长的时间,如此才能掌握参与方案者产生有意义的变化,同时也反应了方案对于他们所产生的全部内涵。

(2)然而,长期结果也不应该距离因果链过远,如此方案的影响将会受到其他因素的影响,不易分辨出方案的成效。

与 Plantz et al. (1997)对于评估的论述相同,强调结果的重要性方面,Martin 与 Kettner(1996)在讨论成效测量上,相当重视结果在评估的角色,同时认为结果也会影响责信度。但是结果的测量难度是较高的,Martin 与 Kettner(1996)从效率(efficiency)、质量(quality)与成效(effectiveness)三个观念讨论绩效测量,并形成系统模型架构(图 3-2),他们认为产出可以测量效率,如服务量与完成方案的服务人数,再将它与所花费的成本进行比较。若能够更进一步测量产出的水平达到何种程度,例如送餐到府的方案中,餐点送达时仍是温热的比例等,如此将可以测量社会服务的质量。若要测量成效,则必须加入结果的思考,而此也是整体绩效评估中最难以计算之处。但是近年来有关评估的讨论中,有关结果的思维已经日益为评估者所重视。

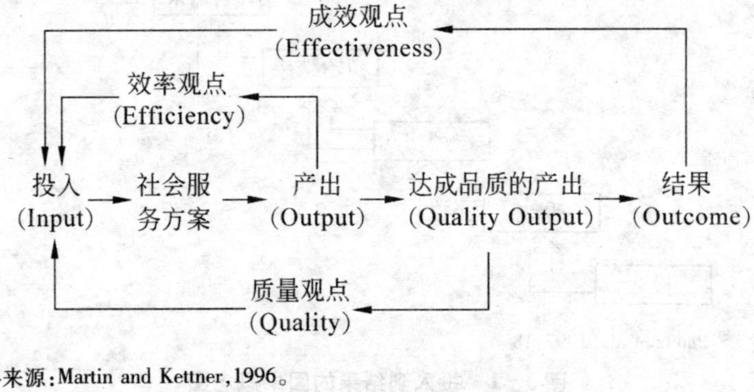

资料来源:Martin and Kettner,1996。

图 3-2　绩效测量的系统模型

从以结果为基础的评估思考方向,可以了解以结果为基础的评估方法不单可以针对组织进行评估,它也是一种涵盖了对于参与方案者进行评估的方法。就个人层次而言,为参与方案的案主或个人在生活质量上的改变,是一种方案的结果、影响或是达成方案的预期目标。因此,就参与方案的个人而言,个人在价值观念、行为表现等受到方案实施之后的影响是什么?这就是以结果为基础的评估方法的焦点(Martin and Kettner,1996;Schalock,2001)。再者,以结果为基础的评估在组织的层次上,强调组织所表现的结果以及组织推动的方案服务的效率与成效。从组织的层面来看,着重在方案产生的效应、方案符合组织目标与使命等程度,以及方案是否为最佳方案等进行评估,而此正是组织的行政人员、监督人员、资源提供者相当重视的方向(Schalock,2001)。

因此以结果为基础的评估将能够更深入了解任何一项服务方案所带来的影响,而且评估的方法将能有效地协助非营利组织认知到他们所推动的方案,是否能达到组织的使命与宗旨,同时这个评估理论与方法也能让非营利组织相关人员了解方案的推动成效,并且提供未来服务方案推动的参考依据。除此之外,以结果为基础的评估也能够了解参与方案人员的表现与改变,这不但有效帮助参与服务方案者在心理或生活品质上的改变,同时也有利于评估过程中,从案主的角度思考方案的成果。所以在以下的讨论部分,本文作者将从组织及个人的层次来探讨以结果为基础的评估模式。

(二)个人与组织层次的评估结合机制

对于以结果为基础的评估,本章在概念陈述之中,已经说明结果作为评估基础的重要性,同时将焦点与范围设定在两个层次,即服务方案中个人作为参考点的结果评估,反映的是个人的表现与价值;另一个是以组织作为参考点的结果评估,所反映的是组织的绩效与效率的层面。换言之,以结果为基础的评估不单是要了解一般方案活动的产出,它还包含了方案的执行、实施与组织目标之间的关系,以及组织方案本身的成效等评估。因此,以结果为基础的评估是一种成就量度(performance measurement)与价值评量(value assessment)的方法。

多数的社会服务方案即结合了成就量度与价值评量,这样的结合模式符合过去十几年来以结果为基础的评估方法论的多元化发展。Schalock(2001: 11)即结合三个向度:评估标准、评估焦点、结果,建构以结果为基础的评估模型(如图3-3所示)。评估标准(evaluation standards)这个向度所反映的是责信度,它包含了两个方面:成就表现与价值。而评估焦点(evaluation foci)部分,主要强调的是组织(机构与服务方案)与个人(案主、顾客与消费者)所表现出来的成果。至于结果部分,主要是结合前述评估标准与焦点,并以个人与组织作为参考核心,掌握其在成就表现与价值的结果。这一模型的应用将有助于评估工作达到三项目的:第一,有助于评估者厘清与明确界定整个评估的过程;第二,所有的量度与评量的焦点均锁定在人与组织有关的结果上;第三,方法论的多元发展下,允许评估者能够结合多种评估方法进行评估研究。对于图3-3所呈现的相关重要概念,我们将在以下进行详细的讨论。

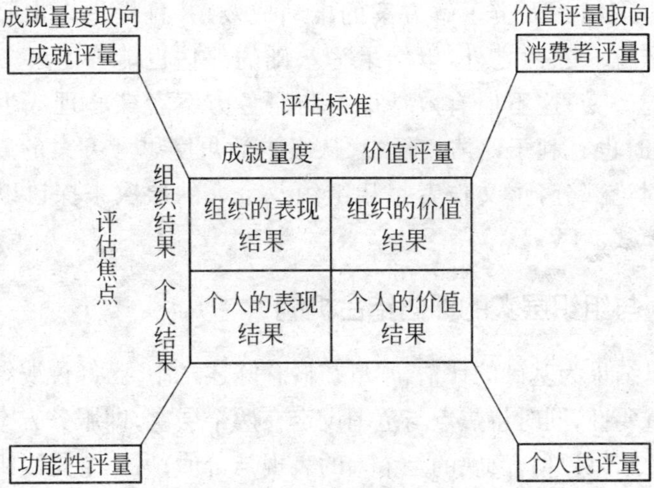

图3-3 以结果为基础的评估模型

1. 评估的标准

有关评估的标准所参考的概念,在20世纪90年代针对评估观念的思考与发展，主要产生了两个方面：组织的责信度与价值方面。在组织的责信度部分，又可细分为以成就表现为基础（performance-based）的评量和以结果为基础（results-based）的评量。近年来组织责信度一直是公部门在政府改造、提升绩效与效率以及改善对政府的信心上非常重视的主题（Martin and Kettner,1996；Newcomer,1997；Wholey,1997）。而在价值方面，主要是以消费者的满足为基础，进行方案的价值与质量的评估，当代有关质量的讨论不再强调产业管制观点（industrial-regulatory perspective），而是以顾客为导向，原因就在于服务会因为时间而有所变迁，要符合顾客的需求，必须增加服务的弹性（Schalock,2001）。Albrecht（1993：54）即建议：与消费者的互动在于质量，而不只是实体的产品交易或它所建立的工作过程……其焦点的转变是从活动到结果。

有关以表现为基础的讨论涉及组织责信的问题，美国于1993年即颁订《政府绩效与成果法》（the Government Performance and Results Act,GPRA），该法要求政府部门于1998年开始必须报告效益与绩效评量，因此各个提供社会服务方案的公私机构，均必须通过三个过程，提供设定目标与成果的关系（Martin and Kettner,1996,Schalock,2001），其中包含策略性规划、表现成果计划以及方案成果报告（Schalock,2001：130）：

（1）通过策略规划，每个机构必须发展出能够涵盖其主要功能与运作的使命；同时必须建构以及阶段性修订其长期的目标，并包含与结果有关的目标，而目标的陈述是能够达成的；年度的方案目标必须与机构长期目标相关联，并且确认可能影响其长期目标达成的关键性外部因素。

（2）通过年度成果计划，每个机构必须设定每个会计年度的成果目标，这些计划应该包括通过机构重要方案、资源投入与活动可以达成的产出与结果，而这必须与成果目标相符合，同时建构成果指标以评量相关方案的结果，并比较方案实际结果与成果目标间关系。

（3）年度方案成果报告，它报告了方案的实际结果，并且进行每一个会计年度的成果目标与方案结果的关系，并且比较该年度的实际方案成果与前一会计年度的差异，说明任何成果目标为何无法达成的理由，以及未来修订的做法。

另外，在美国不管是公私部门，其财务单位在预算编列的过程，已经日益关注成果表现的信息，并且全面推动以成果作为责信与预算编列基础。该做法将有利于所有的机构管理人员在资源的运用时，财货做最佳的配置与运用就成为他们的重要责任，同时会去参考良好产出与成果表现的相关信息。成果为基础评量与预算编列所要强调的就是管理经理人在资源、预算控制、改善财务信息系统以及测量部门的产出与成果表现上，均需做有效的控管工作（Wholey，1997；Schalock，2001）。

2. 评量取向的概述

图3－3的评估模型区分成四个象限，第一个是组织的成就表现结果，其评量的方式为表现的评量；第二为组织的价值结果评估，其评量的方式是针对消费者进行评量；第三为个人的表现结果评估，此所利用的是功能性的评量；第四为个人的价值结果评估，此即个人评量（Schalock，2001）。

（1）成就评量（Performance Assessment）

这种评量方式为组织成就表现结果评估偏好的方法，其评量方式包含成就规划与报告、成果表现指标（如关键性表现指标与报告卡）以及财务会计测量（如财务的审计）。

（2）消费者评量（Consumer Appraisal）

主要用以测量组织的价值面结果，评量的方法如消费者的满意度调查以及有关服务传递反应的精确度测量。

（3）功能评量（Functional Assessment）

用以测量个别表现结果的评估方法，例如适应的行为表现与角色地位等，评量的方式包含等级的评价、观察、客观行为的测量以及地位性指标（如教育、居住条件、与就业地位）等。

（4）个人评量（Personal Appraisal）

主要用以测量个人价值成果的评估，测量方法包含生活质量的评估，主要的做法为个案的面谈、调查与焦点团体访谈。

接下来的一节将针对此四项评量的取向进行详细的说明，其中包含每一个评量的焦点、重要的概念以及测量的技术等。

第三节　以结果为基础的评估方法与测量

根据上述四种结果评量，以下我们进行更为具体的介绍与讨论。如图3－3所示，评估标准分为成就量度与价值评量。而评估焦点可分为针对个人为评估焦点与针对组织为评估的焦点。此两方面构成四个象限，每个象限各有一种评量方法，分别是成就评量、消费者评量、功能性评量与个人式评量。

（一）四种结果评量的重点

Schalock（2001：160）指出，四种评量之中，每一个评量均有两个特定的评量重点（图3－4）：①成就评量着重的评估焦点是效能与效率；②消费者评量着重的评估焦点是满意度与是否忠实反映原规划的目的及要求模式；③功能性评量着重的评估焦点是个人的行为调适程度以及个人的角色地位的改变；④个人式评量着重的评估焦点是以个人关怀为主的生活品质量以及与个人健康有关的生活品质。

1. 成就评量

成就评量的主要目的在于上述的责信度的议题，不管是政府或非营利组织应用成就评量的主要目的，就在于如何强化本身的责信度。例如当政府税收减少而提供的服务需求增加时，政府就必须有所取舍或设定实施先后顺序；非营利组织所提供的服务方案也会进行顺序的排列，以确保资源能够用在最需要的人身上或者将资源做最佳的配置。而不管是公民、董事会或营利公司的股东，都会要求组织（政府、NPO、公司）在资源运作的透明度上能有较佳的责信度。所以对于任何的方案，均要求客观的数据去证明它的结果与价值就是成就评量的意义所在。

如图3－4所示，成就评量主要着重于效能与效率为量度的重点。效能评量可决定一个方案是否符合其目标，在以结果作为评估的思考点下，效能评量是以方案目标与达成结果间的关系比较、提出方案表现与价值结果、提供回馈信息以因应未来方案的变迁与改善。因此效能评量的重点可用以比较不同的方案提供者、提供的团体或组织，在服务方案实施后与设定的目标进行比较。

评估标准

成就量度	价值评量
组织　**成就评量** • 效能 • 效率	组织　**消费者评量** • 满意度 • 忠实反应原规划目的及要求模式
个人　**功能性评量** • 行为调适的程度 • 角色地位的改变	个人　**个人式评量** • 个人关怀为主的生活品质 • 与个人健康有关的生活品质

资料来源：Schalock，2001：160。

图3-4　量度的重点

效率的评量一般均进行成本—效率的分析，在同一目标底下进行原方案与替代方案之间的成本与结果的讨论。Schalock（2001：169）指出成本—效率分析应注意的事项：①方案间的比较必须是在同一目标或顾客群下进行；②应利用配对设计方式进行比较团体的区分；③如果服务或方案无法进行配对分割，则任何原始的差异必须加以控制；④即使有良好的配对比较的设计，评估者仍应注意到统计的回归问题，即时间变化人口平均移动或流失的问题；最后则应注意的是成本的决定本身是有问题的。Losthaus et al.（1999）也提出效率评断的基准有四种选择：与最佳状况的差距；专家意见判断；与特定标准的差距；统计差异的显著情形。

2. 消费者评量

前面已提及消费者的满意度是测量方案质量的关键，Gardner（1999）强调随着后现代社会对于服务经济与信息革命的变迁，已经提升了消费者服务的重要性，而且消费性导向的服务提供，不仅在私部门，同时在所有的公私部门均相当重视，且有其利益基础。因为这样的服务导向迫使服务提供者必须思考如何取信他们的顾客、刺激更多的创新、赋予人们在服务上有更多的选择、供给与需求之间可以减少浪费、可以在公平正义上造就更好的机会(Osborne and Gaebler,1993)。

Schalock(2001)认为消费者的评量有两个重要脉络:满意度以及忠实反映原规划目的与要求的模式。在满意度方面,由于消费者的满意度涉及以组织为参考点的结果测量,可能因为服务的焦点或介入的差异,导致测量的方法有所不同。同时也可能因为个人对于品质的认定有所差距,导致测量的结果不同。一般较常运用的方法是利用比率或态度量表进行调查,以了解受访者对于方案或机构所提供的服务的满意度。

在忠实反映原规划目的与要求的模式方面,所评量的方向思维在于个别的模式是否符合它的目标,并且提供它原先所宣称或倡导的价值承诺。此一评量对于组织价值评量的优点,在于它能反映出系统变迁的结果,以及各类社会服务的重要典范的移转。

3. 功能性评量

功能性评量的作用主要在于了解个人的生活,与生活经验中有关行为调适与角色地位转变的概念(Schalock,2001)。在行为调适方面,主要关怀的是在各类场合中,成功适应或调适的行为或在各类生活环境下的适应功能,其活动区域如家庭、小区生活、学校或职场等。有关行为调适的评量,更重要的是了解个人自我照顾的能力、认知与语言表达、学习、迁移、自发性,以及个人独立生活与经济自主的状况。

角色地位的改变部分,Schalock(2001)认为是一组有价值的活动,如在特定年龄团体中的规范。例如一个人的居住安排、就业地位、教育程度、小区参与、休闲模式与健康地位等。又如对于青年人口,在学校的投入状况是有价值的,而取得高中的文凭就是具体的象征;而该年龄层的特定活动也相当重要,因此在社会中生活与工作就成为该年龄层有价值的活动项目之一。

功能性评量对于评估一个人的生活经验是相当有利的,其好处在于:①客观测量可以确保个人作为参照的策略性结果;②可以克服有关个人主、客观生活经验的低相关问题;③可以允许不同团体之间进行结果评估;④客观的测量可提供服务提供者、资助者、管制者重要的信息回馈,以作为未来在强化接受服务者的功能层次上,如何改变或调整服务方案的思考(Schalock,2001)。

4. 个人式评量

个人式评量所注重的是个人生活经验的主要本质，故以生活质量的脉络作为评量的要项，而有关质量的重视，主要也是在20世纪90年代开始，这类有关质量的讨论主要是整合了服务传递过程，以及与服务有关的责信度问题。而对于方案结果评估有所影响的主要方面，在于个人关怀为主及个人健康有关的生活质量(Schalock,2001)。

在个人关怀为核心的生活质量部分，可包括情感的福祉、人际关系、物质的福祉、个人发展、生理状况、自主性、社会投入及权利。而健康有关的个人生活质量包含一般的满意度和幸福的感觉、心理状态与疾病症候、神经语言学的功能、人际关系、社会技能、成就表现以及经济与就业地位等(Schalock,2001)。

(二) 结果测量的技术

以上的说明着重量度的焦点是“什么”(what)，接下来要强调的是“如何”(how)量度，即要将前述的四种评量操作化——指出特定的结果指标以及特定的量度技术。整个过程的首要步骤是认定评估的特定结果指标，接着是使用特定的量度技术，以便使结果指标能够量化。

1. 特定的结果指标

有关特定结果指标，我们利用 Vanderwood et al. (1995)有关潜在的学生教育成果指标为例。在该例中有关潜在的学生教育成果，其选择了出席与参与、身体健康、付出与公民美德、学术与功能性的识字、阅读及写作能力、个人与社会的调适与对学校的满意度。这些结果均涵盖在成就、消费者、功能与个人的评量之内，而其具体结果指标如表3-1所示。

Schalock(2001：134-135)指出所选择的结果指标必须注意以下十点：

(1) 所选择的结果指标必须被赞助者与监督者所接受。

(2) 符合已建立的心理测验标准。

(3) 结果的选择必须是方案可负担的(affordable)。

(4) 结果的选择必须是合时的(timely)，即结果测量能够涵盖评估的期程。

(5) 可以表现出个人或组织的主要目标。

(6) 合理地与方案或处置进行联结。

(7) 可以进行贯时性的评估。

(8) 结果测量必须能精确反映实际事件。

(9) 具备文化的敏锐性。

(10) 具多方面(multi-dimensional),因为人的行为是具复杂性,结果的选择必须考虑到符合服务方案的指标。

表3-1　潜在的学生教育成果以及相关的结果指标

结果(Outcome)	指标(Indicators)
出席与参与	①是否来校上课 ②是否参加学校举办的活动 ③是否完成学业
身体健康	①有益身心的健康生活形态的选择 ②是否知晓基本的健康与医疗照护的知识 ③体重是否维持一定的标准
付出与公民美德	①遵守学校与小区制定的规范 ②知晓投票选举的重要性以及去注册登记为为选举人的程序 ③担任志工
学术与功能性的识字、阅读及写作能力	①证明具备沟通的能力 ②证明具备数学、读与写技巧的能力 ③证明具有问题解决的策略以及批判性思考技巧的能力 ④证明能够使用技术的能力
个人与社会的调适	①可以有效处理个人面临的挑战、挫折与压力 ②拥有一个良好的个人形象 ③尊重文化及人与人之间个别的差异 ④能够与别人交友相处
对学校的满意度	①对于从学校习得的知识与经验表示满意 ②学生的家长表达对学校的满意程度

资料来源:Vanderwood et al,1995.

2. 特定的量度技术

四种量度的技术与结果类型与结果指标有关,Smith et al.(1997)提出了几项值得注意的问题:①结果评量应该适于运用或问题的回答;②评量结果的工具必须具备信、效度,且不管时间的变迁,对于重要行为的量度具有敏锐度;③结果的评量应该涵盖消费者的观点与反映;④结果评量系统对于响应者的负担应该最小化;⑤结果评量应是多方面的;⑥结果评量必须在有意义的点上实时性地进行评量与再评估的工作。

根据Schalock(2001)所归纳的四个评量重点,其针对每一类的评量均提出量度的技术。

① 在成就评量方面,可使用目标达成的度量法(goal attainment scaling)、报导记录卡(report cards)以及成本效益分析法(cost-effectiveness)。

② 在消费者评量方面,可使用满意度的问卷调查(satisfaction surveys)以及忠实反应原规划目的之模式的准则(fidelity to the model)。

③ 在功能性评量方面,可使用行为调适的量度法(adaptive behavior measures)以及角色地位改变量度法(role status measures)。

④ 在个人式评量方面,可使用生活素质的态度调查法(quality of life attitude)以及生活素质的等级评定法(quality of life rating scales)。

现举运用生活素质概念运用至结果评估研究为例,这方面包括个人式评量与功能性评量的量度方法,前者着重的是质化的/主观的方法(qualitative/subjective methods),而后者强调量化的/客观的方法(quantitative/objective methods)。

(1) 个人式评量

处理有关主观的生活素质性质的量度问题,特别是去询问个别的方案参与者,有关他们生活的各个层面因方案的参与而感受到的满意情形。譬如,评估者可以询问有关职业训练与就业辅导的方案参与者一个问题:你对于从工作中已获得或逐渐获得的技术与经验的满意程度有多高;或是你从你的家庭生活或居住的地方中感受到的快乐程度有多大。虽然个人对于问题的回答是主观的,但可使用一套完善的心理测定方法来量度其回答的信效度,以降低其主观性。除此之外,我们可另外运用客观的生活素质特质量度方法来量度(Schalock,2001:189)。

(2) 功能性评量

运用在功能性评量上最为普遍的量度方法是等级评定法(rating scales)、

参与观察(participant observation)以及问卷调查(questionnaires)。多数这类量度方法使用某种形式的等级或顺序尺度(ordinal scale)来描绘参与者个人的功能状态,例如,我们可以询问或观察参与者,使用医疗照护设备的次数有多频繁,上个月躺在病床上的天数有多少天,或是在多少民间或小区俱乐部拥有会员资格。这种量化的量度方法的优点之一,即可以对个人式评量结果予以客观的证实或修订,且这种客观的量度可提供服务提供者、经费赞助者以及公部门的法规制订者重要的回馈信息,那就是他们要如何才能改变或改善所提供的服务,以增进案主或领受者的身心功能(Schalock,2001:190)。

最后,以结果为基础的评量有几个重要的原则:①结果量度应该总是将个人的感受、观点纳入评量之内;②结果量度应该使用多元的方法来评量,而非依赖单一的方法;③结果需要用较长期的时间来评量;④优质的以结果为基础的评估应搜集的资料包括(Schalock,2001):服务领受者(参与者)的基本特质;参与者所获得的处置或服务;那些服务或处置的成本。同时在分析与阐释结果时,也要将其关联至他们的效度、重要性以及环境网络因素上。

第四节　结　论

本文强调,以结果为基础的评估不单是要了解一般方案活动的产出,还包含了方案的实施与组织的目标达成的关系以及组织方案本身的成效等评估。因此,以结果为基础的评估是一种成就量度与价值评量的方法。本文的重点是针对Schalock(2001)所建构的以结果为基础的评估模型内涵作一整理、分析与阐述。尤其是对该评估模型区分成四种结果评量:表现的评量、消费者评量、功能性评量以及个人评量的方法与测量有较详细的说明。

关键术语

方案结果(program outcomes)
产出(outputs)
成就量度(performance measurement)
价值评量(value assessment)
消费者评量(Consumer Appraisal)
功能评量(Functional Assessment)
个人评量(Personal Appraisal)
以结果为基础的评估(outcome-based evaluation)
责信度(accountability)
输入(Inputs)
输出(Outputs)
影响(Impacts)

复习思考题

1. 从本章的介绍中,你是否了解以结果为基础的评估在整体逻辑评估关系中的定位?

2. 本章对于以结果为基础的评估模型的讨论,相当重视成就与价值的评量,这一评估工作的目的何在?

3. 本章在以结果为基础的评估方法与测量中,介绍四种评量重点,同时提出以量度的指标与操作原则作为讨论,你觉得这些对于评估的专业养成有什么启发?

参考文献

Albrecht, K., *The Only Thing That Matters: Bring the Power of the Customer into the Center of Your Business*. N. Y.: Harper Business, 1993.

Gardner, J. F., Quality Services. In J. F. Gardner & S. Nudler (Eds.) *Quality Performance in Human Services. Leadership, Values, and Vision* (p. 3 - 19). Towson, MD: Brookes, 1999.

Lusthaus, C., Adrien M. H., Anderson, G., and Carden, F., *Enhancing Organizatonal Performance: A Toolbox for Self-Assessment*. IDRC, Canada: Ottawa, 1999.

Martin, L. . L. , and Kettner, P. M. , *Measuring the Performance of Human Service Programs*. C. A. : Sage Publications, 1996.

Newcomer, K. E. (Ed.), *Using Performance Measurement to Improve Public and Nonprofit Programs*. San Francisco: Jossey-Bass Publications, 1997.

Osborne, D. , and Gaebler, T. , *Reinventing Government: How the Entrepreneurial Spirit is Transforming the Public Sector*. Reading, MA: Addison-Wesley, 1993.

Plantz, M. C. , Greenway, M. T. , Hendricks, H. , "Outcome Measurement: Showing Results in the Nonprofit Sector." In K. E. Newcomer (ed.), *Using Performance Measurement to Improve Public and Nonprofit Programs.* San Francisco: Jossey-Bass, 1997.

Schalock, R. L. , *Outcome-Based Evaluation*. New York: Kluwer Academic/Plenum Publishers, 2001.

Smith, G. R. , Manderscheid, R. W. , Flynn, L. M. , and Steinwachs, D. M. , "Principles for Assessment of Patient Outcome in Mental Health Care," *Psychiatric Services*, 48(8), 1033 – 1036, 1997.

Vanderwood, M. L. , Spande, G. E. , Thurlow, M. L. & Ysseldyke, J. E. , "Willing But Unable: The Search for Data on the Outcomes of Schooling," *Journal of Disability Policy Studies* 6 (1): 23 – 50, 1995.

Wholey, J. S. , "Trends in Performance Measurement." In E. Chelimsky & W. R. Shadish (Eds.) *Evaluation for the* 21st *Centry: A Handbook* (pp. 124 – 133) Thoudand Oaks, CA: Sage Publication, 1997.

CHAPTER 4

第四章

空间分析观点的社会服务方案评估方法初探

——GIS的应用

刘丽雯　台湾东海大学社会工作学系副教授

▶ 学习重点

1. 认识社会服务方案评估的意义、类型与评估内涵。
2. 认识现有的社会服务方案评估方法与技术。
3. 了解什么是地理信息系统，及其在社会福利服务领域的运用现况。
4. 介绍地理信息系统于组织的社会服务方案的评估应用。

本章简介

长久以来，各国或地区政府以及非营利组织，适应大量社会服务方案的发展与执行，为了强化方案的服务质量、确保社会服务方案符合服务对象的需求，乃至响应经费提供单位以及社会大众的责信要求，纷纷强调服务方案评估的重要性。如何发展出一系列有效的评估方法，以强化社会服务方案评估的能力，早已成为各相关机构组织的重要任务。本文目的即是就现有的社会服务方案评估方法与技术做探讨，并适应时代变迁与信息科技的快速发展，提出空间分析观点的社会服务方案评估方法初探，介绍地理信息系统于组织的社会服务方案评估的应用。

第一节　前　言

长久以来,各国或地区政府以及非营利组织,为了解决层出不穷以及多元复杂的社会问题,发展出大量的社会服务方案。然而,无论是公部门或是非营利组织在社会服务方案的规划与执行上,所面临的一项挑战,即是如何提供高效能以及高质量的公共服务。就西方国家而言,例如美国早在20世纪30年代,即有专家学者倡议使用严谨的社会研究方法,来对小区行动方案进行评估,以确保服务质量(Freeman,1977)。自20世纪60年代开始,肯尼迪政府以及约翰逊政府借由各层级政府的分工,并与各类型非营利组织合作,以大量经费投入发展对抗贫穷、失业、犯罪、住宅以及健康等社会问题的各项社会服务方案。另一方面,国会则特别强调服务方案的经费使用是否得当,是否达到既定的目标,各级政府之间分工的恰当性,以及服务方案能否有效率的改进相关案主福利等问题。而政府的行政管理层面,基于方案执行有效性的管理考虑,也希望通过针对方案评估所提供的信息与数据,来提供给国会、选民以及最高主管等,以作为方案执行成败的依据(Rossi,& Freeman,1993; Shadish,Cook,Leviton,1991)。

尤其,20世纪60年代中期以来,因公民社会观念的逐渐普遍化,强调公民参与公共福利服务。社会大众不但对于公共服务的需求持续成长,对于提供服务的单位,也要求提升社会服务方案的效率与质量(Agranoff,1986; Gilbert & Specht,1977)。加上,政府在地方治理与公共管理趋势发展下,如何借由服务方法的创新改革,以提供符合责信要求的公共服务,已是政府相关单位逐年来的努力方向。这样的趋势同样发生在其他西方国家,诸如加拿大、英国乃至北欧的瑞典等国家,服务方案的评估研究与实务执行已成为公私福利组织的重要课题(Nutter,& Hudson,2000;Tripod,2000)。总而言之,如何发展出一系列有效的评估方法,以强化政府社会服务方案评估的能力,已成为西方国家公私部门相关组织的重要任务。换句话说,社会服务方案的评估在西方社会,早于大半个世纪以前即已开始发展并逐渐受到重视。

回顾台湾地区的情况,有关部门于20世纪70年代开始,因社会福利服务的需求渐增,已陆续强化与非营利组织的社会服务方案合作,且逐次授权地方主办相关社会福利服务方案(官有垣,1996,2003;刘丽雯,2004;萧新煌,2003)。但是,有关社会服务方案的评估,在20世纪90年代以前,并未受到相关单位,或者是民间非营利组织的重视。检视由公部门主持的相关期刊论文,以"内政部"社会司出版的小区发展季刊为例,从1975年起至2005年6月,近30年总计110期的期刊中心议题,并无任何一期主题以社会服务方案的评估研究或实务探讨作为论述主轴,与评估议题相关的文章论述仅零星散布于各期篇幅中。又,无论以方案评估作为关键词,搜寻台湾地区期刊论文索引,或者从Google网站以相关词汇作为关键词做搜寻,虽有相当多的社会服务方案设计、管理或评估等文章或网址出现。然而,绝大多数的期刊或资料来源,多是近六、七年来的产物。

总而言之,虽然西方社会或台湾地区的社会服务方案评估发展历史不一,有关部门以及非营利组织为适应大量社会服务方案发展与执行,为确保社会服务方案符合服务对象的需求,以致响应经费提供单位以及社会大众的责信要求,纷纷强调服务方案的重要性,并积极强化评估需求方法的设计。如何借由一系列评估方法的运用,强化有关部门执行社会服务方案的能力与成效,已成为各相关机构组织的重要任务。本文目的即是就现有的社会服务方案评估方法与技术做讨论,并因应时代变迁与信息科技的快速发展,提出导入空间分析观点的社会服务方案评估方法初探,以及介绍地理信息系统于组织的社会服务方案评估的应用。

第二节　社会服务方案评估的内涵与方法的运用现况

(一) 社会服务方案评估的类型

一般而言,社会服务方案评估可区分为三种不同类型的评估内涵,包括形成性评估(formative evaluation)、过程评估(process evaluation)以及结果评估(outcome evaluation)。首先,方案形成性评估主要使用于方案发展的初步阶段，用以指导或协助新方案发展的评估类型。换句话说，此种形式的评估目的是用来探测社会需求，借以发展新方案，或是在方案发展阶段，用以协助规划较适合的处置方法。至于方案过程评估，则是因应方案管理需要所做的评估。方案的过程评估可以同时在服务方案发展或执行中的任何阶段使用，它强调借由一系列的方法运用，对执行中的方案进行过程监控，并提供监控所得的重要信息给方案评估研究人员，以确保良好的服务质量。至于较为实务工作人员所熟悉的评估类型则是所谓的方案成果评估，主要是针对方案执行的最后结果，与原先设定的标准或目标进行评鉴比较，以评定方案目标达成的程度，或是针对服务方案执行后的成效影响做评鉴（Royse, Thyer, Padgett & Logan, 2001）。总而言之，无论是服务方案的形成性评估、执行过程评估，亦或是执行成果的评估，其目的皆是希望强化方案的服务质量与执行成效，并响应经费提供单位以及社会大众的责信要求。

（二）评估方法设计及其运用比较

检视相关文献论述，无论是社会方案的经验研究或是理想方案建构的理论，均指出一个社会服务方案的完整执行与成效达成，除了要有服务的对象来源、优良的工作人力、稳定的财务基础、恰当的服务哲学与准则以及植根于特定的理论基础以外，社会服务方案能否建构一套有效的评量方法与技术，是赢得利益相关人员支持的重要因素之一（Martin & Kettner, 1996; Rossi & Freeman, 1993; Royse & Thyer, 1996; Royse & Thyer, Padgett, Logan, 2001; Shadish, Cook, Leviton, 1991）。事实上，社会科学经常使用的研究方法中，有些研究设计即是用来了解问题现况、处境以及结果，或是检视因变量的改变是否与自变量有因果关系存在的设计。这些研究设计、程序以及方法内涵，与社会服务方案评估所欲达成的目的是不谋而合的。因此，这些研究方法经常被用来作为方案评估的方法技术，以评量服务方案处置计划是否有效，是否能解决服务对象的问题。

1. 服务对象满意度调查

这些方法当中，服务对象满意度调查可说是最为一般福利服务机构所熟悉的方案评估方式。此种评估方法经常被用来作为方案执行过程的管理监控或执行成果评估的评量工具。它直接针对方案的服务对象进行服务状况调查,以搜集服务对象对方案的态度与评价。使用此种方法的优点是它的成本较低廉,运作的人力也较简便,而且在短时间内即能设计并执行,所搜集的数据又较容易做分析与诠释。然而,使用服务对象的满意度调查作为服务方案评估工具也有若干缺点。例如,每一次的服务对象满意度调查,通常只能代表服务对象当下的感觉或态度。然而,人的感觉或态度是经常在改变的,而且服务对象的满意态度,很多时候是随着方案执行人员或是机构的政策与周遭环境变化而改变,与该方案本身的执行状况并没有多大关系。而方案执行人员却常错把服务对象的满意度调查当做方案处置效果或是影响的结果呈现(Royse,Thyer,1996;Royse,Thyer,Padgett & Logan,2001)。

2. 团体评估设计

检视方案处置计划与服务对象的问题解决之间是否有关,甚至是否有直接的因果关系等问题,均是服务方案的评估人员想了解的重要议题。而社会科学常用的研究方法中,例如团体评估设计,即是针对欲检视的自变量与因变量之间是否有因果关系存在的设计。团体评估设计依其所需时间长短、人力多寡还有执行的条件限制与严谨程度,可分为前实验设计、准实验设计以及实验设计三大类。大致而言,此类型设计主要是借由前测与后测的实验设计方式进行,针对接受方案处置服务的对象于服务前先做前测,而于方案计划执行后再做后测,进行了解欲解决的问题是否已因此有所改善。较严谨些的实验评估设计,则加上使用另外一组没有接受方案处置计划服务的团体,作为评估设计的控制参照组群来做比较。此外,有些实验设计类型的评估设计会再加入时间条件的设计。例如在执行方案处置服务之前与之后的不同时间点,分别检视其服务对象所存在问题的发展状况,以及经过方案处置服务之后,此问题是否有所改善(Babbie,2007; Campbell & Stanley,1963; Royse,Thyer,Padgett & Logan,2001)。然而,就大部分的社会服务方案评估而言,在研究伦理的考虑下,既不容易设计一组不接受处置计划服务的控制参照组群,且服务对象也往往无法以随机分派方式分组。如果实验组与控制对照组成员并不是经由随机分派而产生,是无法直接归因其因变量的改变起因于自变量的作用力。加上,这类型的评估研究设计主要以内在因素作为观察焦点，经常忽略了外在环境因素的影响，无法精确侦测变量之间的关联性。

3. 单案研究设计

单案研究设计则是另外一种逐渐为评估人员所运用的方案管理或成果评估研究设计。单案研究的评估设计也与团体评估设计类似，因研究设计的严谨程度或设定条件的不同，可区分为几大类。其评估设计的概念与程序也与团体的评估设计类似。比较而言，它与团体评估设计最大的不同，是它每次以单一的个案而非群体作为研究评估的对象（Monette, Sullivan & Dejong, 1994；Royse, Thyer, Padgett & Logan, 2001）。此类型的研究评估设计虽有团体评估设计的多数优点，但仍有不可克服之处，包括每次的研究评估设计仅以一或极少数个案作为研究评估主体，其方案成效结果较无法推论至其他个案。因此，就成本效率考虑的观点而言，较不符合成本经济原则。而且，此项评估设计的执行者如果是方案执行者本人，则针对服务对象所做的方案成效评估，是有可能发生社会期待式的评估结果。另外，因为此种评估方法常会有间隔式的暂时停止服务对象的处置计划执行的设计，也恐涉及研究伦理议题。

4. 系统模式概念的方案评估设计

近几年来，一个被广泛接受的评估观点，即是以系统模式的概念为基础来执行社会服务方案评估（Kettner, Moroney & Martin, 1990；Martin & Kettner, 1996；Washington, 1995）。系统模式的基本假定是社会福利服务机构，本质上是一个开放性系统：①它存在于一个与环境高度互依的交换关系系统；②它有能力持续改进服务提供；③它有修正与改变服务输送以适应案主需求的能力（Washington, 1995）。

就系统观点来检视社会服务方案的评估，可从几个部分着手，包括输入、运作过程、输出以及回馈等几个部分。所谓社会服务方案的输入，通常包括服务对象来源以及执行方案所需要的经费、人力与各项资源等。而服务方案的运作过程系指服务提供的过程，包括提供的服务项目、工作流程以及处置计划等。至于服务方案的输出项目，则指完成服务方案的处置计划后，服务对象的问题解决情况、服务结果的测量量数等。另外，服务方案的回馈,指的则是将方案监控或评估所得的信息或方案的成果影响等,回报给方案执行与决策相关人员,作为修正服务方案内涵或评价未来发展类似方案考虑的依据(Martin & Kettner,1996; Washington,1995)。

系统观点的社会服务方案评估设计,相当重视资源成本支出与目标达成利益所得之间的比较。因此,此观点的方案评估思考比较着重在经济层面的评量,而忽略了其他方面包括心理、社会乃至环境因素的评量。比较常用的评估方法,是以成本与利益(cost-benefit analysis)分析评估作为主轴。例如,经费使用与服务完成的比率,服务的人次,工作投入时数等,倾向以服务成本与服务量数的数字呈现方式(Martin & Kettner,1996; Rossi & Freeman,1993; Washington,1995)。然而,资源成本支出与目标达成的利益比较,仍涵盖一些非金钱层面的服务成果测量。因此,另有专家学者推荐成本效益分析的评估方法设计(cost-effectiveness analysis),强调服务方案能达到何种效果,亦即方案执行成果与输入的比例。例如,经费使用与服务对象完成服务后的最终状态作比较(Martin & Kettner,1996; Washington,1995)。具体的例子诸如老人居家服务方案的成本效益评估,是关注其成本投入以及服务对象在得到服务后,能回到独立生活的状态等。

5. 质性的评估设计

前述几种方案的评估方法,多属量化且较结构性的评估设计。然而,方案的评估方法也常因为服务方案与服务对象的特质,而需有不同于量化评估方法的研究设计。其中,尤其是针对程序的评估需求,较适合使用质性的评估设计。例如,想了解服务对象的问题产生历史,事件为何发生与如何持续发展,以及服务方案的处置过程是如何对服务案主产生影响。特别是涉及针对弱势族群的个体问题、经验或态度的深度了解,并期待方案的执行过程逐渐对其产生影响。此种情况下,质性的评估设计则提供了可行的方式。检视相关的研究设计,多数社会服务领域耳熟能详的质性研究设计或是资料搜集方法,包括参与观察或纯粹观察方法、个案研究方法、深度访谈方法或是焦点团体的设计,乃至近年来日渐受到重视的叙事分析方法等等,皆是从事方案评估时的可行方法设计(Monette, Sullivan & DeJong,1994; Riessman,1993; Glaser & Strauss,1967)。当然,质性研究评估设计也有所缺失,例如将访谈文字的描述与观察所得，整理并抽离出有意义的概念与类别，是一个相当繁琐与不容易达成的步骤。它的另一个缺点则是在资料搜集过程中，容易造成接受服务对象的回答偏误问题。

总而言之，以上简略介绍的几种社会服务方案评估的方法技术，各有不同的思考逻辑，也分别有其优缺点与适用时机。公、私部门的福利服务相关组织人员，宜因机构组织所拥有的人力、相关资源或是对社会服务方案评估所持的不同概念观点，而使用不同的评估设计方法。

第三节　空间分析观点的社会服务方案评估设计

然而，近年来一个值得注意的现象是，台湾地区伴随着政治、经济、社会乃至文化等不同层面的急速发展与变迁，所面对的社会问题有日趋复杂化与高度关联的趋势，使得主管单位或相关社会福利机构，因应社会问题所发展的问题解决策略以及服务方案规划，常需涉及多元的服务内涵以及跨学科的专业需求。举例而言，一项新兴小区的发展方案规划，所可能涉及的问题除了景观规划、空间与建筑设计、道路、水电及垃圾环保议题的处理外，也需对小区的历史沿革、人口生态与权利结构、产业与文化特色、资源分布乃至教育与其他民生福利等问题有所规划。

再者，现代社会问题的解析，以及解决方案的设计与执行，也不能仅仅掌握单一层面或是传统比较静态的因素分析，而是需要进一步关注到多方面的影响因子，包括社会、心理以及环境与空间等因素，对服务对象以及发展的服务方案之影响。以独居老人的居家服务方案规划为例，在做方案的形成性评估时，除了需考虑到个别老人本身的特质，及其生命历程所可能面临的经济、健康以及社会与心理支持层面的需求外，也需顾及老人的居住环境、地理区位与可能的资源所在及距离等因素，对于服务案主的各项生活功能满足所可能产生的影响。此外，针对居家服务的方案执行过程的监控评估，如能进一步将服务照顾员执行居家服务的交通路径，以及资源可及性的空间分布做解析，或能协助服务照顾员做更好的服务时间规划与资源配置。

凡此种种情况，一再凸显出主管单位或是民间社会福利组织，在从事服务方案的形成性评估或是服务过程评估，为确保社会服务方案符合服务对象的需求，亟需将服务对象面临的环境空间因素列入解析与考虑，以协助发展较适合服务对象的服务方案，并适时调整服务方向与内涵。然而，检视前面介绍的几种现今常使用的社会服务方案评估设计与方法技术，绝大多数在方案评估的运用上显得较狭隘，或仅恪遵量化或强调质性评估方法。在评估标准或目标的设定上，也较倾向单一层面的考虑，不具备多方面的评量。就数据内涵与取得方式而言，则较强调机构内部数据的搜集或是服务对象于特定时间点的感受与态度。明显地，这些评估设计比较着重于传统个案数据或社会心理层面的数据搜集与呈现，并没有纳入日益重要的服务对象相关环境与空间因素数据。在数据分析工具的运用与结果呈现上，则多以文字描述或是图表结果呈现，少有善用现今日新月异的信息科技与动态立体呈现数据的技术做结合，而其评估结果也比较缺乏决策辅助的功能。此外，这样的评估成果呈现也无法满足方案多元的服务对象，包括方案执行人员、决策者、方案赞助者以及广大的社会大众，乃至服务方案的目标人群等方案相关人员，所需要的信息以及对于服务成果展现方式的不同喜好。

总而言之，现今的服务对象问题解析与服务方案规划，往往涉及复杂与高度关联的多方面，已不能仅仅掌握传统静态的个案特质做解析，除了需要关注到环境以及空间因素对服务对象问题产生的影响，也需进一步结合多元学科专业知识，并以日益精进的信息科技作为辅助工具，来强化方案执行的能力与成效。因此，如何运用一套兼具静态数据与动态环境空间解析功能的方案评估技术，以协助社会服务相关机构，建构一个具备环境空间分析观点的社会服务方案评估体系，通过对方案的执行程度做监控或过程评估以及方案的执行成效作评估，以响应经费提供单位以及社会大众的责信要求，是公、私部门相关社会福利组织近年来所面临的持续挑战。

第四节　运用地理信息系统于社会服务方案评估

(一) 地理信息系统的定义与功能

虽然,空间环境因素长久以来并未受到社会科学领域的重视,却一直是很多自然科学所强调的重要观察与分析变项。例如,包括地理学、气象学、生物学、都市或交通规划、土木建筑、景观造林、森林开采,乃至消防警政体系等领域,经常以空间思维、环境相关变项、结合若干社会、经济以及人口结构等相关数据,再借由信息科技的应用,进行空间属性与社会相关数据之间的关联性分析,以作为各项相关的民生实务工程或方案规划的依据与功能评估。其中,一套信息科技运用技术——地理信息系统(Geographic Information System,简称 GIS),以其所具备的图像呈现、空间与环境解析以及多媒体联结功能,加上它可以不断的储存、更新并结合量化与质性数据库做联结的功能,已成为近几年来各学科领域逐渐推广运用,作为空间环境因素解析与呈现的多功能信息科技应用工具。

所谓的地理信息系统(GIS)是一种计算机技术的应用系统。GIS 比一般计算机信息运用系统独特的是它并非单纯的数据处理系统,而是具备有空间描述与分析功能的地理与信息整合应用系统。一般而言,它的构成要素包括计算机硬设备、符合需求的图形数据与属性数据、数据库的管理应用软件以及恰当的组织场域与人力资源。在这些构成要素的恰当运用与配合下,它能将原始的地理相关数据,通过图形套叠处理与图像呈现技术的运用,进行地理数据的解析与空间图像的展示。更重要的是它能将具有空间性质的各种数据与其他不同属性的数据系统做联结,并通过其他分析工具例如统计分析软件的结合运用,进行不同属性数据之间关系的解析(Budic,1994;Grimshaw,1989,1994; Mitchell,1997)。

此外,它比一般的计算机绘图技术发展出更趋纯熟的多元功能,一般的计算机绘图技术虽能根据预先设计的图样或固定地理资料,绘制出精致美观地图。然而,每一张地图只能呈现有限的数据,且无法与其他属性的数据系统做实时的连接与空间相关分析。相对上,GIS 则因其附属数据库可持续储存、更新以及分析与管理的特性,所绘制的地图是可随着输入数据的变化,实时显现出不同的地图样貌。甚至,也可弹性的依各种不同的数据组合、地区范围与时间设计的解析,实时呈现出不同的地图或空间分析的结果(Burrough,1986; Grimshaw,1994; K)。

GIS 的具体应用例子,诸如它可将某一地区街道、河流、公园以及建物等具有空间性质的数据,与该区域的人口结构、政治与社经地位等相关属性的数据库做结合,再根据不同的学科需求制作各种地图以展示与分析,并进一步运用所得信息,作为各学科领域实务规划与评析的依据,包括自然资源的管理、消防火警的预防与响应乃至气象风灾的预测等。长久以来,此套系统更被大量应用于都市交通路线规划、桥梁架设勘测、林地探勘与开采、地下水道建设与养护以及消防警政系统规划等,及国防飞弹设计与攻击目标的定位与防卫机能建立等军事用途等(Grimshaw,1989,1994;Budic,1994;Mitchell,1997; 周天颖,1999;高庆珍,1999;孙志鸿、林祥伟,1998;吴崇弘、谢尚显、林峰田,1999;逢甲大学地理信息中心,2000)。无疑,如果能借由 GIS 的方法技术应用,结合其他社会科学评估方法,恰可满足社会服务组织,建构一个具备空间分析观点的社会服务方案评估体系,以提供高效能的服务方案设计与执行成效评估。

(二) GIS 在社会服务领域的应用发展

GIS 方法技术的应用在社会工作领域虽仍不普遍,但其概念的发展却可远溯到 19 世纪末,当时在美国由社会工作前辈珍·亚当斯(Jane Adams)所创办的赫尔馆(Hull-House)的睦邻安置计划工作人员(settlement house workers)即发展出一系列的地理图形,用来作为评估芝加哥邻近地区的经济与社会不公平对待的依据(Davis,1969; Tompkins,1998)。过去十几年来,由于社会服务组织的服务对象特质常与其生活所处环境息息相关,加上其服务地区则往往受制于时空环境等因素。因此,GIS 方法技术以其具备空间描述能力,加上不同形态数据库联结的功能,在美国社会服务相关领域上的运用已逐渐受到较多的关注。尤其是 20 世纪 90 年代以来,有相当多的州政府或地方政府在中央政府的协助之下，通过与民间福利机构或学术单位的合作，借由 GIS 的运用来评量各项福利的需求，并用来作为规划与管控所需福利服务资源的利器。

GIS 运用于社会服务领域的有名例子，如 1996 年美国联邦健康与人类服务部（Department of Health and Human Services）、麻州儿童服务室（the Massachusetts Office of Child Care Services）、国家科学基金会（the National Science Foundation）以及若干民间非营利机构与麻州的几家学术单位，共同结合佛罗里达州与亚拉巴马州的学术单位以及福利机构等，所建立的跨州际 GIS 规划执行团队。其主要目的乃是借由 GIS 的建置，作为持续监控服务方案的执行，与评估改进贫穷小区的儿童福利服务的决策支持系统。类似的团队组合与 GIS 运用也在美国其他州逐渐发展开来（Queralt，Witte，1998）。

此外，GIS 方法技术也逐渐被运用于小区服务或城乡的需求评估与规划领域。小区或城乡规划人员主要运用 GIS 来描述空间因素对资源流动的影响。借由此套技术的使用，将该区域的人口结构、居民属性与社经地位分布以及服务提供等相关因子，结合环境与空间属性数据做关联性分析，以呈现出乡村地区居民在资源流动性与接近性的弱势地位，以及服务供需失调的现象，并借以凸显乡村居民社会隔离的严重性及其与贫穷的相关性。其他更多的相关研究则运用这套技术来呈现福利服务的供给与需求比较，并将之应用于服务对象数据库的建构与服务资源的管理监控（Queralt & Witte，1998，1999；Hoefer，Hoefer & Tobias，1994）。

相比较，GIS 使用在台湾地区的相关政策规划或服务方案执行评估，则仍属于探索阶段。一个比较常应用 GIS 的领域是少年犯罪防治工作，例如台北市曾将之应用于少年犯罪特性与环境空间解析（少年辅导委员会，1999；张淑慧，2005），而台中市（2000）则与逢甲大学的地理信息系统研究中心合作，共同建立妇幼儿童业务网络化的数据与作业分享系统。另外，“9·21”震灾发生后，刘丽雯、邱瑜瑾、陆宛苹（2001）也协助台中县，就震灾发生后特定期间内投入赈灾服务的组织资源类型、投入时间与内涵、服务场域范围以及互动情形，做比较评量，并建构一套初阶的 GIS 应用赈灾组织资源管理系统。而高雄县政府则运用 GIS 规划了一套小区资源信息系统。一个较近的 GIS 运用于社会服务评估例子，则是由台中市社会局与大学单位合作执行的《台中市居家服务方案执行评估与决策支持系统研究》（蔡瑞明、刘丽雯、项靖、吕方怿，2005）。

（三）GIS 运用于社会服务方案规划执行与评估内涵

GIS 可运用于社会服务方案规划执行与评估的内涵尚包括：

（1）在服务方案规划过程中，将目标人口群的地理区位、环境生态、人口结构以及社经地位等相关属性的数据库做结合，以了解潜在服务对象的环境因素与遭遇问题之间的关联性，并提供作为规划服务资源配置与输送的依据。

（2）在方案执行的监控管理过程，可借由 GIS 空间图像的展示，描述服务对象的地理分布，借以探询特殊服务案主群是否有其地理集中性，并了解特殊服务案主群在福利服务输送上，是否足以借由公共运输系统达到服务可及性。例如，评估老人供餐中心的地点设置或幼儿托育中心位置的找寻。

（3）借由 GIS 方法技术的运用，呈现目前或潜在服务对象周遭环境的时间与空间变化，以解析其社会发展过程。例如，某特定人口群或特定犯罪类型的发生时间顺序，及其与周遭环境空间的相互关系，以理解犯罪的社会发展与模式，作为提供后续服务方案规划的依据。

（4）借由 GIS 评估方法设计，考察机构的福利供给与需求是否适当。进一步模拟预测未来需求或针对目前需求的不足，发展其他服务方案。例如，使用 GIS 进行趋势追踪以了解疾病传染影响范围，以及服务对象群的来源界定，以规划新的公共卫生方案等。

（5）可将服务案主的属性数据与其环境脉络的地图相结合，通过 GIS 的运用，建构数据库并发展管理以及决策辅助系统。此系统不但能提供社工人员阅读数据的新方式，并能定期提供方案评估人员所需的案主数据，做及时更新与服务过程比较，借以随时调整新的资源分配或发展服务模式。

（6）机构之间可通过网络 GIS 的运用，从事数据库建置的分工合作、资源共享方式，以减少组织的硬件与软件重复购买成本，并创造社会资源联结的机会。

第五节　GIS 方法技术应用与组织服务方案示范

如前所述,GIS 是一种计算机技术的应用系统,它的构成要素除了计算机硬件设备以外,最重要的执行内涵是由空间数据以及属性数据所构成。因此,欲使用这套应用信息技术于服务方案的评估,首先需先界定欲进行的方案服务地理区域范围,并取得此地理区域的空间数据以及欲评估服务方案的相关属性数据库。其中,属性数据库的建构可借由次级资料的搜集,或经由一系列严谨的数据搜集研究设计与执行步骤而得,接着再借由 GIS 的建构并与数据库做联结,以执行空间分析与图像展示功能(参阅图 4－1)。

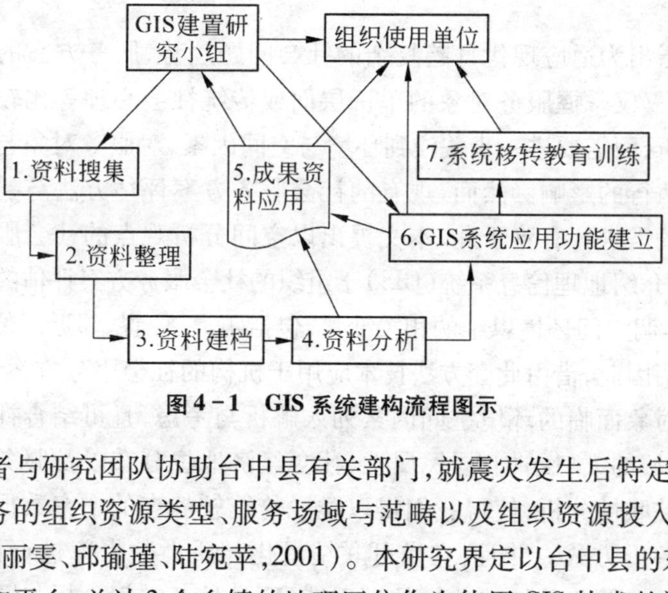

图 4－1　GIS 系统建构流程图示

以作者与研究团队协助台中县有关部门,就震灾发生后特定期间内投入赈灾服务的组织资源类型、服务场域与范畴以及组织资源投入状况做评量为例(刘丽雯、邱瑜瑾、陆宛苹,2001)。本研究界定以台中县的东势镇、石冈乡以及和平乡,总计 3 个乡镇的地理区位作为使用 GIS 技术的评估场域,并取得此震灾涉及地理区域的相关地图集以及涵盖组织资源相关数据的属性数据库。再借由图层资料之间的套叠,以及与属性数据的结合分析,可以展示比较这三个乡镇的受灾状况,并展示这三个乡镇灾区的赈灾组织资源区域分布结构(自刘丽雯、张利能,2004)。借以了解受灾居民的空间环境与所提供的服务组织资源的可及性以及适合度，以提供我们作为后续规划服务资源配置与输送的依据。

此外，又如由台中市社会局委托作者与研究团队，所执行的台中市居家服务方案执行评估为例（蔡瑞明、刘丽雯、项靖、吕方怿，2005）。此服务方案是以台中市的8个分区作为居家服务方案评估的地理场域。GIS于此例中，被使用来呈现台中市居家服务个案的满意度分析以及服务供需比较，以提供台中市未来建立较完善居家服务支持中心及其资源网络建构的参考。

第六节　讨论与结论：GIS成功应用于组织方案评估的思考

本文指出为适应现代日趋复杂的社会问题趋势，服务方案的设计与执行，已不能仅仅掌握服务对象的单一层面或传统社会心理等比较静态的相关因素解析，而需要进一步关注到环境与空间因素，对服务对象与服务方案的设计与执行的影响。然而，现有的社会服务方案评估方法与技术已无法满足这样的需求。有鉴于此，本文提出以空间分析观点的社会服务方案评估方法，并介绍地理信息系统（GIS）于组织的社会服务方案评估的应用。

GIS强调空间环境思维的相关变量，包括距离、位置、邻近区位与其他环境变量等。因此，借由此套方法技术应用于机构的社会服务方案评估，不仅能将服务对象面临的环境空间因素列入解析与考虑，且可结合社会属性数据，例如区域的人口结构、居民属性、社会经济地位分布以及服务的供给与需求等做关联性分析，使得我们得以跳脱传统较静态的个案数据或社会结构因素的解析方式。并且，它尚可联结量化与质性数据库进行比较分析。更重要的是它并非单纯的数据处理系统，而是具备空间分析与图像展示功能的计算机应用系统。因此，可将所搜集的不同属性数据，结合其地理实体的空间数据，做空间分析与可视化展示，及时显现出不同的图像样貌，以达到一目了然的效果。

然而，诚如前述，GIS是一套以计算机信息为基础的应用方法技术，它的构成要素一般包括计算机设备、恰当且符合需求的数据（包括图形数据与属性数据）、数据库的管理应用软件以及恰当的组织场域以及人力资源。因此，欲成功地将GIS应用于组织的方案评估，通常需要针对上述几个组成要项有所思考、规划、运用与管理。首先，合宜与高效能的计算机设备往往所费不赀，常是资源有限与经费不足的非营利组织的很大负担。因此，如何通过与其他相关机构的数据库建构分工合作以及计算机资源共享方式，来减少组织的硬件与软件重复购买成本，是一个可以思考的方向。

其次，就需求数据的搜集而言，虽然GIS的数据性质相当有弹性，可以涵盖地理区域数据、空间属性数据、人文或社会属性数据，且其形式可以是质性、量化以及图像数据。由于，不同属性数据有其独特编码样态，因此数据属性之间的联结除了涉及的技术层面以外，在数据的搜集与编码过程，即需遵守特定规则模式。因此，包括组织机构的GIS数据搜集管控人员以及使用人员，都需要针对数据搜集方法、数据编码辨识以及发展能力有所训练。此外，相关人员的训练、恰当的组织场域以及人力支持也是相当重要的。因此，在规划与培训GIS相关执行与应用人员的过程，如何积极寻求该组织的上级主管支持以及争取相关执行人员的认同投人，是成功应用此方法技术所需努力的方向。尤其，针对过去的业务项目并非信息化的新近GIS使用者，上级主管的支持及专业咨询的服务，对于调适所可能产生的排斥与无助心理，具有相当效力。

另外，针对不同层次与属性的数据分析而言，如何将分属空间或社会属性的各种宏观的社会特质、时空环境因子以及微观的个体属性做结合交叉分析，以诠释其所交织而成的复杂数据结构背后的意涵或时空变化趋势预测，则是非常需要结合适当的统计分析工具以及数据探勘方法。检视目前社会服务领域在此项功能的发展与应用上，无论是台湾地区或其他国家或地区，则仍属初步发展阶段，建议政府或其他GIS运用的民间单位相关单位，宜积极与社会科学相关学术领域的专业人员加强建立协调合作关系，以共同发展出一套结合进阶统计分析功能的GIS组织方案评估与决策辅助系统。最后，在发展GIS的组织的方案评估应用系统的初始，如何借由行政主管部门的各项鼓励措施，责成公私部门或者民间组织之间通过各种形式的合作关系建立,以积极开办工作人员以及小区组织与居民的地理信息应用观念与技术推广教育,也是未来成功推展 GIS 的社会方案评估应用的重要任务。

关键术语

形成性评估(Formative evaluation)
过程评估(Process evaluation)
结果评估(Outcome evaluation)
单案研究设计(Single subject design)
系统模式(The Systems Model)
成本与利益分析(Cost-benefit analysis)
地理信息系统(Geographic information system)
珍·亚当斯(Jane Adams)
赫尔馆(Hull-House)
睦邻安置计划工作人员(Settlement house workers)
美国联邦健康与人类服务部(Department of Health and Human Services)
麻州儿童照顾服务室(The Massachusetts Office of Child Care Services)
国家科学基金会(The National Science Foundation)

复习思考题

1. 社会服务方案评估的不同类型评估内涵,包括形成性评估、过程评估以及结果评估,各有其适用时机与目的,试比较说明。

2. 在社会科学经常使用的研究方法中,目前有哪些研究设计经常被应用于方案评估的方法设计? 依其优缺点比较说明各适用于何种服务对象问题以及服务方案性质与目的。

3. 地理信息系统的特色与优点为何? 又,如果您是社会福利服务机构的主要决策者,欲运用 GIS 作为组织规划与评估方案的技术工具,需要有哪些软硬件配备以及组织规划考虑?

参考文献

官有垣，台湾地区民间社会福利机构与政府的竞争关系：以台湾地区基督教儿童福利基金会为例，《空大行政学报》，1996，5：125—175。

《台湾地区的基金会：在社会变迁下的发展》，台北：洪建全教育文化基金会，2003。

周天颖，《灾区信息系统建置报告》，台湾地区永续发展论坛震灾后问题与区域永续发展策略研讨会会议资料，台北："行政院经济建设委员会"，1999。

吴崇弘、谢尚贤、林峰田，浅谈应用地理信息系统于公共工程的规划，《土木水利》，1999，26(2)：116—125。

高庆珍，从地理期刊的发表来探讨台湾地区近三十年来地图学的发展趋势，《私立"中国"文化大学地理研究报告》，1999，12：131—142。

孙志鸿、林祥伟，多准则决策技术与地理信息系统整合的研究，《台湾地区大学地理学系地理学报》，1998，24：29—42。

逢甲大学地理信息系统研究中心，《台中市政府国土信息系统基础环境建置计划社会福利地理信息系统期末报告书》，台北："内政部"，2000。

《国土信息系统基础环境建制计划社会福利地理信息系统》，台中市，2000。

张淑慧，地理信息系统(GIS)在少年犯罪防治工作的运用，《小区发展季刊》，2005，111：116—125。

台北市少年辅导委员会，《1998 年少年犯案区域特性分析报告》，台北：台北市少年辅导委员会，1999。

刘丽雯、邱瑜瑾、陆宛苹，《九二一震灾组织动员与资源联结》报告，台中，2001。

刘丽雯，《非营利组织：协调合作的社会福利服务》，台北：双叶书廊，2004。

刘丽雯、张利能，GIS 在地方政府赈灾组织资源管理上的运用：以九二一震灾的社会服务资源管理体系建构为例，《东吴社会学报》，2004，16：1—31。

蔡瑞明、刘丽雯、项靖、吕芳怿、谢志龙，《台中市居家服务委托研究计划:GIS 信息科技于社会福利的运用——台中市居家服务决策支持系统研究》,台中,2005。

萧新煌,基金会在台湾地区的发展历史、现况与未来的展望,收录于官有垣策划《台湾地区的基金会:在社会变迁下的发展》,台北:洪建全教育文化基金会,2003。

Agranoff, R. J., *Intergovenmental management*. Albany, N. Y.: State University of New York Press, 1986.

Babbie, E., *The practice of social research*. Belmont: Wadsworth Pub. Co, 2007.

Budic, Z. D., Effectiveness of Geographic Information Systems in Local Planning, *Journal of American Planning Association*, 60(2): 244-263, 1994.

Burrough, P. A., *Principles of geographical information systems for land resources assessment*. UK: Oxford University Press, 1986.

Campbell, D. T., & Stanley, J. C., *Experimental and quasi-experimental designs for research*. Boston, Mass: Houghton Mifflin Company, 1963.

Gilbert, N., & Specht, H., *Coordinating social services: An analysis of community, organizational, and staff characteristics*. New York, NY: Praeger Publishers, 1977.

Glaser, B. G. & Strauss, A. L., *The Discovery of Grounded Theory*. Chicago: Aldine, 1967.

Grimshaw, D. J., Geographical Information Systems: A Tool for Business and Industry, *International Journal of Information Management*, 9: 119-126, 1989.

Grimshaw, D. J., *Bringing Geographical Information Systems into Business*. London: Longman Group Limited, 1994.

Freeman, H. E., The present status of evaluation research, In M. A. Guttentag and S. Saar (eds.), *Evaluation Studies Review Annual*, Vol. 2. (pp. 17-51). Beverly Hills, CA: Sage, 1977.

Hoefer, R. A., Hoefer, R. M. & Tobias, R. A., Geographic Information Systems and Human Services, *Journal of Community Practice*, 1(3): 113-

127,1994.

Kettner,P. M. ,Moroney,R. M. ,& Martin,L. L. ,*Designing and Managing Programs*. Newbury Park,CA: Sage,1990.

Martin,L. L. ,& Kettner,P. M. ,*Measuring the performance of human service program*. Newbury Park,CA: Sage,1996.

Mitchell,A. ,*Zeroing in Geographic Systems at Work in the Community*,1997.

Monette,D. R. ,Sullivan,T. J. ,& DeJong,C. R. ,*Applied social research: Tool for the human services*. Orlando,FL: Harcourt Brace & Company,1994.

Nutter,B. ,& Hudson,J. ,Social work research and evaluation in Canada, *Journal of Social Work Practice and Evaluation*,1(1): 49 -58,2000.

Queralt,M. & Witte,A. D. ,A Map for You? Geographic Information Systems in the Social Services, *NASW*,455 -469,1998.

Riessman,C. K. ,*Narrative analysis*. Newbury Park,CA: Sage,1993.

Rossi,P. H. ,& Freeman,H. E. ,*Evaluation: A systematic approach*. Newbury Park,CA: Sage,1993.

Royse,D. ,Thyer,B. A.. ,*Program evaluation: An Introduction.* Chicago, IL: Nelson-Hall Publishers,1996.

Royse,D. ,Thyer,B. A. ,Padgett,D. K. ,Logan,T. K. ,*Program evaluation: An Introduction.* Belmont,CA: Brooks/Cole,2001.

Shadish,W. R. ,Cook,T. D. ,& Leviton,L. C. ,*Foundations of program evaluation: Theories of practice*. Newbury Park,CA: Sage,1991.

Tripodi,T. ,The contemporary challenge in evaluating social services—An international perspective: The 1999 Peter Hodge Memorial Lecture,Hong Kong, *Journal of Social Work Practice and Evaluation*,1(1),5 -16,2000.

Washington,Alternative frameworks for program evaluation, In J. Tropman, J. Erlich,& J. Rothman (Eds.),*Tactics and techniques of Community intervention.* Itasca,IL: F. E. Peacock Publishers,Inc,1995.

PART 2

第二篇

非营利组织评估案例

CHAPTER 第五章

5 成本分析

——家居及小区照顾计划案例

陈锦棠　香港理工大学应用社会科学系副教授/首席讲师

施育晓　香港理工大学应用社会科学系讲师

▶ 学习重点

1. 介绍成本分析的概念及方法。
2. 以案例阐释成本分析的应用。

本章简介

在评估社会服务的资源投放和运作中,社会工作员往往较少运用经济评估方法来检视资源是否运用恰当;此外,提供服务的方式和方法也对成本造成很大的影响。自从香港地区推行福利改革后,非政府组织对于成本控制渐渐重视。

本文的重点是基于2002年与香港地区一间非政府组织合作的研究项目的初步成果整理而成的文章。全文重点是基于Knapp教授的福利生产模式(Promotion of Welfare Model)来介绍成本分析的概念和方法。由于家居及小区照顾计划是政府刚刚推出的社会服务项目,独立于现存的其他服务提供系统,故此被选择为案例去讨论及阐释成本分析的方法和应用。此外,由于数据具一定的敏感性,因此本文只将研究中期结果作为引证,但在文中的讨论已作出服务对象的状况及服务需求程度对成本的构成已有很大的影响,也指出运用标准成本(Standard cost)的问题。最后,运作的方式也对成本造成一定的影响,因此行政人员须对服务流程改善多加留意。

第一节　导　论

（一）日渐受重视的成本考虑

香港社会服务机构现时所处的政策、社会和经济环境都正经历巨大的改变。新的改革和改变强调有效运用公共资源、创新、响应性和表现管理，从而及时地满足转变中的社群需要（社会福利署，2000）。自1999—2000年《津贴及服务协议》和《服务质素标准》的推出，服务表现方面的改革渐渐地落实。继2005年《过渡补贴计划》（Tide-over Grant，TOG）终止后，《整笔拨款计划》的各项安排便正式运作，可示范的结果和成本效益成为社会服务界别中新的考虑标准。成本的资料成为项目委托的设计、管理和财政预算的重要依据。可以说，伴随着竞投和项目委托的发展，成本考虑成为社会服务机构其中一项关注的事项。

在旧制度之下，成本的考虑并不影响服务输出和成果的评估。引入新制度所期望的，并不单是要在现状得以维持下节省成本的开支，更是要完善管理服务提供过程之中由输入、过程、程序、输出以致成果的各样表现。由于公帑财政的紧拙，社会服务机构必须善用资源。采用项目委托的竞标分配福利服务，社会服务机构被期望使用最低的成本提供跟从前一样的服务，这无疑对一直以来依赖政府资助维持财政开支的社会服务机构构成压力。

本文的重点是介绍成本分析的主要概念，并且以近年香港政府最新推出的改善家居及小区照顾计划作为案例来阐释成本分析方法的应用。

（二）改善家居及小区照顾服务计划（EHCCS）

自2001年4月1日开始，香港特区政府社会福利署开展了一项名为《改善家居及小区照顾服务》的新计划。《改善家居及小区照顾服务计划》是基于《2000年施政报告》有关长者福利的政策措施而推展的。其目标是要让体弱长者可以按其意愿继续在熟悉的家居及小区环境接受护理及照顾服务,也为护老者提供支持,以达到加强家庭融和的目标。经《安老服务统一评估机制》评核为身体机能中度或严重受损的体弱长者有资格申请这项服务。

《改善家居及小区照顾服务计划》的推广涵盖全港18个地区,社会署通过公开竞投将18个服务合约分别委托14个非政府机构执行,合约为期3年。服务营办者须为经获转介接受服务的长者作出需要评估,为其制订合适的护理计划,让他们在得到家务照顾、个人照顾、护理和相关医疗服务等适当支持下,可以继续居住在家中。在计划之下,照顾长者的家庭成员也可获得支持。本文的甲机构就是其中一间成功受委托办理《改善家居及小区照顾服务计划》的非政府机构。

现时,改善家居及小区照顾服务、家居照顾服务、膳食服务和安老院舍服务等几种长者服务,都是经由合约管理的。合约管理的目的是要保障社会福利服务的提供物有所值。由于政府的服务分配采取了竞投(competitive bidding)方法,研究《改善家居及小区照顾服务计划》的成本分析和计算,将有助于了解以竞争性投标方式分配福利服务单位的长远政策含义。

第二节 成本分析及计算方法:福利生产模式的应用

(一)经济评估

经济评估(Economic evaluation)就是指系统性地对服务和政策的成本和成果作出鉴别、量度和比较,其中最基本的步骤就是要就所有相关活动作成本计算。

我们可以把经济评估看成是对资源分配上的效率性与公平性两方面的追求。观念上,经济评估需要把两个或以上的选项作比较,例如,一个先行性计划与一个现行计划或两个本自相同计划的变种(Sefton,2003)。就社会服务的经济评估(引用Martin Knapp及其伙伴的福利生产模式,Production of Welfare Model),可引用一个概念性的框架综合出不同的资源和非资源的输入,以及不同的服务和成果之间的复杂关系。通过统计分析,便可以把外在环境、客户的资料、服务输入、服务过程与服务成果之间的关系详细指出;量化地探讨不同的资源、人力资源、使用者特征和取向、环境的变异与特色、服务输出结果和成果的量度种种变项之间的关系;借此能够有助于分析个别不同顾客所需的服务甚至创新服务。

(二)成本分析计算的理论架构

根据 Allen 及 Beecham(1993),计算成本的模式使用了累积扩展方式(Building Block Approach)的导向,内容大致可以划分为四个阶段:

第一阶段:描述服务的元素。

第二阶段:指出服务活动和可量度单位。

第三阶段:估计服务元素的成本含义。

第四阶段:计算服务单位成本(unit cost)。

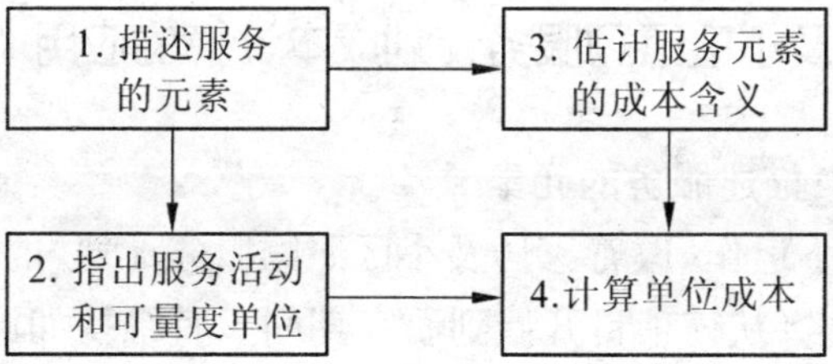

资料来源:Allen and Beecham (1993).

图 5-1　社会服务的成本计算模型

许多社会服务机构较多采用支出项目预算(line-item budget)的方法,使用结构简单的会计方法处理成本资料,作为估量计划成本的基础。根据这个方法,我们需要将所有主要计划和活动及其所引起的成本作完整的纪录。

成本分配的框架是这项工作的基本工具。成本分配的框架中详细记载在已批核的支出项目预算中的支出项目、计划结构以及计划之下种种活动及非直接的成本也清楚列明,但收入项目并不包括在内。在使用成本分配的框架分析成本的过程如下:

(1) 详细描述服务送递的整个过程,追踪所有有关的服务输入,和相关的成本数字记录;

(2) 复核检讨整个服务送递过程和所有服务成果,找出并估计所有非直接成本;

(3) 划定量度成本所要期限,并配合量度服务成果所需的期限;

(4) 使用实际纪录的成本,而非根据预算案或计划文件的成本分析;

(5) 找出一些不能销售的项目或价格与用作其他用途时的价值不相符的项目,并给予一个合适的估计。

在结算成本的时候,成本资料、服务输出和服务成果的数字均一并报告。不过,活动成果的检讨则根据成本资料作指示、量度和证明。如果现存有多于一个方法可以带来相同的成果,成本和成果的比较便非常重要。明确来说,这项研究设计的其中一个用处是要找出不同组合人力资本上的投放在成本中的成效,与合约要求下长者家居照顾服务的一系列成果。

(三) 改善家居及小区照顾服务计划成本计算的应用

1. 第一阶段:描述服务的元素

在甲机构之下运作《改善家居及小区照顾服务计划》的工作队在财政上是独立于甲机构的,从该项目开始到研究期间一直维持如此,这时研究成本分析对了解运作的问题有很大帮助。现就甲机构《改善家居及小区照顾服务计划》的各项服务元素描述如下:

(1) 工作队设于甲机构辖下的服务大楼之中。工作队有部分活动借用中心的会议室或其他地方进行。

(2) 工作队共有 24 名职员,其中有 20 名员工为全职工作,余下 4 名为部分时间制工作。团队可分为行政和护理两个组别。行政组有 5 名成员:1 名高级经理、2 名服务干事、1 名行政助理以及 1 名文员;护理组有 19 名成员:2 名职业治疗师、2 名注册护士、1 名护士、6 名家务助理员、7 名家务护理员以及 1 名司机。工作队拥有一部小型巴士。

(3) 工作队大部分服务都是在服务使用者的家中进行。护理人员分担不同的工作,通常在平日早上便直接前往使用者家中服务,只有在需要汇报工作或处理一些必须在办公室履行的工作职责时才会返回到团队的办公室。

(4) 中心并没有收取工作队所占用地方的租金和水电费用,但是工作队须自行承担电话、邮寄、影印、文具、维修和保养、清洁和员工制服等杂项支出。

(5) 管理工作由中心总部履行,中心收取工作队运作开支的2%作为管理费;同时,中心也收取另外2%作为行政费,以支持财政和人事行政事宜。

《改善家居及小区照顾服务计划》的服务提供是区域性的,个别工作队如座落于较有利地区的便可能在某些服务的提供上较为便利。工作队会向其他服务团队购买膳食服务,甚至向该区医院购买医护、半医疗或督导支持。这里可以看到社会服务和医疗服务的合作。

2. 第二阶段:指出服务活动和可量度单位

(1) 量度范围

根据社会福利署的要求,《改善家居及小区照顾服务计划》须包括以下各项(社会福利署,2001):

① 护理计划:包括护理设计、检讨、再评估、统筹与落实护理计划的推广。

② 基本护理:例如,临床观察、基本的身体检查包括量度血压、脉搏、体温和体重、尿液测试、胰岛素注射、用药的监察、胃管喂食、弗利氏导尿管护理等。

③ 特别护理:例如,造口护理、失禁护理、呼吸系统护理、糖尿病护理、腹膜透析、感染控制等。

④ 复康练习:恢复及维持,与其他治疗性练习和活动。

⑤ 个人照顾:例如,迁移、喂食、洗澡、洗头、剪发、刮胡、修甲、换衣服、如厕等。

⑥ 支持服务:例如,避免意外、处理医疗废物、处理弄污了的被服、处理医疗用具/补给品、保存纪录、报告和转介往其他合适的服务等。

⑦ 家居照顾:例如,住户清洁、更换床铺、购买必需品、洗衣、膳食准

备等。

⑧ 膳食服务。

⑨ 交通及护送服务。

⑩ 护老者支持服务。

⑪ 到户看顾及暂托服务。

⑫ 紧急住宿服务。

⑬ 24 小时紧急支持。

⑭ 家居环境安全评估及改善建议。

大体而言,这些服务可以分为三大类:辅助性医疗护理、一般护理和行政支持工作。

① 辅助性医疗护理:包括基本和特殊的医疗护理、复康运动、家居安全改善建议、营养指导。

② 一般护理:包括送饭服务、个人护理、家居清洁、交通及护送、暂托服务。

③ 行政支持工作:包括护理计划的制订、检讨和相关的统筹、行政和个案管理工作。

(2) 量度单位

此项研究的其中一个目标是要为《改善家居及小区照顾服务计划》作成本分析。在研究过程之中,我们遇到的第一个实际问题就是要决定量度的单位。由于服务使用者或服务类别繁多,难以作出简单的分类;我们相信护理计划相对于服务使用者或服务类别更适合作为量度单位(Bauld et. al., 2000)。

研究以护理计划作为量度单位,数据按个别使用者收集。每位使用者可能会使用多于一类的服务。

所有护理计划将会按总成本价划分为五大类别。个别护理计划的单位成本,以每类别之下的个案平均计算。

3. 第三阶段:估计服务元素的成本含义

(1) 数据涵盖范围

本文并不打算描述服务的改变,而只是就 2002 年 12 月当时使用者情况作参考。服务成本以2002年的价格计算。截至撰写报告的时候,所收集的资料包括2002年12月的资料,当时工作队已经运作一年之久。所有服务使用者也被计算在内。服务使用者的特色也会被指出。所有直接和间接与计划有关的金钱上和非金钱上的资源也被点算在内:①不同专业及角色的员工数量、职级、工时,以及成本。②其他有关员工的开支,例如保险、交通。③服务使用量、评估类别,和个别使用者的成本指标。④外间机构或机构内其他服务工作队的资源和支持。⑤行政成本,包括保养、文具等等。⑥和服务有关的开支(督导性和文书性的支持,无论机构是否须要支付这项费用)。⑦使用者开支(在这个阶段不包括在内)。⑧办公室的成本(在这个阶段不作估计)。

为确保完整性,计算计划成本时同时使用由上而下以及由下而上两个取向。以由上而下的取向,财政报告纪录(工作队自2002年4月至9月的支出账表)和其中的平均结算,将与以由下而上的取向罗列的计划活动和所有支持计划活动的成本资源配合起来。

工作队保存的使用者纪录有助于由下而上的取向,获取有关服务提供者、到访频率和时限的数据。纪录包括按每日计算个别使用者使用服务和护理人员提供服务的种类和频率。工作队也会维持一个护理人员日程表,列出交通时间和个别护理人员的非直接服务时间。

(2) 护理经理的纪录档案也记载有关使用者特征的数据:

① 身体机能损伤程度:中等或严重。

② 精神错乱状态/清醒:根据医生诊断而定。

③ 护老者的支援,共有四类:

- 与护老者共住,并得到支持。
- 与护老者共住,但没有支援。
- 并非与护老者共住,但得到支持(部分的)。
- 没有任何护老者的支援。

4. 第四阶段:计算单位成本

(1) 护理计划的单位成本计算步骤如下:

① 计算个别护理人员每小时的成本(表5-1)。

表 5-1 护理人员每小时的成本

护理人员代号	每年工作日	每年受训时数	实际工作时数	全职/兼职（FT/PT）	成本中位数（薪金+MPF）（以港元计算）	每小时成本（包括非直接服务）（以港元计算）	每小时成本（只包括直接服务）
1	271	39	2 129	FT	11 765.25	66.3	105.9
2	260	35	2 045	FT	11 765.25	69.0	83.8
3	279	42	2 190	FT	11 765.25	64.5	109.1
4	281	35	2 213	FT	11 765.25	63.8	86.6
5	279	43	2 189	FT	11 765.25	64.5	85.0
6	293	35	2 309	PT	11 765.25	61.1	109.8
7	277	37	2 179	FT	11 765.25	64.8	93.4
8	296	37	2 331	PT	11 765.25	60.6	95.5
9	286.5	35	2 257	PT	11 765.25	62.6	94.8
10	270	37	2 123	PT	11 765.25	66.5	95.0
11	203	31	1 593	FT	11 765.25	88.6	131.1
12	166	18	1 310	PT	11 765.25	49.4	75.0
13	97	16	760	FT	11 765.25	61.9	84.4
14	286	6	2 282	FT	12 510.75	65.8	65.8
15	266	20	2 108	FT	20 154.75	114.7	138.7
16	286.5	4	2 288	FT	12 510.75	65.6	65.6
17	40	16	304	FT	27 000.75	124.3	165.4
18	98	31	753	FT	21 157.5	109.6	109.6
19	281.5	16	2 236	FT	25 719.75	138.0	184.5
20	27	4	212	FT	21 157.5	109.8	109.8
21	37.3	20	278	FT	25 719.75	129.3	158.1
22	288.5	12	2 296	FT	34 035.75	177.9	177.9
23	281	30	2 218	FT	27 000.75	146.1	349.5
司机	223	0	1 784	FT	13 329.75	67.2	67.2

此表数据为中期报告结果，只作参考之用。

② 计算每日所使用服务的种类和使用期限和每日所需的护理人员（将特别护理服务和一般护理服务分开计算）。

③ 计算每次探访的交通费（根据所有服务使用者所需护理人员的每日交通费）。

④ 计算一般护理的总成本和特殊护理的总成本是以 2002 年 12 月作基

础并作出 1,2 或 3 的倍数运算。

⑤ 计算行政成本,将以下项目的总成本除以该月份的 141 名服务使用者:

水电费用、电话、邮寄、影印、文具、维修和保养、清洁、员工医疗津贴、程序费用、员工制服、保健开支、燃油及交通费、广告、杂项开支、中央行政开支,以及管理酬金。

⑥ 计算因购买膳食服务,甚至为服务对象向本区医院购买医护、半医疗或督导支持而引起的额外成本。个别使用者层面都有保存有关服务的纪录,以方便将有关的成本转往合适的使用者。

⑦ 将第 4、5 和 6 项相加,以计算个别使用者的总成本。

第三节　主要研究结果和分析

(一) 总成本及其中的成分

2002 年 12 月份的总成本估计有 hk 374 086.7,而 141 名使用者的平均成本为 2 653.1 港元。总成本的 35.1% 可以使用在直接护理服务,交通费占总成本的 14%,而行政费用共占 36.4%。总成本价中余下的 11.8% 就是用作购买外界服务之用的(膳食、医护、半医疗服务)(见表 5－2)。

表 5－2　总成本及其中的成分

	平均	最低值	最高值	标准误差	N
1. 总成本(=2 + 3 + 4 + 5)	2 653.10	0.00	9 456.21	2 019.129 6	141
2. 总护理成本 (不包括交通)	1 064.82	0.00	5 093.50	960.256 2	141
2.1 特殊护理总成本	786.81	0.00	6 771.02	877.813 2	141
• 特殊护理成本(不包括交通)	534.11	0.00	3 783.83	555.041 3	141
• 与特殊护理有关的交通成本	252.69	0.00	2 987.19	349.482 4	141
2.2 一般护理总成本	697.59	0.00	4 217.90	809.326 3	141
• 一般护理成本(不包括交通)	530.71	0.00	3 000.67	606.862 9	141
• 与一般护理有关的交通成本	166.88	0.00	1 217.23	219.043 6	141
3. 总交通成本	419.57	0.00	3 061.85	452.700 1	141

续表

	平均	最低值	最高值	标准误差	N
4. 行政成本	755.65	0.00	3 265.72	577.089 4	141
5. 购买外界服务成本	413.06	0.00	3 486.50	730.208 1	141
护理成本在总成本之中所占比重%	35.09%	0.00	80%	0.194 1	141
交通成本在总成本之中所占比重%	13.89%	0.00	54%	8.482E－02	141
行政成本在总成本之中所占比重%	36.41%	0.00	100%	0.255 2	141
购买外间服务成本在总成本之中所占比重%	11.76%	0.00	75%	0.176 2	141
使用者总数					141

此表数据为中期报告结果，只作参考之用。

（二）护理计划成本

2002 年 12 月期间，有四名使用者并没有使用任何服务，而服务使用者中所使用最高的成本为 9456.2 港元。141 名使用者的平均成本为 2653.1 港元。成本最低的 20% 的使用者（有 28 名长者）的平均成本为 362 港元，而成本最高的 20% 的使用者中（有 28 名长者）平均成本为 5748 港元，数值是前者的十六倍（见表 5－3）。

表 5－3 平均总成本——以成本划分五组使用者组群

	平均值	使用者数目	标准误差	在总计之中所占百分比	最低值	最高值
成本最低的 20% 的使用者	361.95	28	214.13	2.7%	0.00	659.36
第二成本最低的 20% 的使用者	1 209.09	28	352.31	9.0%	692.74	1 784.42
第三成本最低的 20% 的使用者	2 326.88	29	315.31	18.0%	1 811.02	2 961.64
第二成本最高的 20% 的使用者	3 630.98	28	344.12	27.2%	2 992.26	4 373.38
成本最高的 20% 的使用者	5 748.23	28	1 449.54	43.0%	4 444.89	9 456.21
总计	2 653.10	141	2 019.13	100.0%	0.00	9 456.21

从以上之图表看，五组使用者的成本比例为 1∶3.3∶6.4∶10.0∶15.9。成本最高的 20% 的使用者所用成本占总成本的 43%。成本最低的 60% 的使用者所用成本占总成本少于三成。

(三)探讨成本的变化因素

1. 使用者特征和单位成本之间的关系

表5-4 平均总成本——精神错乱状态/清醒使用者

精神错乱状态/清醒	平均总成本	标准误差	使用者数目	在总计之中所占百分比	在总使用者数目之中所占百分比
清醒	2 713.8	1 937.68	119	86.3%	84.4%
精神错乱状态	2 324.5	2 438.81	22	13.7%	15.6%
总计	2 653.1	2 019.13	141	100.0%	100.0%

从表5-4中上述两个组别之数字来看,ANOVA 显示组别之间平均值分别并不显著($F=0.689$),服务使用者之精神状态并不直接影响成本。

2. 长者支持与单位成本的关系

表5-5 平均总成本——以照顾支持划分

有否护老者的支持	平均总成本	标准误差	使用者数目	在总计之中所占百分比	在总使用者数目之中所占百分比
与护老者共住,并得到支持	2 308.5	1 865.45	86	53.1%	61.0%
与护老者共住,但没有支持	2 965.8	2 274.43	21	16.6%	14.9%
并非与护老者共住,但得到一些支持	3 723.5	2 341.87	21	20.9%	14.9%
没有任何护老者的支持	2 698.5	1 456.91	13	9.4%	9.2%
总计	2 653.1	2 019.13	141	100.0%	100.0%

从表5-5中四类不同护老者支持程度的组别来看,ANOVA 显示组别之间平均值分别在97.5%的信度显著,这表示对长者的家庭支持的程度对服务成本有明显影响。

第四节 讨论及建议

综合整个研究,成本分析无疑对社会服务起了很大的作用。

(一)提供以证据为本的导向

由于在计算成本过程中须就服务运作及其单元作出仔细了解和分析,因此在提供服务中须具体地指出服务不同元素。通过检视不同服务对象以及提供给他们的不同服务的水平和所衍生的成本,工作人员可具体地了解资源投放和服务水平的关系,也提供了一种证据为服务水平的参考。

(二)从服务成本的构成检视服务提供的效率性

在计算成本过程中,研究人员须清楚地指出成本的类别,例如什么直接成本(direct cost)、间接成本(indirect cost)和交替成本(transaction cost),直接成本和间接成本对服务会造成某程度影响。反之,交替成本则对服务根本不会产生任何改变,在本研究中发现员工调配、工作安排委实对成本起了很大影响,但却对服务产出不造成影响。这即是说明如何在运作和设计的安排会对成本下降有一定作用。

(三)服务策划及设计

成本计算对服务策划和设计能产生很大影响。例如在这个研究说明接受服务的长者的健康状况及与监护者的支持程度有着很大的关系。

(四)资源分配

资源分配也在这个案中提出启示,在分析过程中发现长者的健康程度和资源投放有着很大关系,低龄老人在资源投放上竟然相差近20倍,因此,若然采用标准成本来决定资源分配可能带出一些问题。因为标准成本是以平均值来计算,如果机构在提供服务时采取选择性的方向,将产生一种选择效应的危机。

第五节 结 论

香港的社会服务机构日渐关注成本计算的重要性,通过系统的方法分析其服务的成本和成本效益，服务的质量成效能得以改善。传统以来，香港的社会服务成本计算却采用标准成本来计算，但是在本文中则发现影响成

附件1　计算员工成本的编制

每单位估计	成本	注
A. 薪酬	______ 每年	以薪金中位数计算#
	______	以实际成本列出 *
B. 与薪酬有关的其他成本	______ 每年	强积金、退休金及其他员工福利（以薪金中位数平均计算）
	______	强积金、退休金及其他员工福利（以实际成本列出）
C. 经常性开销	______ 每年	非直接经常性开销 行政成本 （按活动计算经常性开销）
D. 交通	______	交通津贴（个人）
E. 培训与发展	______ 每年	
F. 资本经常性开销	______ 每年	包括共享办公室、咨询和考核、指定的秘书处所用的地方
G. 工作时间		包括年假、法定假期、平均进修假期，以及病假的日子。
直接与非直接用在以下的时间的比例： 1. 面对面接触 2. 与病人有关的活动		
每名工作员的个案工作量/每名工作员的探访次数		
单位成本		
______每小时； ______每个与病人有关的工作小时； ______每个与病人接触的工作小时		

每个职级的中位数

* 以实际成本列出——每个职级的四分位数的平均

本的关键因素是服务对象的状况及一些环境因素，因此如果有效地控制成本，则须多从服务的设计、服务提供制度和运作上考虑，减少资源浪费，提高服务提供的效率。最后，如果成本分析和计算在某特定服务作较全面的推行和分析，确实产生借鉴作用，为整体服务的改善提出理想的方向。

附件 2　服务使用者使用量、成本和服务输出简表（月份）（年度）

	评估类别（a）	辅助性医疗护理（b）		一般护理（c）		行政（d）		输出指标		总成本
		服务时间	成本（护理人员代号（e））	服务时间	成本	服务时间	成本			
使用者 1(f)										
使用者 2										
使用者 3										

（a）不同程度的功能性能力、认知障碍之类

（b）辅助性医疗护理：医疗护理（基本，特别），复康运动，家居安全改善建议，营养指导

（c）一般护理：送饭服务，个人护理，家居清洁，护送服务，购物/送递，洗衣服务，牙科检查，护送车

（d）行政：护理计划的制订、检讨和相关的统筹和行政工作

（e）护理人员代号：编号 1，个人代号；编号 2，职级代号

（f）以使用者代号代替名字以保障个人隐私

附件 3　护理人员服务与成本简表（月份）（年度）

	护理人员类别	服务时间					每单位时间成本	总成本
		辅助性医疗护理		一般护理		行政		
		服务	交通	服务	交通			
护理人员 1								
护理人员 2								

关键术语

经济评估（Economic evaluation）

福利生产模式（Production of Welfare Model）

累积扩展方式（Building Block Approach）

成本分配框架（Cost allocation plan）

证据为本（Evidence-based）

选择效应（Creaming effect）

复习思考题

1. 根据 Allen 及 Beecham(1993)的累积扩展方式(Building Block Approach)中提及有四个阶段,那四个阶段是什么? 请简述之。

2. 你认为服务对象的状况(包括健康、家庭支持等)对服务成本是否有影响? 如有的话,为什么? 如没有的话,又为什么?

3. 你认为评算资助社会服务时若使用标准成本(Standard cost)的方法是否恰当? 为什么?

参考文献

社会福利署,《改善家居及小区照顾服务计划》,香港:香港特别行政区政府,2001。

Bauld, L. et al., *Caring for Older People: An Assessment of Community Care in the 1990s*. Aldershot; Brookfield, VT: Ashgate, 2000.

Davis, B. & Knapp, M., *Old People's Home and the Production of Welfare*. London; Boston: Routledges & Kogan Paul, 1981.

Knapp, M., *The Economics of Social Care*. London: Macmillian, 1984.

Sefton, T. & Byford, S., *Because it's worth it: A Practical Guide to Conducting Economic Evaluation in the Social Welfare Field*. Mork: Joseph Rowntree Foundation, 2003.

CHAPTER 6

第六章

项目绩效评估案例

邓国胜　清华大学公共管理学院NGO研究所副教授

▶ 学习重点

本章的学习重点是通过一个具体的项目评估案例,帮助读者更好掌握项目绩效评估的方法、项目绩效评估的内容与指标、评估报告的基本写作格式。特别需要重点把握的是,如何进行项目适当性的评估、如何进行项目效率与效果的评估、如何进行项目的社会影响评估。

本章简介

近年来,越来越多的非政府组织实施了各式各样的项目。开展项目已经成为非政府组织的主要活动方式,项目管理也成为非政府组织的热门话题。然而,非政府组织如何通过项目证明组织存在的理由与价值?如何通过项目实施,打造品牌,扩大了组织的知名度,树立组织的形象?如何通过项目活动,募集更多的资金?毫无疑问,绩效评估就是达成这一目的的重要手段。

绩效评估不仅是非政府组织项目管理的重要环节,也是非政府组织问责的重要内容。因此,对所实施的项目开展绩效评估就显得非常重要。本章通过"幸福工程"绩效评估的实例来阐述如何进行绩效评估。

本章共分为五节。第一节是项目概要;第二节是项目适当性评估;第三节是项目的效果与效率评估;第四节是项目的社会影响评估;第五节是项目的经验与存在问题。

第一节　项目概要

（一）背景

1978年，中国农村贫困人口大约有2.5亿，占全国人口的30%左右。经过近20年的政府扶贫，农村的贫困人口迅速下降。与此同时，政府扶贫的边际效益也不断递减。在这一背景下，非政府组织的扶贫开始引起关注。

1995年1月18日，中国人口福利基金会、中国计划生育协会和中国人口报共同发起了“幸福工程——救助贫困母亲行动”。幸福工程的宗旨是通过向海内外募集资金，救助贫困母亲；任务是为贫困母亲治穷、治愚、治病；救助模式是小额资助，直接到人，滚动运作，劳动脱贫；其目的是促进贫困地区人口与社会、经济的协调发展。

1995年4月，幸福工程全国组委会经调查研究后，选定陕西大荔县、甘肃礼县、安徽潜山县、贵州普定县作为首批幸福工程试点县。随后在全国范围内逐步推广。根据全国组委会的统计，截止到2002年12月，幸福工程已经在全国29个省市自治区设立幸福工程救助项目点316个，投入募捐、扶贫和配套筹集资金1.79亿元。

（二）评估的目的与内容

目前，幸福工程的项目点多达316个，覆盖全国29个省市自治区。虽然幸福工程全国组委会也定期或不定期对项目点进行监测与评估，但由于全国组委会的人力有限，再加上历史方面的原因和项目点的不断增多，大多数项目点主要依靠省县监管。全国组委会虽然也组织捐赠者、媒体或检查团去某些项目点考察，但大多来去匆匆，难以深入；有的项目点虽然也组织专家去评估，但毕竟是点少面小，缺乏普遍性。因此，为了把握幸福工程实施的实际状况、总结经验和教训、为幸福工程今后的战略规划与决策提供依据，同时也是对捐赠者、业务主管部门、登记主管部门、受益群体和广大公众负责，特邀请第三方机构对幸福工程进行评估。

本次评估的具体目的包括以下几个方面：

（1）通过评估了解幸福工程在各项目点实施的实际状况；

（2）通过评估反映幸福工程实施的效率与效能，反映工程实施的质量及其社会影响；

（3）通过评估总结项目管理的经验与教训，从而进一步完善幸福工程的管理办法，并为后续项目的战略规划和决策提供依据。

（三）评估的方式

为了把握项目点的实际情况，本次评估在获取所需要的评估信息时采用了多种评估方式。在了解受益贫困母亲的实际情况时，选择了问卷调查法。即由评估小组派调查人员深入农村对接受资助的贫困母亲进行问卷调查。为了弥补问卷调查的不足，评估小组在适当的时候还会以焦点小组法作为补充。而在了解项目管理情况时，以访谈法为主。即由评估人员与项目管理人员、受助贫困母亲访谈。

在评估的方法上，由于国内的扶贫 NGO 很少对项目进行评估，即使评估也多是内部自我评估，评估的数据也极少公布，所以本次评估的结果无法与其他扶贫项目的绩效进行比较，而只能采用前后对比法，将项目实施前与项目实施后的绩效进行比较。然而，由于幸福工程在此之前并没有进行过基线调查，因此本次评估只能通过以下方式进行前后对比：一是某些计划生育和经济类指标可以与项目实施前的统计资料进行比较；二是某些指标可以通过被评估者的回忆或自我感觉进行比较。当然，这种替代的方法对评估的质量会有所影响。

第二节　项目适当性评估

项目的适当性是指实施的项目是否与非营利组织的宗旨、使命相一致，即基金会实施项目的合理性；实施的项目是否与目标群体的需求相一致；实施的项目是否是对目标群体需求的及时响应。

(一) 项目的必要性

大量历史资料表明,贫困往往是一个国家或地区政治动荡和社会不稳定的重要根源。如果不消除贫困,一个国家就无法长期保持社会稳定,没有稳定也就谈不上社会经济的发展。

在1994年的“八七扶贫攻坚”计划中,党中央、国务院明确提出了在2000年基本解决农村贫困人口温饱问题的战略目标。而当时的实际情况是,一方面我国农村贫困人口仍然有8 000万之众,另一方面政府扶贫的力度有限,无法满足各地所有贫困人口的需求。在这一背景下,人们逐步认识到仅仅依靠政府的力量扶贫是不足够的。特别是党中央、国务院提出西部大开发的战略后,更需要动员全社会的力量加快西部的发展。

扶贫济困是民间社会公益组织的责任,而且我国民间组织的一个重要功能就是“上为政府分忧,下为群众解难”。因此,为了响应党中央、国务院的号召,为了救助贫困人口,中国人口福利基金会等非营利机构有必要积极参与到我国反贫困和西部开发的事业当中。可以说,中国人口福利基金会开展幸福工程是非常必要的。

另外,从评估调查的情况看,在被调查的410位贫困母亲中,有35.4%的人认为导致家庭贫困的原因是“当地自然条件差”,有26.6%的人认为是“没有技术”,有73.9%的人认为是“缺乏启动资金”,14.4%的人认为是“家里劳动力不足”,14.9%的人认为是“身体健康方面的原因”,18.8%的人认为是“子女上学负担重”,25.9%的人认为是“其他”原因①。而在这七项导致家庭贫困的原因中,认为导致家庭贫困的第一位原因是“缺乏启动资金”有59.1%;认为第一位原因是“当地自然条件差”的有10.5%;认为第一位原因是“没有技术”的有5.1%;认为第一位原因是“家里劳动力不足”的有3.8%,认为第一位原因是“身体健康方面的原因”的有5.6%,认为第一位原因是“子女上学负担重”的有4.8%,认为第一位原因为“其他”因素的有11%。这些资料表明,贫困母亲对生产启动资金的需求最为迫切,而幸福工

① 多项选择,总比例超过100%。

程为贫困母亲提供小额资助与贫困母亲的需求是一致的，是对她们最迫切需求的响应。

（二）项目的优先性

当前，我国正处于由计划经济转向市场经济的过程之中。在这一转型时期，一些旧的社会问题（如农村贫困问题、城乡差距问题、文盲问题、儿童失学问题、妇女地位问题、少数民族问题等）没有得到有效解决，一些新的社会问题又不断涌现（如老年人口问题、艾滋病问题、吸毒问题、下岗问题、环保问题、缺水问题等）。应当说，这些问题都直接关系到人民生活水平与生活质量的提高，关系到社会长期的稳定与发展，都是我们在消除贫困、西部开发的过程中迫切需要解决的社会难题。

然而，对于中国人口福利基金会而言，在这些社会问题中，救助贫困母亲又具有一定的项目优先性。这是因为：

（1）在我国，人口问题往往又与贫困问题密切相关。贫困地区人们的生育观念落后，文化教育水平偏低，早婚早育现象严重。而人口过快增长又加剧了与环境、资源的矛盾，形成了"越穷越生、越生越穷"的恶性循环。因此，在扶贫开发的过程中，必须与人口控制相结合。

（2）中国是世界上人口最多的国家。人口数量太多已经成为制约我国社会经济发展的瓶颈，因此党中央、国务院将计划生育作为我国的一项基本国策。为了响应党的号召，很多家庭实行了计划生育，特别是广大农村地区的独生子女户、二女结扎户。这些家庭为了国家的利益牺牲了个人的利益。然而，政府对这部分家庭的经济补偿是非常有限的，而我国从事扶贫开发的NGO虽然很多，但扶助计划生育户的却极少。因此，作为我国唯一一家从事人口福利的全国性基金会，理应优先帮助这些实行计划生育贫困户。这不仅有助于在全社会倡导计划生育，而且也是中国人口福利基金会"上为政府分忧、下为群众解难"的具体体现。

（3）我国贫困地区人口控制难的一个重要原因是养儿防老、重男轻女等思想观念根深蒂固。因此，要降低生育率、达到脱贫致富的目的，又必须有效提高妇女的地位。而幸福工程不仅具有扶贫意识和人口意识，也具有性别意识。因此,这一项目具有较大的优先性。

第三节　项目的效果与效率评估

(一) 项目的效果

项目的效果指的是项目实现目标的程度。幸福工程的目标是动员海内外各界的资金和力量,扶助贫困母亲参与经济和社会发展,提高贫困母亲的文化和身体素质以及经济和社会地位,使贫困母亲享有生存与发展权、接受教育权、生殖健康权。从而实现少生、优生、优育,脱贫致富,家庭文明幸福。它的主要任务是唤起全社会对贫困母亲的关注,增强贫困母亲自身脱贫的能力,扶助贫困母亲治穷、治愚、治病。

1. 什么地方获得了资助?

由于幸福工程的目标之一是救助贫困地区的贫困母亲,因此,评估小组将获得资助的地区是否是贫困地区作为项目效果评估的指标之一。从项目点所在的省份看,获得项目的省份遍及全国 29 个省市自治区,其中,西南、西北的项目点最多,东部沿海地区最少。一个省的项目点在 5 个以上的分别有贵州(10 个)、甘肃(9 个)、重庆(8 个)、河北(8 个)、四川(7 个)、内蒙(7 个)、宁夏(6 个)、黑龙江(6 个)和湖北(6 个);从项目点所在县的情况看,获得资助的县大多数是国家级贫困县或省级贫困县;从项目点所在乡村的情况看,通常也是当地较穷的乡村。但是在调查中也发现有个别项目乡村的经济条件相对较好。出现这种情况的原因主要有以下几个方面:

(1) 全盘布局的考虑。各级幸福工程组委会在项目试点工作完成后,便开始侧重于扩面,树立旗帜,但总的原则还是倾向于贫困地区。

(2) 幸福工程的资助款项不仅到期要还款,而且在资助期间还要求滚动,项目运作的难度较大。为保险起见,极少数地方不愿意将资助款给最贫困的地方,而是给了一些经济条件相对较好的地方。

(3) 由于幸福工程要求到期还款,因此实施项目的计生委或计生协不仅得不到经费上的实惠,还要补贴很多行政经费用于项目的运作,而且增加了很大的工作量。所以,并不是所有的地方都愿意申请幸福工程。有意思的是,恰恰是某些最贫困的地方,由于国家的无偿扶贫资金和国际上的扶贫资金很多,反而看不上这种小额的"贷款"。倒是那些不怎么贫困,但也存在贫困人口的地方,由于没有其他扶贫资金,反而比较重视小额的"贷款"。

(4) 根据以往的经验,项目的成功往往与项目点的积极性和强有力的领导是分不开的,因此,各级组委会在选择项目点时通常会参照申请单位的工作基础和积极性。贫困程度只是其中参照的指标之一。

2. 什么人获得了资助?

由于幸福工程是由中国人口福利基金会、中国计划生育协会与中国人口报联合发起的,她的主要特色,或者说她区别于其他扶贫项目的特色之一是她的救助对象是实行计划生育的家庭。因此,被资助对象是否是实行计划生育的贫困母亲也是项目效果评估的重要指标之一。

由于缺乏基线调查的资料,评估组只好通过回顾性问题"接受资助前一年您家人均年收入"来反映受救助母亲在接受资助之前的情况。从6个项目点410位贫困母亲的问卷调查情况看,在回答了该问题的401位妇女中,有18%的家庭在接受资助前一年的人均年纯收入在300元以下,属于极度贫困人口;有多达83.8%的家庭在接受资助前一年的人均年纯收入在贫困线以下①。

---

① 国家统计局的农村贫困线是指"食物贫困线"和"非食物贫困线"之和,此标准在1978年为100元/年(也就是说,一个人一年能收入100元以上,即被算为脱贫),1984年为200元/年,1990年为300元/年,1995年为530元/年,1997年为640元/年,1998年为635元/年,1999年至今均为625元/年。而一般城市实施的贫困线标准大约为每人每年1 800元。另外,此贫困线的收入包含统计水分、实物性收入、来年生产支出、医疗教育住房等各种支出以及合法不合法的各种税费,并非一般意义上的可支配现金。

根据国家统计局的资料显示,2002年我国农村人均纯收入为2 253.42元,其中有山西、安徽、河南、广西、四川、重庆、贵州、云南、西藏、陕西、甘肃、青海、宁夏和新疆等14个省市自治区农村人均纯收入低于2 000元。

而联合国的贫困标准是人均每天可消费1美元。如果按照1美元兑换8.2元人民币的汇率计算的话,贫困的标准是人均年可支配收入2 993元人民币。

由于本次评估的6个专案点既有西部地区的贫困市、县,也有东部地区的贫困县;既有国家级贫困县,也有省级贫困县。因此,评估小组采用了一个折中的贫困线标准,即6个项目点的平均值1 000元/年。

然而,在401位问答了该问题的妇女中,也有16.2%的家庭在接受资助前一年的人均年纯收入在贫困线以上,不符合幸福工程救助的标准。甚至还有1.25%的家庭的人均年收入在5 000元以上,属于当地的富裕农户。从调查情况看,出现一定比例的非救助对象主要有以下几方面的原因:

(1)本次选择的6个评估点中,有些项目点的农民经济收入水平在100个点中相对较高,其贫困线标准也较高。因此,在某项目点属于贫困人口的妇女可能在评估中被列为非贫困人口。例如,山东省无棣县某个乡的贫困线标准为1 200元,该乡收入在1 100元的妇女即被列为当地的救助对象,而在本次评估中,由于它高于平均的贫困线标准,因此被计算为非救助对象。

(2)农民的经济收入是一个很难统计的指标,再加上该问题属于回顾性调查,更难以准确回答。

(3)一些项目点在实施之初,为了树立榜样或起示范作用,往往首先扶助的是当地有脱贫经验、有致富能力的户。当这些试点户成功之后,其他户参与项目的积极性才能被调动起来。例如,河北承德县为了调动大家发展肉鸡项目,项目办一开始选择了一些当地的蛋鸡大户进行试验,而这些蛋鸡户的家庭收入往往较高,承担风险的能力也大。

(4)由于幸福工程参照小额信贷模式运作,要求还款和滚动救助,实施的难度系数较大。因此,一些地方为了突出成绩,保证还款率和滚动率,在选择救助对象时,把关不严。

另外,在410位被调查"贫困母亲"中,有1位是妻子去世了,救助的是其丈夫;有1位还没有孩子;有34.1%的家庭只有1个孩子,57.3%的家庭有2个孩子,6.8%的家庭有3个孩子,0.5%的家庭有4个孩子,0.7的家庭有5个孩子,0.2%的家庭有8个孩子。总体而言,6个项目点中,基本符合计划生育条件的家庭高达92%左右(由于项目点大多为老少边穷地区,这些农村地区的计划生育政策相对比城市更为宽松,例如宁夏南部山区的某些少数民族甚至允许生育3个孩子),而明显不符合计划生育政策的家庭占8%左右。

一般,孩子数量与性别方面的调查资料相对比较准确,因此,调查资料大致可以反映真实的情况。而6个项目点中存在一些不符合计划生育条件

的户,主要有以下一些原因:

(1) 幸福工程救助的标准不是特别具体、细化。例如,幸福工程在受助母亲的标准中只规定"救助对象必须是实行计划生育户"。然而,并没有对那些还没有实行计划生育政策之前就生育了3个或3个以上孩子的母亲是否属于资助对象给予明确的规定,也没有对那些在计划生育政策实施还不太严格时,就生育了两胎,并且头一胎为男孩、第二胎为女孩或二胎都是女孩但达不到生育间隔的户是否属于资助对象作出明确的规定。事实上,在本次调查中,3个及3个以上孩子的母亲,年龄普遍较大。例如,有8个孩子的那位受助母亲,年龄已经69岁。显然,在她生育时我国还没有实行计划生育政策。而头一胎为男孩、第二胎为女孩或二胎都是女孩但达不到生育间隔的户大多也是在计划生育政策执行不太严格时生育的。还有一种情况是,虽然被救助的母亲生育了3个或3个以上的孩子,但是其子女只生育了一个孩子或两个女儿。

(2) 一些地方视"二女结扎户"均为计划生育户,而不论其生育间隔。这可能与当地的实际情况有关。在一些农村贫困地区,计划生育工作比较难,群众能够做到"二女结扎"已属不易,再要求生育间隔就有些勉为其难。

(3) 从调查的情况看,确实存在极个别地方对被救助户是否属于计划生育户并不关注。个别地方片面追求还款率和滚动率,而"人口意识"、"贫富意识"和"性别意识"不强。从而违背了幸福工程的初衷,没有达到救助的效果。

表6-1　受助母亲情况

项目点	资助年份	平均资助前人均家庭年收入	平均现有子女数	3孩及3孩以上比例
普定县	1995—2000	528.5	2.09	25.3%
灵武市	1997—2002	864.1	1.79	0
中宁县	2001—2006	1 269.8	1.85	8.1%
无棣县	1996—2002	751.1	1.22	0
承德县	2001—2006	894.3	1.83	8.5%
陇西县	1997—2002	863	1.79	4.5%

3. 多少人在救助之后脱贫致富?

幸福工程的主要目标之一是帮助贫困母亲脱贫致富,因此,脱贫率被作为评估幸福工程效果的重要指标。从6个项目点调查的情况看,被救助的贫困母亲在救助前一年的家庭人均年平均收入为840.5元,而在被救助之后最近一年的家庭人均年平均收入为1 931.1元,救助以来贫困母亲家庭人均年平均收入增加了1 090.6元,增长了2倍多。

在回答了最近一年来家庭人均年收入的371位贫困母亲中,有48户的家庭人均年收入低于国家的贫困线标准,脱贫率高达87.1%,未脱贫率仅为12.9%。

需要说明的是,在未脱贫的户中有10户的资助期限还不到一年。如果将这部分贫困母亲扣除在外,那么脱贫率大约为89.5%。当然,这些成绩的取得并不能完全归功于幸福工程,它与外部宏观环境的变化和整个国家经济的成长也是分不开的,但是幸福工程所起的显著作用也是不可否认的。

表6-2　贫困母亲收入增长情况

项目点	资助前平均人均家庭年收入	最近一年平均人均家庭年收入	平均收入增长数额	平均收入增长倍数
普定县	528.5	1 543.5	1 015	2.92
灵武市	864.1	2 081.1	1 217	2.41
中宁县	1 269.8	1 639.9	370.1	1.29
无棣县	751.1	2 276.9	1 528.8	3.03
承德县	894.3	2 545.2	1 650.9	2.85
陇西县	863	1 566.6	703.6	1.82

(二)项目的效率

近年来,无论是世界银行、亚洲开发银行、日本国际协力银行等国际金融组织,还是联合国开发计划署、联合国儿童基金会、发达国家海外开发援助机构在发展中国家开展扶贫项目时,越来越重视与民间组织开展合作,其中一个非常重要的原因就是因为民间组织扶贫的效率高、渗漏率低。

自1994年以来，中国的民间组织开始积极参与扶贫开发活动，但是迄今为止，国内对政府和民间组织扶贫开发的效率研究极少。本次评估仅是对中国人口福利基金会开展的幸福工程实施效率进行尝试性的评估。

1. 资金是否存在渗漏？

从6个项目点的评估结果看，幸福工程全国组委会下拨各省的资金除极个别项目点外，绝大多都能及时到位。而且，各项目点的第一批“治穷”资金几乎都能及时进村入户。虽然有的项目点也存在部分资金贷给了村计生干部或村干部的现象，有的项目点存在资金贷给当地富裕户的情况，但是被调查的6个项目点的幸福工程“治穷”资金并没有被各级政府或个人截留，财务账目大多比较清晰。与政府扶贫资金被大量挪用，甚至被某些个人贪污的现象相比，幸福工程在这方面显然要好得多。其原因与以往幸福工程在每一个项目点的资金量小（通常为10万左右），而且在协议上明确规定要还款有关。当然，由于这次评估不是严格意义上的抽样，因此并不意味着幸福工程所有项目点都没有问题。事实上，以往的调查也曾发现过一些漏洞。例如，某个项目点由于领导和具体管理人员换了，交接工作没有做好，致使资金管理较为混乱；有的项目点没有及时放款；有的项目点没有足额拨款。

与幸福工程的“治穷”资金相比，其“治病”、“治愚”资金的管理相对要薄弱一些。通常，幸福工程全国组委会下拨项目点的10万“治穷”资金是必须还的，但1万用于“治病”、“治愚”的资金则不用还款，它在妇女文化、生产技能的培训和妇科病的检查过程中消耗掉了。由于幸福工程“治病”、“治愚”的资金量较少，而被救助母亲居住往往又较为分散，“治病”、“治愚”的难度较大。因此，一些项目点通常是与计划生育服务站合作进行妇科病检查，与乡人口学校或乡政府合作开展文化、生产技能的培训活动。

2. 项目的滚动性如何？

幸福工程的运作模式是“小额资助，直接到人，滚动运作，劳动脱贫”。因此，衡量幸福工程效率的一个重要标准是滚动率。从6个项目点的文献档案资料看（见表6－3），贵州省普定县1995年得到国家幸福工程贷款共9万元，第一批救助189户，到2000年5月项目到期时，共滚动了四次，累计救助贫困母亲619户；宁夏回族自治区的灵武市1997年得到国家幸福工程贷款10万元，第一批救助57户，到2002年5月到期时，共滚动三轮，累计救助贫困母亲102户；宁夏回族自治区中宁县2001年5月得到广州市计生协对口幸福工程资金28万元，第一批救助97户，到调查时为止，正好第一批已经实施一年，虽然文件数据表明80%以上户已经还款，但尚未开始滚动；山东省无棣县1996年得到国家幸福工程贷款10万元，第一批救助50户，到2002年10月项目到期（该项目延期1年）时共滚动五轮，累计救助贫困母亲920户；河北省承德县2001年底得到国家幸福工程贷款50万元，第一批救助115户，到调查时为止第一批尚未到期，没有滚动；甘肃省陇西县1997年12月得到国家幸福工程贷款10万元，第一批救助58户，到2002年12月项目到期时共滚动5轮，累计救助贫困母亲280户。鉴于一些项目点才刚刚完成第一批，再加上第一批的工作相对比较认真，数据也更可靠，因此这里选择了第一批每万元资助户数作为评估指标。从这一资料可以看出，普定县第一批每万元资助的户数最多，而承德县最低；而从累计的每万元资助户数看，则是无棣县最高，灵武县最低。

表6-3 幸福工程资金滚动情况

项目点	起止时间	资助金额	滚动次数	第一批资助	第一批每万元资助户数	累计资助户	平均每万元累计资助户数
普定县	1995—2000	9万	4次	189	21	619户	68.8
灵武市	1997—2002	10万	3次	57	5.7	102户	10.2
中宁县	2001—2006	25万		97	3.88		
无棣县	1996—2002	10万	5次	50	5	920户	92
承德县	2001—2006	50万		115	2.3		
陇西县	1997—2002	10万	5次	58	5.8	280户	28

3. 项目的还款率如何？

资金滚动情况与资金的还款率是密切相关的，还款率越高，滚动情况才可能越好。因此，还款率也是衡量幸福工程实施效率的重要指标。从6个项目点的文献档案数据看（见表6-4），各项目点的还款情况较好，第一批资金的还款率都在80%以上，而项目到期后已经有两个项目点100%将资金还给了幸福工程组委会。

表6-4 幸福工程的还款率

项目点	起止时间	资助金额	第一批资助户数	第一批还款率（文档）	还款率（调查）	到期还款率（文档）
普定县	1995—2000	9万	189	85%	95%	100%
灵武市	1997—2002	10万	57	90%	89.5%	
中宁县	2001—2006	25万	97	82.5%	42%	
无棣县	1996—2002	10万	50	100%	100%	100%
承德县	2001—2006	50万	115	未到期		
陇西县	1997—2002	10万	58	95%	98%	

然而，本次调查的还款率与文件资料显示的还款率并不一致，有的项目点甚至相差较大。普定县的调查还款率为95%，与文件资料的还款率基本相吻。但普定在2000年项目到期后已经100%将资金还到了省幸福工程组委会，而调查显示仍有5%的人因为家中有病人或孩子上学等原因没有还款。可能的解释：一是普定县幸福工程项目办为了信守协议，自己垫钱还给了省幸福工程组委会；二是由于县幸福工程项目办是与各乡签订协议，因此由乡里垫钱还给了县项目办。

灵武市在扣除未到期的户数后，调查的还款率为89.5%，与灵武市文件显示的第一期还款率一致，但与文件数据显示的第二批、第三批还款率98%和100%则有些差距。可能的解释是，第二批、第三批还款率之所以较高，是因为当年还不了款的户，可能在形式上"还款"，但实际上是续借一年。这可能也是灵武市资金还款率高而滚动率低的原因。

而问题最大的是中宁县。文件显示的还款率高达82.5%，而调查的还款率仅有42%[①]。贫困母亲没有还款的主要原因是有的户利用资助资金种枸杞，由于当年市场波动、枸杞价格下跌，没有挣到钱；有的户虽然也挣了钱，但希望进一步扩大生产规模，挣更多的钱；有的户投入大，资金周转不

① 中宁县另有32%的户因为希望进一步扩大生产规模，已经与县幸福工程项目办续签了一年的合同，所以没有还款。

开;也有个别户表示还没有人通知还款,如果有人来收,还是有能力还款。

比较而言,陇西县的还款率比较理想。文档和调查结果都表明,陇西的还款率在95%以上。而无棣县的还款情况最好,无论是文件资料,还是调查结果,都是100%的还款率。更为难得的是,无棣县资金投放较为分散,每个村仅资助5户左右,还款的工作量和难度都很大。当然,无棣县还款率高与其经济基础相对较好,计划生育部门的工作经费充足也有一定的关系。

4. 项目的成本收益如何?

从评估结果看,6个项目点的受助母亲平均每户的资助额度为2 607.8元,通过幸福工程的资助,受助母亲最近一年的平均纯收益是1 931.1元,也就是说幸福工程每资助1元,受助母亲最近一年的平均收益是1.74元,净收益是0.74元。从各项目点的情况看,无棣县的成本收益最高,每资助1元,最近一年的纯收益是1.75元;而陇西县的成本收益最低,每资助1元,最近一年的纯收益仅为0.4元。显然,陇西县成本收益低的原因与每户资助额度太大有关,陇西县每位贫困母亲的资助额度将近4 000元,而普定县、无棣县平均每位贫困母亲的资助额度仅为1 000元左右。

需要注意的是,贫困母亲最近一年的收入可能不仅仅是幸福工程资助的结果,可能还受到当地社会经济发展和其他因素的影响。因此,评估的投入产出比并不能完全反映幸福工程的净产出。

表6-5　幸福工程的成本效益

项目点	起止时间	资助金额	平均每户资助金额	最近一年平均每户的纯收益	年度投入产出比
普定县	1995—2000	9万	1 189.2	1 543.5	1:2.3
灵武市	1997—2002	10万	2 100.9	2 081.1	1:1.99
中宁县	2001—2006	25万	2 559.7	1 639.9	1:1.64
无棣县	1996—2002	10万	1 304.4	2 276.9	1:2.75
承德县	2001—2006	50万	4 702.9	2 545.2	1:1.54
陇西县	1997—2002	10万	3 947.8	1 566.6	1:1.40

(三)项目的质量

1. 受助群众的满意程度

被服务对象的满意程度是衡量项目服务品质的重要指标。从调查情况看,在回答问卷的408位被救助贫困母亲中,有73%的人表示对幸福工程的小额贷款“非常满意”,有24%的人表示“满意”,有2.5%的人表示“一般”,只有0.5%的人表示较不满意,没有人表示“非常不满意”。这说明被救助的贫困母亲对幸福工程“小额资助,直接到人,滚动运作,劳动脱贫”的救助模式是满意的,对工作人员的态度、办事效率、提供的配套服务基本也是肯定的。

为了进一步测度被救助贫困母亲对幸福工程的意见或建议,评估组设计了另外一个问题:“您对幸福工程有何意见或建议”。从调查结果看,有32%的人表示没有意见或建议,有68%的人提出了一些意见或建议。在279位提出了意见或建议的贫困母亲中,有86%[①]的人希望幸福工程能够加大资助额度或延长资助时间;有22%的人希望扩大资助范围,让更多的人得到救助;有18%的人希望提供更多的文化、生产技能或信息服务;有3%的人希望提供相互交流的机会;还有2%左右的人希望幸福工程能够提供其他方面的帮助。这一结果表明,大多数群众已不满足于1 000元—3 000元的资助额度和一年的资助期限,希望幸福工程能够增加资助金额或延长资助时间。显然,群众的这一意愿与幸福工程“小额资助、滚动运作”的目标模式有一定的差距。访谈中,一些被救助的贫困母亲认为,当前一户家庭依靠1 000—3 000元的资助较难脱贫致富,只能是解决温饱。特别是当资助时间较短时,返贫的可能性很大。看来,幸福工程一方面需要继续努力向群众做工作,解释幸福工程的救助模式;另一方面,在救助的过程中还需要把握一定的灵活性,具体问题具体解决。

在调查中,评估者也发现一个有意思的现象,即对于公益性的扶贫项目,被救助人群对于项目的期望值往往较低,甚至没有明确的期望值,因此,

---

① 注:多元选择,总比例超过100%。

其满意度往往较高。看来,在测度公益性扶贫项目的质量时,满意度是一个很重要的指标,但并不是一个很敏感的指标。

2. 幸福工程的社会形象与知名度

在被调查的贫困母亲中,有 17.3% 的人表示不清楚资助机构。在回答了解的 339 位贫困母亲中,有 45.1% 的人认为该资助款是“幸福工程”提供的;有 24.2% 的人回答是计划生育部门提供的;有 14.5% 的人回答是乡政府提供的;有 16.2% 的人回答是王光美提供的。这一资料表明,项目点的宣传工作还算到位,近一半的被救助者了解幸福工程,但对于幸福工程的举办单位“中国人口福利基金会”的了解则很少。另外,也有少数群众误认为该资助是计划生育部门或乡政府提供的。

第四节　项目的社会影响评估

近年来,公益项目的社会影响评价越来越引起国际社会的普遍关注。一个流行的趋向是,在公益项目的评估中,除注重传统的经济、效率、效果评价外,人们也越来越重视项目的社会影响评估。甚至有人认为社会影响评价是公益项目或投资项目评估的真正核心所在。因此,在本次评估的框架设计中,评估小组亦将幸福工程的社会影响评估作为其中的一个重要内容。

幸福工程的社会影响是指项目所取得的产出对社会和经济生活产生的间接、长远影响。主要包括幸福工程对人口与计划生育的影响;对性别与发展问题的影响;对生态环境的影响等等。

(一)人口与计划生育

如何通过项目的实施实现少生、优生、优育,促进人口与经济、社会的协调发展是幸福工程的主要目标。因此,本次评估的一个重要内容是评价幸福工程对当地人口与计划生育工作的影响。

1. 干群关系

6 个项目点的各级项目管理人员几乎一致表示,幸福工程的实施对当地计生部门和计划生育协会最大的益处就是大大提升了计生干部在群众中的形象，改善了干群关系。一些群众反映，在实施幸福工程以前，当地的“计生干部只会罚款”、“计划生育管老百姓多、服务少”。而一些项目管理人员，特别是基层的计生专干表示，在实施幸福工程之前“计生干部不太受老百姓欢迎”、“干群关系较为紧张”、“计划生育工作开展较为困难”。而在实施幸福工程以后，由于计划生育干部不仅只管理群众的生育行为，而且为妇女提供妇科病检查，为妇女提供文化知识和生产技能培训，为实行计划生育的贫困母亲提供小额资助，并帮助她们选择生产项目。因此，以往计划生育干部“一结二扎”的形象得到很大改变，干群关系也迅速改善。

2. 人口控制

幸福工程的实施不仅改善了干群关系，而且也改变了群众的生育观念。由于实行计划生育的贫困母亲得到资助后迅速脱贫致富，这种示范效应带动了更多的妇女自觉实行计划生育。调查表明，目前6个项目点贫困母亲的理想子女数仅为1.663人。

而一些文件数据则显示，在群众生育观念改变、干群关系改善之后，各个项目点的计划生育工作也好做了，计划生育率也上升了。例如，普定县的人口出生率由1995年的20.49‰下降到2000年的19.04‰，总和生育率由1995年的2.5下降到2000年的2.27；灵武市的人口出生率由1997年的17.06‰下降到2002年的15.01‰，计划生育率由1997年的88.31%上升到2002年的96.64%，多孩率由1997年的3.31%下降到2002年的1.36%，并初步实现了人口与社会经济的协调发展。

（二）妇女地位

从以往的扶贫项目，特别是政府的扶贫项目看，由于资助款一旦到了被救助家庭，资助款往往为家中的男性所掌握或控制，因此扶贫项目对提高妇女地位的作用往往较小。这也是长期困扰扶贫项目的难题。幸福工程是以贫困母亲为救助对象的社会公益事业，它特别强调发挥妇女在生产、生活中的重要作用，强调提高妇女在家庭与社会中的地位。

本次问卷调查的结果表明，在谁决定资助款的用途问题上，6个项目点中有70.2%的家庭是夫妻商量，有18.5%的家庭是由妻子决定，只有6%的家庭是由丈夫决定，5.3%的家庭是其他人决定。

在获得资助之前，6个项目点只有32位母亲担任过乡或村干部，而在获得资助之后有47位母亲担任过乡或村干部。而表示"愿意"担任乡或村干部的妇女多达199位，表示"不愿意"的有149位，有29位表示无所谓，27位"不清楚或没想过"。

这些数据表明，通过幸福工程对贫困母亲的资金支持和幸福工程的宣传教育，被救助贫困母亲不仅经济地位提高了、思想意识提高了，而且她们的家庭地位、政治地位也有了一定程度的提高。

在焦点组访谈中，有的妇女表示，通过幸福工程的资助和发展项目，妇女的经济收入有了明显提高，手中的活钱多了，买东西也不再像过去那样必须向丈夫要钱，现在自己手中已经有可以自由支配的钱了；有的妇女认为，以前家里穷，夫妻关系不好，妇女在家里的地位也低，现在家里有钱了，精神面貌也变了，夫妻关系也和睦了；还有的妇女表示，以前妇女只能干些家务活或协助丈夫从事一些配角性的活，低人一等，而现在妇女有了自己的生产项目，可以以妇女为主挣钱，妇女的地位自然也就高了。

综合而言，可以认为，幸福工程对贫困母亲的资助对提高妇女的地位还是起到了一定的帮助，特别是在那些强调妇女本人领资助款、由妇女本人签协议，宣传到位的项目点，其对提高妇女地位的效果要更好些。而在那些认为妇女不识字，就由丈夫替代签协议或由丈夫领资助款的项目点，其对提高妇女地位的效果就要差一些。当然，指望通过给妇女提供扶贫贷款就能大幅度提高妇女地位也是不现实的。切实提高妇女地位是一个系统工程，还需要在宣传、教育方面和妇女的赋权等方面做大量的工作。

第五节　项目的经验与存在问题

现代评估与传统评估最大的区别在于，传统的评估只强调检查、审计，而现代评估更注重评估是一个学习的过程，通过评估活动总结经验与教训，从而改进和完善工作、不断创新和适应变化了的环境。而这也是本次评估的重点。

(一) 成功的经验

幸福工程能够在我国兴起越来越多公益工程的今天,连续实施8年,而且还在不断发展,仅从这点就可以说明幸福工程不仅有它存在的价值,而且有它的成功之处。从6个项目点的调查情况看,幸福工程的经验主要有以下几个方面:

第一,定位基本准确。人口控制是我国的基本国策。自1978年全面推行计划生育政策以来,广大人民群众积极响应党的号召。特别是农村贫困地区的育龄妇女在没有解决温饱问题、养老保障问题和妇女地位问题的情况下,为了国家和社会的整体利益和长远利益,牺牲了个人的利益。因此,政府和社会有责任和义务帮助她们脱贫致富。虽然政府在这方面做了大量工作,但仍然远远满足不了这部分群众的需求,而以往民间组织的扶贫开发更是很少关注这部分群体的利益。幸福工程将目标定位为实行计划生育的贫困母亲是非常准确的,它可以利用中国人口福利基金会、中国计划生育协会和中国人口报社的优势,帮助那些实行计划生育的贫困母亲脱贫致富。这也是幸福工程的生命力和竞争优势之所在。因此,在未来项目的宣传、筹资活动中,幸福工程全国组委会应当强化这一品牌优势,而在项目的运作过程中应该进一步明确救助对象的标准,将一些容易混淆的、模糊的标准进一步明晰化。而各个项目点的管理人员也应当更加严格地遵守幸福工程的救助标准,增强"人口"意识,对于那些没有遵守计划生育政策的户坚决不列入幸福工程的救助范围。

第二,运作模式基本适当。从6个项目点的调查情况看,幸福工程的资助资金基本都能够直接到户,没有发现大的资金沉淀现象[①]。群众的还款率虽然比不上严格的小额信贷模式,但比国家扶贫贷款的还款率要高得多。显然,幸福工程"小额资助、直接到人、滚动运作、劳动脱贫"的运作模式功不可没。幸福工程的资助资金不仅贫困母亲到期要还县项目办、县项目办到

① 根据幸福工程全国组委会掌握的情况和以往评估的结果,幸福工程有极个别项目点曾出现过资金沉淀现象。

期要还到省项目办，而且幸福工程最初每个项目点的资助额度在10万左右，每户的资助额度也在1 000元左右，因此，这可以较为有效地避免资金的渗漏和降低资金使用的风险、提高还款率。可以说，这是幸福工程得以持续发展的重要经验。

第三，因地制宜，选准项目。从6个项目点成功的案例看，无论是贫困母亲的脱贫致富，还是整个项目点的成功都与所选择的生产项目密切相关。单个贫困母亲脱贫致富的典型事例表明，这些贫困母亲之所以能够利用幸福工程的小额资助迅速脱贫致富，主要是因地制宜，选准了发展项目，并且能够积极参与市场竞争，满足市场的需求。从一些特别突出的成功个案看，这些农户最开始往往是从种植业或养殖业项目开始，在最初的选项过程中，项目管理人员的信息作用、咨询作用也起到了很好的作用。而在有了一定积蓄后，这些贫困母亲便迅速开展多元化经营，特别是从事商业活动；从一些项目点的成功看，其主要经验是在帮助农户选项目时注重与当地优势龙头产业、支柱产业相结合。例如陇西县的大棚蔬菜和中药材项目，灵武市的蔬菜、草编项目，承德县的肉鸡项目等等。这些项目点之所以能够带动一大批贫困母亲脱贫，关键就在于选项时，紧紧与当地的支柱产业相结合。需要注意的是，在与当地支柱产业相结合时，也要注重项目的多样化、降低市场风险。否则，一旦遇到市场波动就容易出现血本无归的现象。而山东无棣县在这方面的经验就值得推广。如无棣县发展了编织、棉花、冬枣等多种与当地支柱产业相结合的项目，每户每类项目的投入都不大，而效益也相对可观。

（二）问题与挑战

经过8年的努力，幸福工程在实践过程中产生了一些创新性的、值得推广的经验，取得了很大的成绩。然而，在发展的过程中，随着社会经济环境的变化和捐赠者、公众对扶贫等公益项目要求的日益提高，幸福工程也面临许多问题与挑战。

首先是公开透明的挑战。本次调查表明，当前各项目点在选择救助对象时或多或少都存在少数不符合幸福工程资助标准的问题，尤其是不符合贫困的标准、不符合计划生育的标准。而要解决这一难题，一个切实可行的办法就是实行幸福工程的公开透明原则。然而，长期以来，由于种种原因和顾忌，各级项目办在选点时或选择救助对象时，都不太注重公开透明。众所周知，公开透明是公益组织的生命线，缺乏公开透明不仅容易导致违规行为的发生，而且会影响到幸福工程的持续发展。可以说，公开透明问题将是未来幸福工程在发展过程中面临的头号挑战，这也是幸福工程在未来优先需要解决的问题。

其次是项目监督与管理的挑战。调查表明，与国际 NGO 先进的项目管理水平相比，幸福工程在项目的监督管理方面还存在较大的差距。由于以往幸福工程的资助力度较小，而且在协议中一直强调项目到期后必须将资金交还国家组委会，因此，尽管也出现过极少数资金管理问题，但毕竟漏洞很小。近年来，为了适应环境的变化，国家幸福工程组委会不仅增大了资助额度，而且将还款权限下放到省里，实际上这对国家和省级幸福工程组委会的监督管理能力要求更高，挑战更大。为此，国家幸福工程组委会一方面要加强项目的监测与评估，包括对省级项目点的监测与评估，加强项目管理的制度建设；另一方面还应该将责任落实到人，建立明确的激励机制和能落实的奖罚措施，甚至包括行使法律杠杆。

“小额资助、直接到人、滚动运作、劳动脱贫”是以往幸福工程成功运作的主要经验之一。而在新的环境下，在适度增加每个项目点的资金和每位受助母亲的资助额度的情况下，如何吸收以往运作模式的经验，同时降低项目的市场风险、提高还款率、杜绝资金的渗漏与挪用将是未来幸福工程组委会需要重点关注的议题。

第三是资金使用效率的挑战。本次评估的结果表明，虽然有的项目点资金的还款率、滚动率、投入产出比较高，但也有的项目点还款率、滚动率、投入产出比较低，资金的使用效率不高。令人担忧的一种倾向是，当前，有的项目点由于各方面原因到期以后还不了款，因此续签了 3—5 年的合约。而续签的合同到期后仍然还不了款的，只好接着续签。而管理相对好的、能够还款的项目点，国家组委会往往会继续资助。也就是说，真正到期以后能将资金全部还到省级组委会，并实现县与县之间滚动的极少。

幸福工程利用的是公众的捐赠资金，因此，在开展公益项目时理应精益求精。在那些资金使用效率较高的地方，应当进一步探讨提高资金滚动率、还款率和成本效益的可能性，及时总结经验并加以推广。而在那些资金滚动率、还款率、成本效益低的地方，更应当接受教训，吸收其他地方的成功经验，从而使幸福工程实现新的飞跃。

最后是人口意识、性别意识、环保意识与贫富意识的挑战。“人口问题”、“环境问题”、“贫困问题”和“性别问题”都是当今国际特别关注的焦点。而民间组织则被认为是倡导和解决这些世界性难题的先锋。因此，如何通过幸福工程的实施在解决中国的“人口问题”、“环境问题”、“贫困问题”和“性别问题”方面取得新的突破，实现质的飞跃将是中国人口福利基金会和各级计生协面临的挑战。客观地说，目前各级幸福工程项目办在这方面注意得还很不够，在实施项目的过程中，人口意识、性别意识、环保意识与贫富意识还不强。有的项目点甚至为放款、还款而实施幸福工程，以为完成了项目就大功告成，而没有意识到幸福工程本身的宗旨与根本目的。正因为如此，个别地方在实施幸福工程时，出现了一些救助非计划生育户、救助富裕户、男性签名领款、破坏环境等现象。因此，各级项目办应加强宣传教育工作，增强员工的人口意识、性别意识、环保意识与贫富意识，并将这些意识时时刻刻贯穿于工作当中、贯穿于所实施的幸福工程当中。

第六节　结　论

客观地说，社会公益项目的评估比投资项目的评估更为复杂。一方面，社会公益项目的目标较为多元，不同利益群体有不同的价值取向，而投资项目的评估目标比较明确；另一方面，社会公益项目的评估比投资项目的评估主观性更强，因此更难以评估。因此，一些学者强调公益项目的评估在方法上更应该以参与式评估为主。

虽然公益项目的评估很难，但正如导言中所说，公益项目的绩效评估又很重要。本章以幸福工程的绩效评估为案例，剖析了社会公益性项目的评估方法、评估内容与指标，而且也为项目评估报告的写作提供了一个模板。

一般而言,公益项目的绩效评估通常可以依据项目的投入、活动、产出、结果与影响的逻辑框架展开,从项目的适当性、项目的效率、项目的效果、项目的社会影响和项目实施的经验与教训等方面进行。在评估方法上可以采用问卷调查、焦点小组、观察法相结合的方式。

关键术语

非政府组织(Nonprofit Organizations)

项目(Project)

绩效评估(Performance Evaluation)

效率(Efficiency)

效果(Effectiveness)

社会影响(Social impact)

复习思考题

1. 为什么需要对非政府组织所实施的项目进行绩效评估?
2. 为什么说公益项目的评估很难?
3. 请学员分成若干小组,每组选择一个公益项目进行评估,并写出评估报告。

参考文献

邓国胜,《非营利组织评估》,北京:社会科学文献出版社 2001 年版。

邓国胜,《公益项目评估》,北京:社会科学文献出版社 2003 年版。

李小云,《谁是农村发展的主体》,北京:中国农业出版社 1999 年版。

王名、刘培峰等,《民间组织通论》,北京:时事出版社 2004 年版。

Marden, D, Evaluating Social Development. *Development Guideline* No. 5. Oxford: Oxfam, 1990.

Posavac, E. J & Carey, R. G, *Program Evaluation: Methods and Case Studies* (3rd ed.).. Englewood Cliffs, NJ: Prentice-Hall, 1989.

CHAPTER

7

第七章

方案评估的成效评量模式
——美国及台湾地区联合劝募的推展及导入经验

陈文良 “中华社会福利联合劝募协会”副秘书长

▶ 学习重点

1. 认识成效评量模式的重要概念与操作程序。借此概念的厘清,学习以图像化的方式,将服务计划的逻辑模式具体表达出来,让复杂的方案(项目)计划得以一目了然。
2. 了解联合劝募组织(United Way Organizations)的组织属性以及赞助型非营利组织导入成效评量的背景与环境脉络。提供赞助者与被赞助者对于此一评量模式的实例参考。
3. 以成效评量能力为基础建设,联合劝募组织与社会福利机构形成的资源网络如何借此建立更深层次的伙伴关系,并且发挥应有的社区影响力。

本章简介

方案成效评量(Program outcome measurement)是自20世纪90年代中期开始美国联合劝募组织(United Way of America,UWA)大力推广的方案评估方法,从进入21世纪开始,美国联劝因应组织定位与募款竞争的新挑战,从方案(项目)层次的成效,进一步探讨社区成效,进而说明联劝存在的新意义,展现整合小区资源的投资效益。本文除了介绍其发展背景、导入方法与案例,同时,也说明美国社会推动成效评量的社会环境,以了解其推动的环境与条件。台湾地区的“中华社会福利联合劝募协会”于2000年开始探讨成效评量模式导入的可行性,同时从2003年起将方案成效的概念导入申请方案的规划中,本文探讨台湾地区联劝经由募款分配的过程对于申请机构在方案计划的形成与评估能力的影响,并说明导入方案成效评量经验案例。

第一节　导　论

联合募款组织(Federated fund-raising organization)的概念起源于英国的“慈善组织会社”,于1887年美国科罗拉多州丹佛市,由当时的圣公会牧师Rev. S. H. Gurteen前往英国伦敦学习1873年成立于利物浦的“慈善组织会社”(Charity Organization Society,COS)运作模式,并借此结合当地包括天主教会与基督教长老会的牧师,犹太教会堂的教友,成立了“丹佛市慈善组织会社”(Charity Organization Society of Denver)。当时,这个组织的运作内涵,主要就是联合募款与慈善服务协调等任务。到了1913年,在美国联合劝募组织的历史上被称为“第一个现代化联合劝募组织”的克立夫兰公益慈善联合会(Cleveland Federation for Charity and Philanthropy),除了有丹佛的经验作为前车之鉴,也是首开聘用专职专业人员运作该组织的风气之先。尤其是结合当地企业商会的社区领袖以及企业人才,并且强调这个组织不是只负责募款,而是发展一套现代化的公益慈善运作模式,让来自各种组织的捐款人与公民得以发挥力量的联合协会。这个组织的效益将通过接受良好教育的捐款人来达成更有智能的资源分配。

在同一个时期的其他国家地区,例如南非开普敦省的小区公益基金(Community Chest),澳洲墨尔本的市长基金会也都以不同形式的运作方式,面对类似的小区需求。香港公益金则是1968年成立,台湾地区在1990年成立“中华社会福利联合劝募协会”以台湾地区为服务范围,祖国大陆则于1994年成立中华慈善总会,目前这3个组织都参与国际联合劝募协会(United Way International,UWI)为该会会员(陈文良,2006)。

美国联合劝募组织(United Way of America,UWA)自20世纪90年代初期开始,无论是全国或是地方都纷纷面临传统优势不再的状况,加上连续发生的弊案导致声望下降,如何善用服务成效的具体数据资料,以提出足以说服社会大众的组织绩效,给社会一个交代,成为迈入新世纪的重要转型任务。同一时期,美国在政府部门面临国会强力监督预算执行能力与效益的庞大压力,以及社会各界对于非营利组织运作效率的强烈质疑之下,经常需要对外说明经费使用效益,如何展现善款发挥的效益,成为所有非营利组织应具备的基本能力。

第二节 成效评量的理论与重要概念

(一)社会工作方案评估理论

方案评估(Program evaluation)的理论中,传统评估方法强调科学化的证据,公平客观的搜集资料,以外聘评估专家咨询的角色进行观察,资料搜集以及分析的评估工作;近来的评估方法则流行借由参与式的评估(participatory evaluation),让方案执行人员(program staff)、案主以及其他利害关系人(stakeholders)都参与在评估的过程中,借此增进评估的知识与技能,同时也让评估分析所得信息能够有效被运用于方案执行与持续改善的过程当中(Fine et. Al. ,1998; Ginsberg,2001; Royce et. al 2000);成效评量明显属于参与式评估,其过程强调所有利害关系人的参与尤其是成效评量运用于美国联劝的特色,从她们的组织使命宣言为动员小区力量帮助需要帮助的人来看,更可以理解所以采用此一方法的理由。

如果将成效评量与着眼于探讨人群服务对一个人的服务是否有效,并且探讨会影响其效果的因素的单案评估研究(Single case or subject evaluation research),比较来看,后者虽然也会通过与案主的接触了解其接受了哪些服务,有何感受,但是对于案主事后的改变程度,处境的转变等影响则不若成效评量通过利害关系人的动员来得完整(Fine et. al 1998; Ginsberg,2001)。

另一个有别于传统评估方法之处在于,成效评量所形成的评估问题与评估方法是由这些利害关系人不同程度的参与所形成,因而,对于评估所得数据的运用分析与呈现,比较高;甚至有学者指出,传统评估方法较为人诟病的是,其评估范围较窄,评估指标不切实际,对方案执行人员与相关参与人员不尽公平而且通常对决策者的影响有限(Weiss,C. H. ;1983)。

Ginsberg 在《社会工作评估原则与方法》一书中以图 7-1 说明方案评估

的四个步骤:分别从所要处理的问题逻辑模式、发展服务方案的流程以及方案评估的步骤等三个层面来说明。在实务工作中其实是同一件事情的三个不同切入角度,从逻辑模式的角度来看,是解析问题状况到提供服务,产生成效与影响力的过程;从发展服务方案的角度来说则是从需求评估到规划服务方案,执行服务方案以致评估计划的过程;从评估的角度来看,无论是目标的设定、过程评估、成效评估以致影响力评估,都是个持续并且环环相扣的过程。

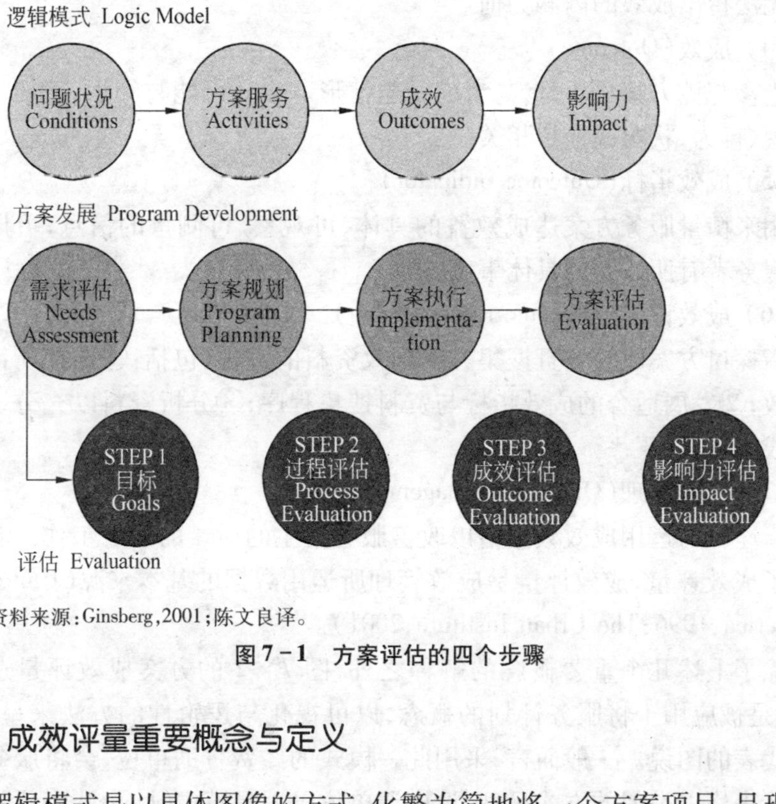

资料来源:Ginsberg,2001;陈文良译。

图7-1　方案评估的四个步骤

(二)成效评量重要概念与定义

逻辑模式是以具体图像的方式,化繁为简地将一个方案项目,呈现出明确的逻辑性,以便深入探讨,并且寻找合适的评估指标,作为呈现效益的评估工具,其重要概念的定义如下:

(1) 投入(Input)

方案计划的执行所运用的资源,这些资源是方案借以达成预期目标的重要基础。例如,专职及志愿服务人力、设备设施、课程内容与经费。

(2) 方案活动(Program activities)

方案计划所提供的服务,每个方案活动都必须有产出的说明,包括服务的频率、花费多少时间及哪些人是有相关的。

(3) 产出(Output)

指方案活动的产物。方案成果能联结到参与方案活动者预期的成效,但是无法指出成效的内涵为何。

(4) 成效(Outcome)

指参与该方案之后,参与者的受益情形。成效可能与知识、技能、态度、价值观、行为、状况或地位相关。

(5) 成效指标(Outcome indicator)

用来衡量服务方案达成效益的具体、可观察、可测量的信息,可以呈现接受服务者有所改变的具体事实。

(6) 成效评量(Outcome measurement)

指探讨方案成效并且搜集方案成效资料的过程,包括:①选择所欲评估的成效;②发展适合的成效指标与资料搜集程序;③分析资料以充分了解服务达成情形。

(7) 成效管理(Outcome management)

指诠释与运用成效数据借以改善服务案主的质量的所有工作。其中也包含了成效评量,成效评量是成效管理所运用数据的基本来源(United Way of America,1996;The Urban Institute,2001)。

除了上述几个重要概念的解释之外,图 7-2 的方案成效评量逻辑模式,即是被应用于将服务计划的概念,以可视化与逻辑性的方法来呈现,且最具代表的图说。一般而言,采用此一模式的经费赞助单位,会将服务计划的申请表格以类似的方式呈现,请申请单位以逻辑模式(Logical model)的表格化来呈现,让人一目了然。特别是在成效的部分,可以从服务提供对于案主改变的不同层面呈现出来。如果以身心障碍者的庇护性就业为例,则可以图 7-3 方式呈现。

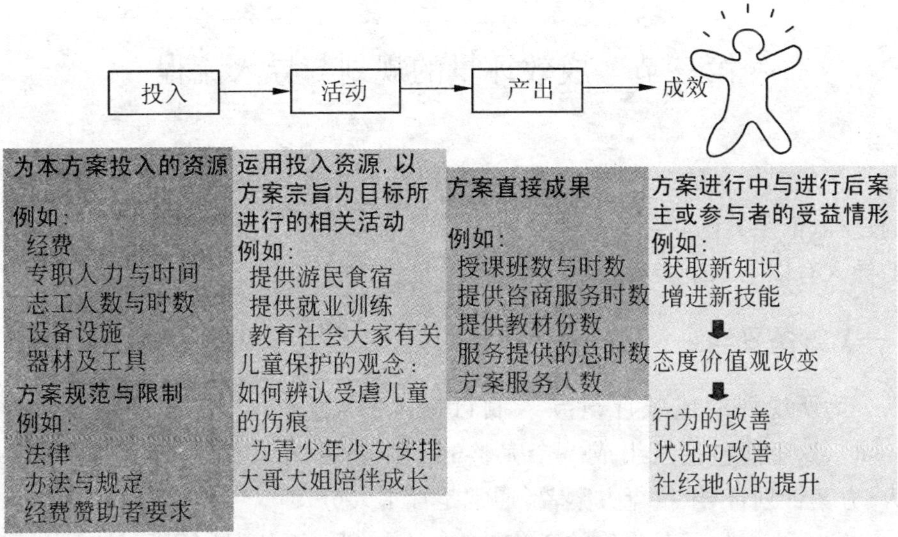

图7－2　方案成效逻辑模式

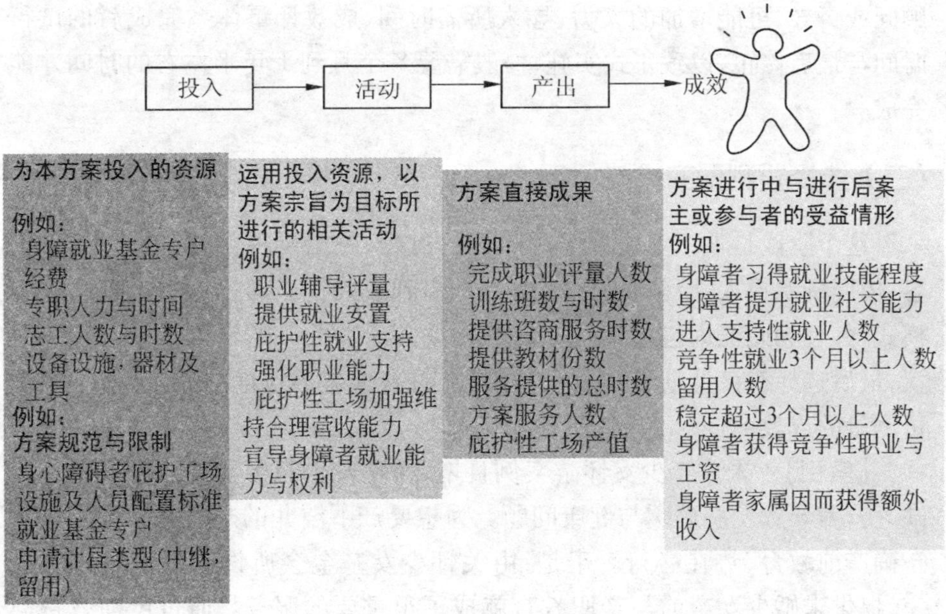

图7－3　身心障碍者庇护性就业服务方案逻辑模式

第三节　成效评量的规划与导入流程

将成效评量的概念导入社会福利机构的工作中，是一个需要精心策划的过程，依照美国联合劝募协会所发行的实务操作手册所述，成效评量工作的导入有以下八个步骤：

（一）筹备妥当

为所规划的成效评量导入制订导入计划（Plan for outcome measurement），这里面包括了组成一个完整的工作小组，小组成员包括：机构负责人、方案计划督导、执行方案者（通常是社工人员）。

这个小组除了有明确的工作执掌，还要制订工作时间表。时间表包括了通过在职训练，导入方案成效评量的相关知识与方法、导入过程中的外部顾问或督导、可能增加的人力、导入所需时间、成效评量体系完成后的试行时间与最后修正，以致正式实施，一般需要 8 个月到 1 年半左右的时间才能完成。

（二）选择要测量的成效

这个阶段是重新审视方案逻辑性的过程，应用可视化的方式将计划内容，依照资源投入、服务内容（活动）、产出到成效提出属于这个计划的逻辑模式，并且据此征询包括案主在内的相关人士对此一逻辑模式的看法和建议，最后选择对该计划最具意义，并且在符合成本效益的原则下，属于具体可测量的成效。

［**案例**］　未成年少女怀孕案例日增，经常发生新生儿遭遗弃或者产前缺乏营养导致发展迟缓与健康问题。为想要产下婴儿的未婚怀孕少女进行正确产前教育，势在必行。于是，由关怀少女基金会所设立的未婚妈妈之家，提供未婚少女产前与亲职教育就成了很重要的服务。通过产前教育与亲职教育，确保少女产下健康新生儿，同时，了解如何正确与婴儿互动及照

顾技巧。

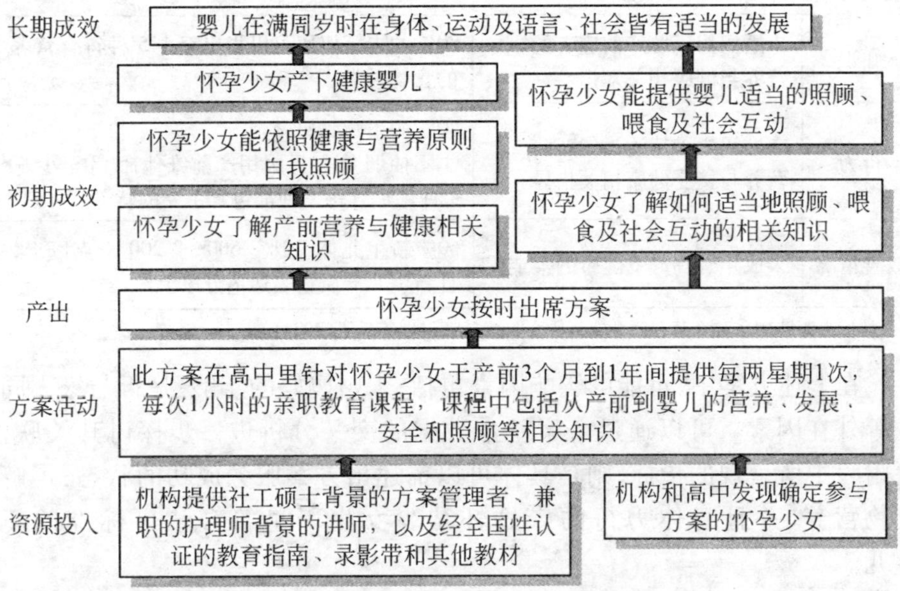

资料来源："中华社会福利联合劝募协会"，成效评量训练手册(2004)。

图7－4 逻辑模式：未婚妈妈亲职教育方案

由图7－4可以看见，以可视化的方式将复杂的方案计划逻辑性，呈现其相关资源的投入、服务活动的介入、产出与不同阶段的成效，有助于整理出值得评估与需要评估的方案服务效益，也在服务提供当中，免去不必要的数据搜集行政作业。

（三）为成效寻找具体指标

确认所欲评估的成效之后，就要为所选择的成效制订指标，指标必须是：可观察也可测量、能够导出方案的成功、描述成效发生时的情形够明确，能使不同的人看到时得到相同结论，同时能够以合理的成本、时间、人力来测量。每一个所预测量的成效都有至少一个指标来测量，同时也归纳出可能影响成效的因素。以未婚妈妈亲职教育方案为例。

表 7-1 成效指标

成效类型	成效	指标
知识	未婚妈妈了解产前应有的营养与健康相关知识	80%的未婚妈妈可以指出至少5种符合营养的食物种类
行为	未婚妈妈维持适当的产前营养与接受健康相关指导	70%的未婚妈妈做到 ①不抽烟 ②每天服用产前维他命 ③至少吃4种钙片且每一种都包含主要的营养
改善情况	未成年妈妈产下健康的宝宝	60%新生儿体重达2 500—3 200千克以上，且新生儿器质量表达7分以上

数据来源："中华社会福利联合劝募协会"，成效评量训练手册(2004)。

在上述方案中，可能的影响因素包括：未婚妈妈的年龄、是否与家人同住等外在因素。可以通过个案基本数据的交叉分析进一步探讨其关联，在附表中所呈现的指标，则是具体可以描述出方案服务成功的状态：了解食物营养，并且身体力行的未婚怀孕少女生下了符合认可标准的新生儿。

（四）为指标搜集相关资料

确认指标之后，搜集资料的方法不外乎三种：询问、观察、摘录。首先是以各种方式询问相关服务对象，无论是问卷或是访谈。其次则是观察，以观察记录或是检核表的方式有系统地形成观察记录作为评估依据。最后则是既有个案记录或是成绩记录，各种评量记录的摘要。其中如果相关资料需要跨机构才能取得，还要建立合作渠道以确保相关资料可以合法以合理的成本取得。所运用的评量工具是经过测试，认为适合此一计划的案主所使用。例如：案主的就医记录所呈现的健康状况、学校出缺席情形、学业成绩单等。

延续前述未婚妈妈亲职教育方案为例：

表 7－2　成效评量的资料搜集

指标	搜集方法与工具	负责人
80% 的未婚妈妈可以指出至少 5 种符合营养的食物种类	问卷/生活辅导记录	生活辅导员
70% 的未婚妈妈做到 ①不抽烟 ②每天服用产前维他命 ③至少吃 4 种钙片且每一种都包含主要的营养	生活辅导记录，检核表	生活辅导员
60% 新生儿体重达 2. 5kg ～3. 2kg 以上，且新生儿器质量表达 7 分以上	新生儿手册	社工员

资料来源："中华社会福利联合劝募协会"，成效评量训练手册(2004)。

（五）测试所建立的成效评量运作系统

一个服务计划从规划成效评量，完成讨论确认所欲评量的成效，并且确认评量方法与指标等任务，此一评量体系初步完成，但是，必须在服务提供的过程中测试运作一次才能够最后确认此一评量体系是否可行。这个阶段的工作包括：发展出测试成效评量的策略、像是机构选定不同地点的同一方案导入成效评量并且相互比较，资料搜集人员与职掌确认、也完成了这个成效评量运作的内部行政考核制度。这也是最辛苦的一段时间，从实务经验中观察，许多机构在这个阶段也连带影响了其他方案范围界定，多半来说是好的发展。以未婚怀孕少女的产前教育与亲职教育来看，过去这些工作都搭配在未婚妈妈中途之家的生活辅导中。于是，案主的改变很难界定和什么样的介入有关，同时，通常在未婚妈妈产下孩子，决定是否出养(adoption)之后就结束，很少从新生儿的健康状况评估在未婚妈妈中途之家的生活辅导中所介入的服务与产前教育与亲职教育的关联，甚至只能做出案主满意度问卷。

完成前述三项步骤的分析之后，入住的少女都会经过产前教育与亲职教育的服务，并且测试其相关知识的理解程度，最后在产下新生儿时，依据其身心发展状况，评估服务介入的有效程度，以说明服务介入的成效。这些评估工作与资料搜集则成为方案计划服务提供的一环，持续进行成效评量工作，这就是所谓的评量系统(outcome measurement system)。

(六) 分析资料并提出报告

首先要确认数据搜集的品质,正确率是否足以正确解读分析,成效评量所呈现的信息,是否可以加以汇整分析,对于案主的改变,服务内容的改善或者服务成效产生具体发现。过去我们看见许多方案搜集了案主身分背景的分析资料,对于接受服务的整体满意程度甚至服务地点及所提供餐点的满意情形,但是,对于案主因为服务介入的改变程度却无法相应的在报告中呈现,除了因为前述的工作未尽其功之外,这种呈现方式往往只是把"成果报告"当做例行公事,而非进一步探讨未来发展或是检讨过去成效的重要里程碑。

(七) 改善你的成效评量系统

前面提过,成效评量是个持续不断改善的过程,初步建立、测试运作后,借由数据的分析和报告的提出,以及相关工作人员的改善建议,经过这个过程后,机构得以针对该方案全面实施成效评量,并且定期检视,向机构执行长以及理事汇报告。

(八) 善用成效评量的收获与发现

对工作人员澄清机构与方案目标,探讨方案所需改善之处、探讨方案执行何者有用、发现优点、知会、训练并鼓舞工作人员,留住优秀人才,发现训练需求;为成效寻找解释原因,探讨趋势、使用成效信息用以鼓舞案主,让案主通过成效信息发声;对外也可以借此增加方案对预算与计划过程的影响力,促进深入研究与方案评估的产生,同时让董(理)事会成员了解方案、方案议题,就事论事。我们从实务经验发现,无法善用成效评量所发现的事实,将会导致成效评量导入失败。因为,第一线的工作人员无法感受到资料搜集的重要性,以致不愿意配合搜集数据,或者搜集数据态度马马虎虎,质量太差而导致无法正确解读。

第四节　台湾地区联劝的审查分配标准与演变

台湾地区联劝成立以来，作为一个募款分配的组织，同样为了扮演好此一角色制订审查指针作为经费分配依据，而14年来，审查指标的内容与调整，也说明了联劝对于善款分配的优先级以及募款诉求，从每年一度的申请说明会训练内容与审查指标分别可以说明不同阶段，联劝尝试影响的方向：

1990—1997年：方案撰写训练阶段

1997—2000年：方案评估训练阶段

2000年迄今：方案成效评量导入阶段

这些阶段的演变，可以从联合劝募的审查指标与表格的变化看出，以1998年联合劝募的《审查计划审核标准》所载明的项目：

以计划的迫切性、需要性、可行性、创新性、发展性为审查原则。

申请机构必须提出下列审查原则的相关实际状况供本会参考：①问题解决的迫切性；②提供方法的可行性；③服务案主的需要性；④方案计划概念的创新性；⑤方案计划未来的发展性。

可以看出，从台湾地区联劝成立以来扮演的角色是既提供训练也提供经费，同时补助经费的项目又以当时政府资源与民间捐款最少赞助的社工专业人事费用为主，因而，借此一补助项目来要求补助单位重视专业能力的提升。

台湾地区联劝自2000年开始，着手规划“审查分配机制调整”，将沿用将近10年的“可行性、需求性、迫切性、创新性、发展性”等五大简要指标，参考美国联劝的审查模式，订出指标具体定义：组织指标及方案指标，分别占30%与70%，作为现行的审查申请方案指标（如图7-6）。

审查指标的调整是基于多年经验发现，方案执行成效有限的机构，在组织运作的能力方面往往问题重重，纳入组织管理能力审查指标有助于让资助机构了解联合劝募重视的是机构整体能力，而非仅止于一份撰写完整的计划书。

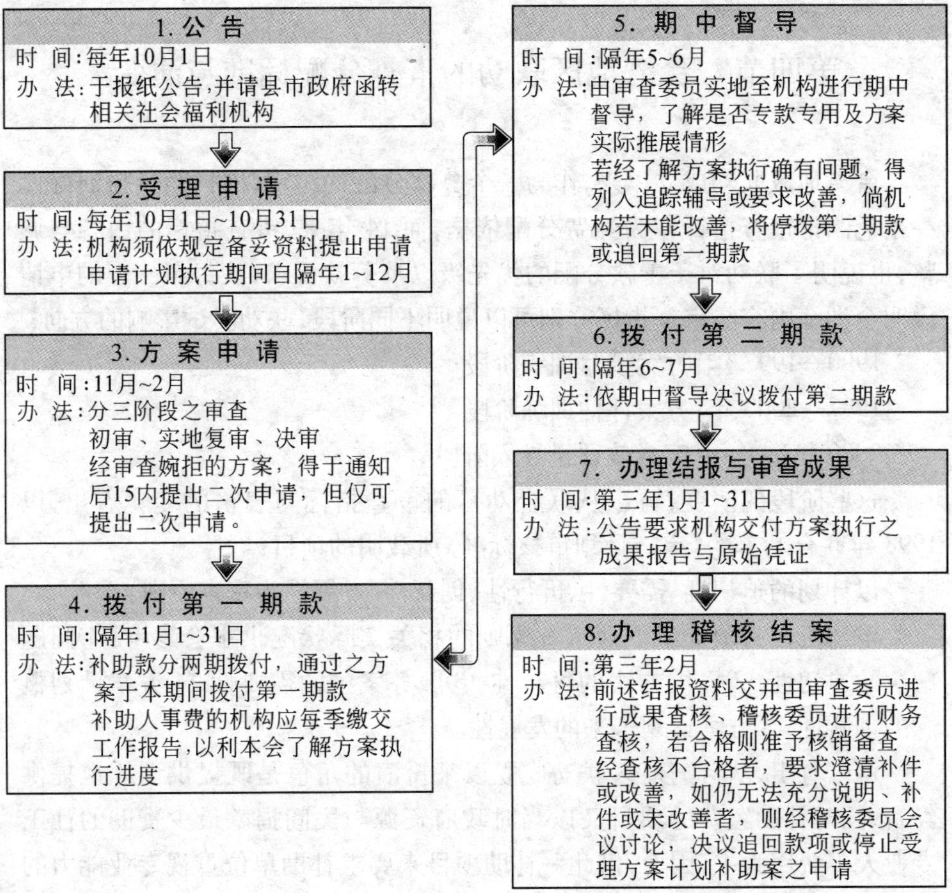

资料来源:联合劝募协会2006年度补助作业手册。

图7-5　台湾地区联劝方案申请补助审查流程

台湾地区联劝对于成效评量的推动目标是:社会福利机构对于计划所欲达成的目标、投入资源、方案服务内容、产出乃至成效有明确的逻辑性。因此,训练内容将成效评量的相关知识分为方案计划形成阶段与执行评估阶段分别推动。配合此一做法,也将申请表格做了格式上的调整,将逻辑模式纳入申请表格中的方案计划摘要表,让申请机构借由图像化的表格填写重视方案设计的逻辑性。

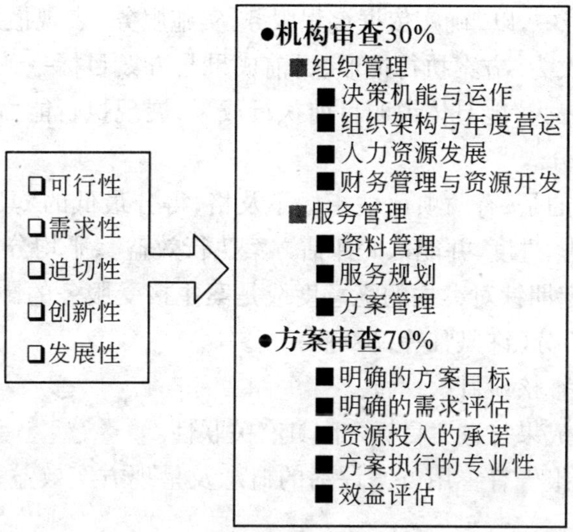

资料来源:联合劝募协会2000年审查分配机制调整计划。

图7-6　2001年台湾地区联劝审查指标调整情形

为了解执行上述训练之后,台湾地区联劝经费补助的方案计划究竟有无提升或改变,连续两年分析审查委员对成果报告的审阅结果。

期中督导查核项目:

(1) 执行情形与目标一致;

(2) 按原计划进度执行;

(3) 计划变更说明;

(4) 记录服务过程;

(5) 依据流程服务;

(6) 说明期中执行效益;

(7) 定期评估案主影响;

(8) 明确评估指标;

(9) 配合小区需求而变迁;

(10) 呈现方案产生效益。

以2003年联劝补助的方案经过审查委员审查的资料分析报告书看来：在10项指标当中，以“确实依据流程服务，实施服务”表现最好，平均得分为70.575分；其次为“方案执行情形、目前成果与方案目标一致”，平均得分为69.125分；第三为“能具体说明目前执行成果，展现执行能力与效益”，平均得分为67.25分。

值得注意的是，有两项评估指标不及格，得分最低的“具有明确的方案评估指标、方法、进度，并能依此评估方案执行效益”，平均分为55.7分。得分次低的是“定期针对案主的满意度或是案主接受服务的影响进行评估”，平均分为57.7分（许凤雅等，2004）。

成果报告查核项目：

（1）执行成果与方案目标之间具有关联性。

（2）方案报告有善用方案评估的概念及呈现方案效益，而非仅于数据汇编。

（3）方案报告有明确的评估指标，并据此来评量方案执行达成的效益。

（4）方案成效具体反映出服务对象在知识、技能、态度与行为上的改变程度。

（5）方案评估报告的提出能提供后续服务修订之参考。

（6）方案未达效益时能具体说明执行的困难及改善计划的提出。

在台湾地区联劝2002年补助的418件方案中，在“执行成果与方案目标之间具有关联性”指标上的表现最好，平均分数为64.77分，其次是“方案评估报告的提出能提供后续服务修订之参考”指标的平均分数（54.55），第三为“方案报告有善用方案评估的概念及呈现方案效益，而非仅于资料汇编”。但以平均分数来看普遍得分均不高，显示未来社福机构在方案展现成效的部分，仍有很大的进步空间（庄元妤等，2002）。

以2003年的方案成果报告而言，六项指标中以“执行成果与方案目标之间具有关联性”的得分最高，平均分为69.15分；其次为“方案评估的提出能提供后续服务修订的参考”，平均得分为62.45分 。表现最差的一项是“执行成果具体反映出服务对象在知识、技能、态度与行为上的改变程度”，平均分为57.3分，显示机构有持续改进的空间（许凤雅等，2004）。

从上述的数据分析可以说明这两年来联劝以《方案成效评量为导向的方案计划手册》为本，以强化申请机构对于所提出方案的逻辑性这一目标有显著的成果，而对于评估方法与指标制订部分较为不足的部分，也呈现了训练需求。

第五节　美国的方案评估方法发展经验

成效评量模式的缘起，与美国政府在1993年通过的政府绩效与成果法(Government Performance and Results Act of 1993)，有相当大的关联，有鉴于美国国会对于联邦政府许多服务方案无法满足美国民众的期待，因此立法要求所有联邦政府机构以及所补助的方案计划必须研拟策略性规划，同时所有的服务方案必须以展现服务成效为目的，提出具体可行的评估方法，叙明评估指标，说明达成预期成效的程度等(Fine et. al 1998；Ginsberg，2001)。

Allison H. Fine等人于1998年针对美国主要非营利组织进行方案评估执行经验的调查分析指出：成效评量持续成为美国非营利组织现阶段的主流评估方法，其影响力仍逐渐扩大当中，负责执行方案评估的人主要有经费赞助单位、方案执行人员以及董理事会成员，搜集的内容兼顾了量化与质化的资料。

美国联劝的Plantz等人将美国发展方案评估的历史背景依照发展的年代，评估的重点与指标，以及推动的单位做了以下的整理。

由表7-3中所述年代的发展可以看见横跨超过30年的经验，从最基本的财务责信，随着社会的成熟与案主权益意识的抬头，乃至整体社会对非营利部门的期待提高，评估的重点以及涉及的范围逐步扩大，执行评估所涉及的参与人员层面也变广了。

表 7-3　美国 30 年来普遍采行的方案评估法

年代	评估重点	评估指标	提出单位
1964—1974	财务责信	志愿性卫生及福利组织会计及财务报告准则、会计及财务报告准则	全国卫生委员会及全国社会福利会议美国联合劝募
1976	方案产出	成果评量(output measurement),服务成果的单位,产出的量化评量	美国联合劝募
1977	服务质量	以服务提供者的专业资格、案主与专职人员比例、特定服务的专业认证,服务记录,保密原则以及服务设备状况等项目作为认证标准	家庭暨儿童服务认证委员会
1980s	案主相关评量	事前对于案主背景与问题需求相关的探讨与分析研究	各经费赞助者
1980s 后期	案主满意度	专业认证单位于 20 世纪 80 年代后期开始要求将案主满意度纳入认证标准范围,其中包括了服务的可近性、文化隔阂、服务及时性、服务态度以及设备设施的使用满意程度	专业认证单位、联合劝募
1990s	成效评量	案主通过方案服务而在知识、行为、态度、价值观等方面的具体可测量的改变程度	政府、社区基金会、专业认证单位以及美国联合劝募

资料来源:成效评量的发展,美国联劝,Plantz et. Al,1997(陈文良翻译整理)。

美国马萨诸塞州波士顿的麻州湾联合劝募(United Way of Massachusetts Bay,UWMB)为大都会型的联合劝募组织,其成效评量模式的导入经验,是以持续举办训练,协助补助机构逐渐熟悉此一方法,同时也另外寻求企业基金会赞助额外需要的顾问咨询费用。开始推动时,面临相当程度的抗拒,尤其是被认为不容易展现成效的组织而言,对其工作影响甚巨,这类的机构以地处弱势族群聚集的小区直接服务为主,例如:南波士顿地区近年来增加许多东亚移民,其老人服务中心所服务的对象往往为新进移民不通英语的人口,而一旦案主家庭经济状况改善,则移出该小区。然而,机构负责人逐渐在联合劝募以及政府部门合作推动此一评量方法的趋势之下,发现借由这一评量方法的推动产生许多内外部的正向影响,其中一位主任认为:我们比以前更清楚自己做了些什么事情(陈文良,2002)。

根据美国的非营利组织“都会研究中心”(Urban Institute)所召开的“成效评量研讨会”报告(Hatry & Lampkin edt. ,2001),推动成效评量的方式以及主要推动单位的角色是这个评估方法在美国成为主流的关键因素,他们认为:如果在赞助单位无法容许导入成效评量的机构将部分资源运用于导入的过程,并且耐心等待结果出现,很多机构会因为增加太多经费、人力以及时间的负担,导致中途放弃。同时,许多全国性组织为小区性的直接服务发展评量指标,也让许多方案执行成效评量时容易找到适合的评量指标与工具。

这份报告也建议,如果率性将成效评量纳入经费赞助考虑将会带来许多文字游戏的后果,也就是接受赞助的单位将为符合游戏规则而玩弄文字游戏,无法将这一方法逐步导入成为方案执行单位的自我评量能力。

这个观点在美国联合劝募的导入经验当中也有类似的看法,一般而言,各地的联合劝募都花费了相当的外部资源协助所赞助单位发展这方面的能力,而且一旦开始这方面的训练,持续举办相关训练就成了美国联合劝募的计划赞助部门的日常任务。

第六节 从方案成效到社区成效

方案成效对于联合劝募组织而言,究竟是基于捐款分配的绩效考虑,还是基于联合劝募组织定位转型的考虑,是许多研究者、经费申请者以致主要赞助者所关切的,美国联合劝募在迈入21世纪,面临各种新型非营利组织迅速成长,美国联合劝募在各地的募款优势地位不再,过去以联合劝募为唯一捐款对象的企业员工,开始要求纳入其他选择。

根据Giving USA以及美国联合劝募的统计,美国的捐款市场在过去10年内从1 013亿美元成长到2 485亿美元,美国的非营利组织也从49万个增加到75万个之多,在此同时,美国联劝的市场占有率却从3.2%降到2.0%(Giving USA,2004; United Way of America,2004)。

因而,美国联劝亟思转型提出了“联合劝募新世纪崭新品牌”(The 21st

Century United Way：The Brand New United Way)[①]，其中主要的品牌经营基础就在于联合劝募在小区的独特角色，以及其善用成效评量的推动经验，进而对于小区提出共同愿景，重要的是这样的愿景不是从口号出发，而是累积过去推动的方案成效为基础，对小区民众(主要捐款人)所关切的议题有所响应，而提出的具体可测量的承诺，并且在这些承诺上面成为长期经营的募款策略，以争取更多新的认同，并且遏止既有捐款市场的流失，这个策略在主要城市的联合劝募相当成功，也可以作为其他国家或地区类似组织面临捐款递减，优势不再的替代性作为(Aft & Aft,2004)。

哈佛管理学院曾经针对位于波士顿的马萨诸塞湾联合劝募(United Way of Massachusetts Bay,UWMB)的转型进行个案研究(Leamon,1997)，其中着墨最多的就是说明从20世纪90年代初期开始，优势不再的UWMB必须以更明确的诉求强调她们在大波士顿地区的角色定位以及通过UWMB究竟为当地带来什么不一样的影响能力，于是UWMB提出了“联合劝募就是编织小区力量”(Weaving the fabric of the community-that's what United Way is all about)的口号，这个呼吁对于波士顿地区传统上向来不太容易凝聚力量的新旧移民小区而言，是个容易说服许多人小区意见领袖的方向，这也是累积了五年以上导入成效评量才得以转型的地方联合劝募组织。

近年来美国联劝更主张“联合劝募不只是补助直接服务机构，而是给小区的状况带来持续的改善”(Not only funding direct services,but create lasting changes in community condition)，并且称之为“发挥小区影响力”(Community Impact)

图7－7即是说明，联合劝募转型成为以小区影响力为整体补助方向的观念转变过程。其中，第三阶段的发展经过不同观点的转换带来传统联合劝募组织的创新发展方向，在明确的理论基础与能力建构之下，营造出新的机会。而成效评量能力则是发展出小区投资组合(community investment portfolio)的基础建设。

---

① Brand New United Way兼具崭新品牌与全新的联合劝募的双关语。

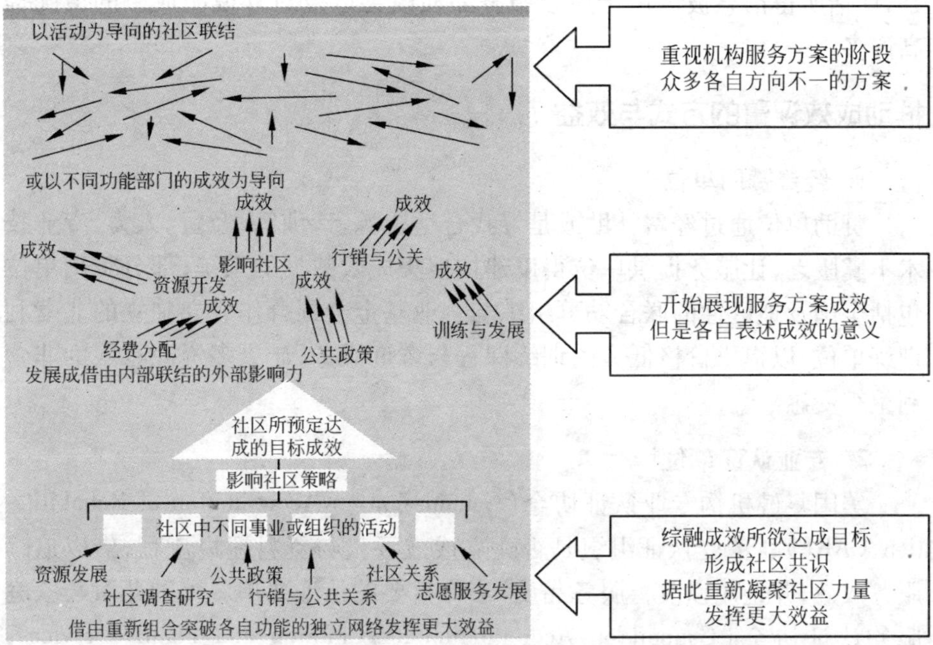

资料来源：美国联劝，2005。

图 7－7　从成效评量到发挥小区影响力

第七节　成效评量导入经验

在捐款人的期待下，美国的各个经费赞助单位无论是赞助型基金会、政府、或是联合劝募都希望知道社会福利服务方案究竟为案主的生活带来什么样的改变，这些服务的提供是否通过有效率的方法，同时也希望评估通过经费赞助所提供的服务的程度与品质，在这些“金主”的重视之下，从 20 世纪 90 年代中期开始成效评量成为美国非营利组织最为普遍运用的评估方法（Aft & Aft，2004；Fine et. al，1998；The Urban Institute，2001；Ginsberg，2001）。尽管，相对于传统的方案评估方法，参与式评估比较缺乏客观性，但是,评估所得信息被运用于后续服务品质改善以及对外说明成果的情况提高许多。

推动成效评量的方式与效益

1. 经费赞助单位

赞助单位通过经费补助或是寻找合适资源,让训练、经费、人力、专业技术不虞匮乏,让服务提供单位得以建构搜集成效数据的系统;部分赞助单位包括全国及地区性的联合劝募组织与企业基金会则合作成立独立的非营利训练单位,以提供价格低廉的训练课程与咨询服务,让更多资源有限的非营利组织受惠。

2. 专业认证单位

美国复健机构专业认证协会(Commission on Accreditation of Rehabilitation,CARF),将"受认证组织是否建立成效评量与资料搜集流程,借以追踪服务成效,并且用以改善服务品质"当作重要的认证要项。美国儿童与家庭服务认证协会(Council on Accreditation for Children and Family Services,COA)则是加入"该组织的服务方案都具备成效评量系统,并借以评估个人成长与服务效益"成为认证指标。

3. 全国性服务组织(National Service Organization)

鼓励全国性服务组织主动针对会员办理服务领域相关的成效评量训练,发行相关资料,而非等待经费赞助单位全面实施再被迫因应,采取这一作为的有美国癌症协会,她们以美国联劝的模式为本,发展可资应用于各州协会或者地区分会适用的方案成效评估模式,美国大哥哥大姐姐协会(Boys and Girls Clubs of America,BGCA)则是发展问卷与数据搜集程序,提供所属会员如何向案主搜集数据的方法,并且开发相关软件,让分会专职人员方便键入,并自动汇整成为量化分析结果,该组织也有专人训练如何使用此一软件。

无论是美国联合劝募的成效评量手册,或是都会研究院的成效评量研讨会都提出类似的观念:借由成效评量的过程所分析出来的信息,其用途分为内部及外部两方面,综合汇整说明如下(United Way of America,1996; The Urban Institute,2001)。

内部用途有：

(1) 对工作人员澄清机构与方案目标；

(2) 探讨方案所需改善之处；

(3) 探讨方案执行何者有用发现优点；

(4) 知会、训练并鼓舞工作人员，留住优秀人才，发现训练需求；

(5) 为成效寻找解释原因；

(6) 探讨趋势，并且寻求比较；

(7) 使用成效信息用以鼓舞案主；

(8) 让案主通过成效信息发声；

(9) 增加方案对预算与计划过程的影响力；

(10) 促进深入研究与方案评估的产生；

(11) 让董(理)事会成员了解方案；让他们重视方案议题，就事论事。

外部用途则包括：

(1) 增进机构对赞助者与社区的交代程度；

(2) 为行销与募款提供数据，有助于争取持续赞助经费；

(3) 吸引志工与案主；

(4) 帮助其他机构。

至于成效(Outcome)是否即为绩效(Performance)，有许多种不同看法；从概念上来看，如果经过有计划的搜集资料，制订标杆(Benchmark)或是基线(baseline)，而通过服务达成或是超越这些目标应可视为绩效，然而，成效也可能是经过搜集资料之后，证实需要调整改善方案，这一阶段的成效未必能计算成为绩效，但是，因为资料搜集而使得未来案主所接受服务品质有所改善，这是社会福利机构应有的责信(accountability)。

在导入阶段，过度以绩效为出发点，容易导致糖霜效应(creaming effect)，也就是方案执行人员会选择容易测量的方案进行评量，或者因此选择容易服务的案主成为服务对象，如此一来反而排挤了许多真正需要帮助的对象，这是许多相关论述都特别提出说明之处。

第八节　结　论

美国非营利组织的社会及法律环境由于发展经验丰富,运作成熟,但是目前全球信息公开已成趋势,信息取得日趋便利的时代来临,所面临的是一样的情况,因此参考其培育社会福利团体的评估能力的提升与展现服务成效的经验是相当有价值的。特别是社会福利机构有责任积极凝聚小区或社群力量,响应弱势族群需求,并且让这些工作产生具体可测量的影响力。更是我们突破过去以宣传口号为目标,但是缺少积极评估与测量指标和工具的障碍的最佳时机。

近年来,虽然许多社会福利团体各自导入企业管理的方法概念,例如:平衡计分卡、全面品质管理甚至 ISO(International Organization for Standardization),对于绩效评估机制则仍旧各自摸索各种标准化作业方式,绩效考核模式,较少跨机构之间共同以服务对象为核心,讨论对于该服务对象(或者也称社群)的服务目标与发展愿景。

这是由于台湾地区的社会福利团体在财务责信方面刚开始起步,行政法令对于财务责信的监督尚未发展出适合的指标,同时在募款竞争的关系下,社会福利团体之间很难在责信方面共同合作展现社群整体效益。

成效评量模式是一个适合实务工作者增加自我评估能力的评估方法,此方法如果能够普遍推行,许多来自实务工作执行经验的数据汇整与发表,也将有助于学术研究取得更多直接服务相关数据,产生适合评量社会服务计划的相关指标与评量工具。

关键术语

参与式评估(Participatory evaluation)

成效评量(Outcome measurement)

资源投入(Input)

方案(项目)活动(Program activities)

成果(Output)
成效(Outcome)
指标(Indicator)
成效管理(Outcome management)
逻辑模式(Logic model)
联合劝募/联合之路慈善组织(United Way/United Way organizations)
影响小区(Community Impact)
小区投资组合(Community investment portfolio)
糖霜效应(creaming effect)

复习思考题

1. 从本文所介绍的成效评量方法中,对于以逻辑模式规划方案(项目)计划的观点如何应用于非营利组织的服务方案,你有哪些心得?

2. 试以资源投入、方案活动、成果、成效的逻辑序列,将你所要评量的方案,以图表方式简要表达,形成该方案的逻辑模式,借以说明服务执行的理论与经验基础。

3. 试依照规划成效评量的八个步骤,以实际案例设计成效评量导入计划。

4. 赞助型非营利组织或联合劝募组织,实行此一方案评量模式形成动员社会资源的小区投资组合有哪些关键因素,在你所规划的议题当中,如何参考此一模式,形成你的小区投资组合?

参考文献

庄明莲、陈洪涛、梁伟康,《社会服务机构质素标准的制定和监察机制之建立》,香港:鹰联管理丛书,1997。

联合劝募协会,《以方案成效评量为导向的方案计划手册》,台北:"中华社会福利联合劝募协会"出版,2003。

联合劝募协会编译,发现改变:找出方案的影响力,《成效评量训练手册》,台北:"中华社会福利联合劝募协会"出版,2004。

庄元妤等,联合劝募 2002 年服务成果报告书,联劝内部数据(未发表),2003。

许凤雅等,联合劝募2003年服务成果报告书,联劝内部数据(未发表),2004。

陈文良,联合劝募协会分配机制调整计划,联劝内部数据(未发表),2001。

陈文良,美国联合劝募参访报告,联劝内部数据(未发表),2002。

赖金莲,社福团体募款困境调查,联劝内部调查(未发表),2002。

台湾地区民众公益行为调查,联劝内部调查(未发表),2003。

简春安、赖金莲,联合劝募在台湾地区,《社区发展季刊》,第109期,第330—338页,2005。

Aft & Aft, *Grassroots Initiatives: Shape An International Movement, United Ways since 1876*. Alexandria, VA: Philanthropic Leadership, 2004.

Fine et. al, *Program Evaluation Practice in the Non-profit Sector*. Washington D. C.: Innovation Network Inc, 1998.

Ginsberg, Leon H., *Social Work Evaluation: Principle and Methods*. MA.: Allyn & Bacon, Pearson Education Company, 2001.

Hatry, H., and Lampkin, L. (ed.). *Key Steps in Outcome Management*. Washington, D. C.: The Urban Institute, 2001.

Hatry, H., van Houten, T., Plantz, M. C., and Greenway, M. T., *Measuring Program Outcomes: A Practical Approach*. Alexandria, VA: United Way of America, 1996.

Leamon, Ann, Case Study: United Way of Massachusetts Bay, *Harvard Business Review*, April 5, 1997, 1997.

Royse, David; Thyer, Bruce A.; Padgett, Debroah K., and Logan, T. K., *Program Evaluation: An introduction*. Belmont, CA: Brooks/Cole, 2000.

Weiss, C. H., The Stakeholder Approach to Evaluation: Origins and Promise, *New Directions for Program Evaluation*, 17, 3－14, 1983.

网站资料

Government Performance Results Act of 1993, 2005/8/14, http://www.whitehouse.gov/omb/mgmt-gpra/gplaw2m.html.

Key steps in Outcome management, The Urban Institute, 2005/6/27, http://www.urban.org

How and why non-profits use outcome information, 2005/6/30, http://www.urban.org

Giving USA, 2005/8/14, http://www.aafrc.org

United Way of America, 2005/8/15, http://www.unitedway.org/outcomes

Outcome Measurement Resource Network, United Way of America, Connecting Program Outcome Measurement to Community Impact, 2005/7/31, http://national.unitedway.org/outcomes/resources/connecting_cimpact.cfm

CHAPTER 8

第八章

非营利组织的方案影响评估

——以台湾地区亚洲基金会“1998 年非营利组织专业人员海外暑期研修”为案例

官有垣　中正大学社会福利学系教授
王仕图　屏东科技大学社会工作学系助理教授

▶ 学习重点

1. 了解何谓方案评估，以及要进行方案评估的理由。
2. 认识何谓影响评估、影响评估的着重方面，以及进行该类评估的途径。
3. 了解如何应用影响评估的理论观点与研究途径，针对一项已执行完毕5年的NPO海外研修方案进行评估，以认识该方案对于参与学员在NPO管理的知识、技术、认知、态度与行为的影响。
4. 思考该NPO海外研修方案为何对参与的学员在知识技能、价值态度以及工作生涯三个方面有不同的影响。

本章简介

美国亚洲基金会(The Asia Foundation)自20世纪80年代以来，对资助中国台湾地区的民间非营利(NPO)发展着墨甚多。本章针对1998年时已本土化的台湾地区亚洲基金会资助台湾地区NPO人才赴美国旧金山大学(USF)研修方案进行评估，以了解该研修方案对于实际参与的10名学员在NPO管理的知识、技术、认知、态度与行为的影响为何？对于其个人的工作生涯发展的影响为何？又对于其所服务或领导的非营利组织的管理与发展带来哪些积极的效益？而该方案从规划到执行的整个过程所显示的特质与缺陷，有哪些是值得我们日后在规划推动同性质研修方案时可以借鉴与学习之处？本章运用影响评估理论的基础，针对上述问题加以剖析。有关参与学员的影响评估方面，以三项观察指针进行评估，即知识技能、价值态度，以及工作生涯，以检视学员在这三方面的改变程度。整体来看，这10位参与美国研修的学员在知识技能层面受到USF暑期NPO管理课程的影响最大，其次是工作生涯的影响，最后才是价值态度。

第一节　导　论

亚洲基金会(The Asia Foundation,英文简称TAF)[①]自1954年起在台湾地区设立办事处以来,资助台湾地区民间非营利组织(Nonprofit Organization,NPO)发展一直是其重视的工作项目之一。到了20世纪80年代中期以后,在资助台湾地区的NPO使其提升治理能力以达成多元化社会的目标上,更是着墨甚多(官有垣,2004:48—52)。至20世纪90年代初期,亚洲基金会的决策者更具体地认为,选派台湾地区优秀的NPO专业人才至国外研修,对台湾地区NPO部门发展的实质帮助上有其优先性与重要性(亚洲基金会,1993)。

1997年,在TAF的主导下,台湾地区办事处转型成为本土基金会——台湾地区亚洲基金会(Asia Foundation in Taiwan,AFIT)。同年6月,亚协聘请资深非营利组织工作者陆宛苹女士担任非营利部门发展项目主任,开始推动非营利部门发展计划(Non-Profit Sector Development Program)。其中一项计划与TAF旧金山总部合作,推动台湾地区NPO人才至海外接受短期或长期的NPO管理相关的教育训练方案。1998年3月初,TAF旧金山总部决定与旧金山大学(University of San Francisco,USF)合作执行此研修计划,该校非营利组织管理研究中心(Institute for Nonprofit Organization Management,INOM)于该年7月4日开始执行台湾地区非营利管理暑期研修计划,至8月1日为止。共有10名学员与1名助教参与此暑期研修课程。

该项台湾地区NPO专业人员海外暑期研习方案,从执行完成至2003年暑期作者开始进行此研究时已满五年,到底该研修方案对于学员在NPO管理的知识、技术、认知、态度与行为的影响为何?对于其个人的工作生涯发展的影响为何?又对于其所服务或领导的非营利组织的管理与发展带来哪

---

① 美国"亚洲协会",英文名称为The Asia Foundation,照字义翻译应称作"亚洲基金会"。该机构过去在台湾地区因某些特殊的时空因素而从设立台湾地区办事处至1997年改组为"台湾亚洲基金会"这段期间,一直以"亚洲协会"为名,作者在本章则还原其名称为亚洲基金会,简称TAF。

些积极的效益？尤其该方案从规划到执行的整个过程所显示的特质与缺陷，有哪些是日后在规划推动同性质的研修方案时，值得加以借鉴与学习的？作者关切这些问题，在本章运用影响评估（Impact Evaluation）研究途径加以探索剖析。①

影响评估不仅是检视方案执行的结果（outputs），更重视方案执行后的成果（outcomes）表现，了解参与方案的对象，在参与期间或结束所获得的受益状况。此外，影响评估不单纯只就方案的成果给予评判，同时可就方案执行过程赋予一些价值判断。基此，本章的目的在于：

（1）分析 USF 暑期 NPO 管理研修课程对于学员在 NPO 相关知识与技术层面的学习、运用与扩散的影响。

（2）探索 USF 暑期 NPO 管理研修课程对于学员目前工作的契合程度以及工作能力养成的影响。

（3）检视 USF 暑期 NPO 管理研修课程对于学员在这 5 年内所任职的非营利组织管理与发展的影响。

本评估研究的属性是质性研究，质性研究适用于发掘一个现象背后尚未被了解的部分（Strauss and Corbin，1990；Gredler，1996），而此特质正符合本章的中心主题。因为 USF 虽然曾在研修课程方案结束时，针对 10 位学员作学习成效的结果评估，然而对于这些学员在回台湾地区后的 5 年期间，从个人到组织层面，到底产生哪些影响，却是一个未知数。

本章的资料搜集与分析方法包括如下：

（1）文献分析：搜集与本计划有关台湾地区 NPO 人员海外研修方案的各项规划与执行的资料，以及方案评估的相关理论文献，加以有系统的分析，借以建立本研究的基础架构。

（2）深入访谈：针对与本研究主题有关的重要相关人士，例如研修方案的主要规划者、助教、台湾地区亚洲基金会的工作人员，以及参与研修的 10 位学员，进行半结构式的深入访谈，借以洞察更多的问题或厘清各相关的信

---

① 本文作者于 2003 年接受亚洲之友会委托，执行“美国亚洲基金会 1998 年台湾地区非营利组织美国旧金山研修成果评估研究”研究计划，本文撷取该成果报告的一部分资料撰写而成，在此感谢亚洲之友会孙得雄理事长的慨允与鼓励。

息。详细访谈时间及对象如表8－1所示。为避免参与该方案的人员有不必要的困扰，个别受访者的名字与称谓将不在此显现，只以代号称之。

（3）焦点团体：借由团体式的访问方式，经由访问者与受访者的互动与讨论，在最短的时间内，取得最多的资料。本研究的焦点团体访谈主要是针对其中的4位学员，分别在一个上午与下午各与两位学员展开访谈，访谈的时间、对象、地点等，请见表8－1的代码S2、S3与S8、S9。

表8－1　台湾地区NPO管理人才暑期海外研修参与人员访谈一览

一、参与海外研修的学员			
代码	受访时间	受访地点	备注
S1	2003/6/05	嘉义市	
S2	2003/6/19	台北市	焦点团体
S3	2003/6/19	台北市	焦点团体
S4	2003/5/16	台北市	
S5	2003/4/10	台北市	
S6	2003/7/02	台中县	
S7	2003/6/25	台北市	
S8	2003/6/19	台北市	焦点团体
S9	2003/6/19	台北市	焦点团体
S10	2003/6/06	高雄市	
二、参与海外研修的相关工作人员			
姓名	受访时间	受访地点	备注
A1	2003/4/10;7/28	台北市	项目主任
A2	2003/7/28	台北市	助教
A3	2003/6/25	台北市	行政主任

第二节　评估理论

本节针对相关的评估理论概念进行讨论，以作为尔后各节分析的指引。首先论述方案评估的概念，以便于研究上对于评估的定位，其次，进一步讨论相关的评估理论，特别是影响评估的部分。由于本文的焦点着重于评估海外研修方案对于接受研修课程人员的影响，特别是在经过一段时间以后，再来重新检视这些人员的工作生涯、知识技能以及价值态度等的转变，在评估的期程上属于影响评估的范畴，因此有关的评估理论介绍中，我们特别针对影响评估加以论述。

（一）何谓方案评估？

评估在政策运用上非常普遍，一般而言，政府及立法监督机关经常通过评估工作以了解政策的执行成效。此外评估也经常被运用在其他学科领域，用以了解方案实施之后的效果或是改变的程度，例如人群服务的方案，通过服务量的统计，可以得知方案的成效。一般决策者经常注意这类的数据资料，以作为未来提供资源的参考，所以方案评估作为研究的方法可定义为：一个社会研究的过程，对于政治或组织环境所采纳的社会介入方案，或者设计一套促使社会条件改善的行动方案，有系统地去探究并了解其绩效（Rossi et al.，1999：20）。由此一定义可以了解方案评估为社会研究的应用，一方面是去陈述方案整体的表现，另一方面则是找到一些指标，以判断方案表现的成效。

为什么要进行方案的评估工作？事实上许多方案评估的需求来自提供资源的个人或机构的要求，也是因为资源的稀少性，因为提供资金的单位资源有限，通常仅资助给最具效率或有绩效的方案，组织若要能够争取到补助，必须拿出具备绩效的成绩，才有可能获得青睐，而方案评估的工作即是展现成效的一种。通过评估的工作，可以让资金提供者了解组织本身的价值，增加其提供资源的意愿。另一方面，经由评估的实施也可以作为未来执行类似方案的改善之道（Royse et al.，2000）。

（二）影响评估

方案的成效可以利用一些数据表现出来，特别是在一些人群服务的方案上，决策者经常以此类数据作为决定未来经费资助的判准，但是单纯就数量的计算，所能获得的信息只是部分结果的表现。一般人群服务方案可能更期望了解接受服务者在经历方案的过程中，或接受方案服务之后产生的变化。所以评估方案的成果，一般比较重视参与方案者在接受方案服务期间及方案结束之后，对其个人所产生的影响，对此类的评估工作，称之为影响评估。这类的评估不同于产出评估（Output Evaluation），产出评估主要是针对方案活动的结果进行分析，包括提供的服务量、出席率、课程数量以及使用素材的情形等进行量化的统计，所以产出评估工作仅可视为是方案执行的摘要记录。

反之，影响评估虽然是检视方案执行的结果，但是着重在执行的成果（outcomes）的表现，了解参与方案的对象，在参与期间或结束后所获得的受益状况，因此影响评估的主题会与知识、技术、态度、价值、行为、条件与地位等的改变有较密切的关系（Owen and Rogers，1999）。Schalock（2001）即指出，影响评估是以结果为基础的评估（outcome-based evaluation）的一种，其不仅重视参与者在行为与思想的改变上，其中包含参与者的知识、态度、价值、技能、行为、生理条件与地位等的获益与变迁；同时，它也重视与评估有关者（促成者、监督者与方案评估者）对于方案的期待，也就是组织所期望的目标是否能达成的问题，而此正反应在组织的绩效和效率的层面上。就个人层次而言，参与方案的案主或个人在生活品质上的改变，是一种方案的结果、影响，或是达成方案的预期目标。因此，就参与方案者而言，个人在价值观念、行为表现等受到方案实施之后的影响为何？此即是影响评估的评估焦点之一（Martin and Kettner，1996；Schalock，2001）。

影响评估着重于已完成方案而给予其价值的评断。然而，影响评估事实上不单纯只就方案的成果给予某项的评判，影响评估同时可以就执行层面赋予一些价值判断的工作。因此就广义的影响评估而言，它所关怀的议题可以包含：

（1）判定方案结果达至何种程度。

（2）判定方案是否如预期般的被执行，以及执行如何影响到最后的结果。

（3）提供资助者、资深管理人以及政府机构首长关注方案资源配置已达成的程度。

（4）提供决策相关的信息，以利未来方案复制或延伸的参考。

由以上的讨论可知，为了使方案成效得到验证，影响评估主要有两个焦点，一个着重在成果的评估，另一个则是方案执行过程的评估，这一分类可以利用 Owen and Rogers(1999:265)归纳影响评估的关键方面加以呈现。依表 8-2 的七个范围，明白指出影响评估有两个重要的焦点，这两个焦点即上述的成果评估和执行评估，而一般的评估研究均同时注重这两个评估工作。

表 8-2 影响评估的内涵摘要

范围	性质
评估研究的定位	方案价值的建构 进行评估方案的决策的理由 对资助者及其他相关利益关系人的责信
评估时，特别关注的议题	方案是否按原规划的内容来执行 方案是否已达成了原始设定的目标 方案所服务的案主，其需求是否已被满足 非预期的结果是什么 执行的策略是否导致原意图使之达成的结果 执行方式的差异如何影响方案的结果 在既定的成本下，方案的获益内容为何
进行研究时的方案状态	已结案
主要的评估焦点	是聚焦在递送或结果上 许多较全面性、完整性的评估研究包含递送和结果二者，即通称的过程—结果研究
何时进行研究（相较于方案递送）	一般在方案完成之后，至少是在一个周期以后，即方案有些成果之后才开始进行。然而实际上，影响研究的进行可以在方案完成后的任何时间进行
主要的研究途径	①以目标达成为基础 ②以需求满足为基础 ③ 不在意原始设定的目标而着重各个方面 ④ 过程—结果研究 ⑤ 表现良窳的稽核
证据的搜集与汇整	一般需要先进行事前的研究设计，尽可能地使用实验组与控制组的对照方法，同时使用测验与其他量化的资料等。普遍而言，执行评估的研究需要实地观察的资料。最后，若要进行影响或结果评估的研究，需要使用更多的探索性方法以及取得质性的证据

资料来源：Owen and Rogers(1999：265)。

有关影响评估所关心的议题包括所执行的方案有无依照既定的时程完成,或者是完成预定的目标。对于接受方案服务的案主(对象)而言,方案所提供的服务有没有满足案主的需求？另外,一般的评估研究经常把方案的执行也纳入评估项目进行讨论,对于执行的评估,主要是针对方案执行的过程给予评价,以及方案的运作方式等,所以也可以称为过程评估(Process Evaluation)。这有两方面的含义,一个是针对执行中的方案进行过程评估,有监督方案的功能,例如承接政府委托的方案,多数必须进行期中报告的工作,这就是一种过程的评估。另一个是在方案结束之后,针对方案执行过程,以回顾或文献整理等方式,对于执行的方案策略、执行的方式进行评估的工作,后者一般均将其划归为影响评估的项目之一,纳入影响评估的范畴加以讨论(Rossi et al.,1999; Owen and Rogers,1999)。

Owen and Rogers(1999)相当重视影响评估的几个主要的研究途径,因为影响评估所关心的是方案做了什么事,以及为什么要这么做,如果要了解它们之间的关系,评估者就必须将评估的原则转化为实际的行动,所谓的行动包括了主要研究途径的选择、设定评估的标准以及寻找出相关的证据等。根据 Owen and Rogers(1999)的归纳(参见表 8－2),有关评估的主要研究途径可区分为五种:①以目标达成为基础(objectives-based);②以需求满足为基础(needs-based);③不在意原始设定的目标而着重各个方面(goal-free);④过程-结果研究(process-product studies);⑤表现良窳的稽核(performance audit)等五个途径。因应本研究的需要,本文主要针对前两种(第一和第二)研究途径加以详细讨论。

1. 以目标达成为基础

影响评估最初始的目的就是希望去验证方案所设定的目标或对象是否已经达成,所以方案目标达成与否经常是评估工作最主要的关注之处。在此研究途径下,通常方案的目标被视为是已存在的,因此评断方案是否成功,是基于目标已被达成的程度而定。但是一般以目标达成为基础的评估工作,最大的问题就在于目标的设定通常是以组织为对象,个人在接受方案服务之后的转变则无法从这类的评估途径上获得了解。

此外在进行评估工作时,必须将抽象目标和具体目标作一区分,前者所谓的目标,是一个广泛而抽象的名词,就评估工作而言,必须将它转化成具体且可以衡量的目标。例如,假设一个基金会以照顾游民为其目标,其抽象的目标为降低都市地区的游民人数,虽然从这个陈述中我们可以清楚了解其目标,但是这样的目标还是太笼统,无法有效地满足评估的工作,最简单的问题,该目标是要降低多少游民的比例就不得而知。所以评估的工作,有部分目标必须转化成具体的陈述,才可以继续进行评估(Rossi et al.,1999)。因此评估者一开始最重要的工作就是设定方案目标,Owen and Rogers (1999:268)进而指出以目标达成为基础的评估工作有几个必须注意的事项:

(1) 要判断一项与利益关系人有切身关系的议题,是否在方案的结果达成上已被检视,需谨记在心的是,所要评估的方案是已经执行完毕的,因而结果评估研究是务实的、可以完成的。

(2) 要判定方案的具体目标(objectives)与抽象目标(goals)为何。为达成此目的,可运用的资料来源有:正式的政策法令文件、方案内容的描述与方案递送者访谈,或是结合以上的资料而形成。

(3) 选择最适宜的方式来判定,方案的执行是否已完成了目标的要求,例如是否有控制组可作为对照基础,有没有可能使用实验设计的方案"前"与"后"的比较,或者有效搜集有关方案结果的资料等。

(4) 选择适当的测量工具或是设计新的测量工具。例如通过深度访谈的方式,询问方案服务对象的意见。

(5) 辨认证据的来源,搜集并分析有关的证据,最后做出结论,撰写研究发现报告。

2. 以需求满足为基础

上述有关以目标达成为基础的讨论,其缺点之一就是目标的达成问题是属于组织层次的问题,但是有关影响评估的对象,即接受方案服务的对象,究竟有哪些变化,也应该是影响评估结构中一个重要的评估途径。

方案推动之后是否符合接受服务参与者的需求,此乃方案成功与否的重要指标之一,但是该途径均假设方案的目标不必然反映出方案参与者的需求,因此本研究途径和前述目标研究途径最大的差异就在于前者所重视的是内部的一致性，而后者则是以参与者的偏好作为方案价值的外部判断标准。理论上，方案的执行若已经符合所设定的目标，相对地应该也会反映出参与者的需求，但是方案的设计同时也可能未考虑到参与者的需求问题，以至于方案的执行未能符合接受方案服务者的需要。例如政府的政策经常为了因应年度预算的结束，在没有详细计划的情形之下就同时推出许多方案，如此的方案有时就完全没有考虑到方案服务者的需求问题。

为了能够有效反应参与方案者的需要，20 世纪 80 年代一些政策评估学者开始强调方案的利益关系人对于方案执行的态度与意见，Guban and Lincoln（1989）称这类的评估为“第四代评估”（Fourth Generation Evaluation），这类评估的重点不再以测量作为评估的重点，也不评价政策或方案的效率，同时也不对方案或政策赋予价值的判断，相对地，其所着重的正是参与者内在感受的响应，而这一部分正是以参与者的需求作为评估考量的标准的。

本研究基于方案参与者的特殊性，因为海外研修方案的主体还是在于人，所以在研究设计上，我们将会特别针对参与者个人的需求问题提出个别的问题，包含课程的安排是否符合个人的需要，以及个人为何参与这个方案的心路历程等问题。

综合以上评估研究途径的讨论，本章的研究主题包含“以目标达成为基础”及“以需求满足为基础”两个途径，评估过程中，本章将注重方案对个别的需求部分，例如了解参与者主观认定其本人在这次研修中的收获或者参与者对方案成果的看法等问题。

第三节　海外研修计划的制订过程

（一）海外研修计划制订的背景

美国亚洲基金会（TAF）自 20 世纪 80 年代中期开始，在资助台湾地区的民间非营利组织（NPO）使其提升治理能力以达成多元化社会的目标上即着力积极。举例来说，在 20 世纪 80 年代末至 90 年代中期的这一段时期，台湾地区社会接受 TAF 资助达 1 万美元以上的公、私立组织共有 35 个，资助金额总计达 102 万美元,其中属于非营利、非政府属性的组织数就占了近六成,资助金额也超过总资助金额的一半以上(56 万多美元),由此反映了 TAF 在此时期对台湾地区非营利组织的发展赋予了相当的关注(官有垣,2004:48)。

TAF 在 1993 年具体拟就了一份《全面提升台湾地区基金会人力暨成立基金会中心三年计划》(亚洲基金会,1993),有意以第三者的立场,以 3 年的时间联合其他台湾地区所在地的基金会与政府相关单位,一起从事基金会的专业人才培育以及促进与国际相关基金会的合作与交流等基础性工作。虽然之后该项计划并未付诸实践,但在 TAF 的决策者思虑中已然认为,对台湾地区 NPO 部门发展有实质帮助的工作项目里,选派 NPO 人才至国外研修有其优先性与重要性。1997 年,台湾地区亚洲基金会(AFIT)成立,该会设置 NPO 中心的想法更具体为拟设立"台湾地区 NPO 发展与服务中心"(Taiwan NPO Development and Service Center)(Choate,1998)。为朝此目标迈进,AFIT 执行长王世榕在 1997 年的 6 月,聘请当时在民间 NPO 实务工作及管理上已有丰富经验的陆宛苹女士来担任为期 4 个半月的《非营利部门发展计划》(Non-Profit Sector Development Program)的项目经理(台湾地区亚洲基金会,1997;A1 访谈,2003/4/10)。该项目要求的其中一项活动,即是规划非营利部门的人员训练与教育方案。根据该工作项目的规定,其优先要进行的事项是与亚洲基金会旧金山总部共同合作,发掘美国与其他亚洲国家与地区 NPO 训练与教育的资源,同时着手准备美国与台湾地区未来将执行的短期与长期的 NPO 人员训练与教育方案(台湾地区亚洲基金会,1997)。

(二)海外研习方案的规划与执行

1. 方案规划

陆宛苹于 1997 年赴美访问考察后,AFIT 于 1998 年 3 月决定与旧金山大学(University of San Francisco,USF)的"非营利组织管理研究中心"(Institute for Nonprofit Organization Management,INOM)合作举办此研修方案。在研习的地点决定后,AFIT 随即在 1998 年 3 月去函 USF 的 INOM 主任 Michael O'Neill,表达规划选派 10 名学员在该年 7 月至 INOM 从事为期 1 个月

的非营利组织人员管理训练的意愿。同时,希望能够邀请1至两位USF的教授在同年5月来台湾地区访问,如此USF在规划研习课程内容时,对台湾地区的非营利部门能有较佳、较深入的了解(Lu,1998a)。O'Neill及其INOM研究团队随之根据陆宛苹研拟的《台湾地区非营利管理人才暑期海外研习方案》(The Program of Overseas Summer Study on Nonprofit Management for Taiwanese Participants)(O'Neill,1998;The Asia Foundation,1998a),开始规划课程实施的细节,并迅速在1998年4月底将企划方案递交给台湾地区亚洲基金会。

2. 研习目的

台湾地区NPO专业人员海外研习方案设定达成下列五项目的:

(1) 充实台湾地区非营利部门的种子人才的管理能力。

(2) 经由对美国非营利组织管理的理论与议题的研读,增进学员对美国非营利组织的发展与管理的了解。

(3) 与美国非营利组织的管理人交换实务工作的经验,如此学员可以将习得的知识运用在实务上。

(4) 增强台湾地区非营利部门彼此的共识与管理知识。

(5) 搜集相关的信息以丰富台湾地区非营利组织发展与服务中心,使之在未来信息服务的提供上发挥更大的功能。

3. 研习内容

USF的INOM(1998)规划的研习内容包括80个小时的课堂内授课,60个小时的定点参访(site visitations),以及10小时针对特定主题的晚间研讨课程。主要的课程安排如下:

(1) 课堂的教学、授课:五个单元的课程,包括:①非营利部门的历史发展、规模、各类次部门、影响,以及目前所面临的政策议题;②非营利组织的管理、规划与评估;③非营利组织的财务管理;④非营利组织的营销;⑤非营利组织的人力资源管理。每一个单元的课分由4天(一个上午)授课,每天授课4小时,这五单元的课由旧金山大学的专、兼任老师来授课。

(2) 定点参访:研习上课期间,每天下午以及一个整天,研习团将造访旧金山湾区的一家非营利组织,以了解该组织经营管理的某个方面(例如财务管理、营销、人群资源管理、募款、管理信息系统等），学员与该组织的员工有面对面讨论的机会，检视该组织的设备与其他设施，以及参与开会讨论等。这些定点参访的设计将直接与这五单元课程的内容作一联结，也会与其他的非营利组织管理技巧有所关联。

（3）晚间授课的研究讨论课：研习期间的每星期一晚上，将有一个特定的讨论课程，内容包括募款、非营利部门研究、政府与非营利组织的契约互动关系、法律议题以及组织之间的合作与合并的问题。

4. 学员的甄选

参加暑期研习的10位学员在1998年4月底经由公开甄选的方式选出，10位甄选出来的学员名单如表8-3所示。从名单中也显示了成员的背景十分多元，成员的所属机构有社会运动型，基督教与天主教属性、研究发展的支持属性，以及社会工作与服务；成员的年龄层分布在27岁至49岁之间；学历则是以硕士为主，大学次之，高中职只有1位；职位的分布比例则是高阶的主管与决策者稍多于中层行政主管。而这10位学员在台湾地区非营利部门中的行业也属多元，分别在不同的领域里服务，如社福/社工领域、社会运动/政策倡导、研究发展/学术、文化教育，以及宗教福利属性的机构。

表8-3　1998年台湾地区NPO管理海外研习学员名单一览

学员代码	性别	年龄	学历	服务单位	职称
S1	男	44	大学	文教基金会	总干事
S2	女	45	大学	社福基金会	执行长
S3	女	27	大学	社福文教基金会	执行秘书
S4	男	39	硕士	研究发展基金会	研究员、主任
S5	女	44	硕士	大学社工系、基金会	兼任讲师、项目经理
S6	男	28	硕士	社福基金会	企划督导、研究人员
S7	女	49	高职	文教基金会	顾问
S8	男	28	硕士	宗教福利基金会	专员
S9	女	30	硕士	文教基金会服务中心	副主任
S10	女	33	硕士	社会运动协会	理事长

资料来源：整理自台湾地区亚洲基金会，1998年海外研修当选名单。

（三）小结

任何一项政策或方案评估研究不可忽略其规划与决策的过程，政策或方案执行的结果，不论是产出成果的大小或日后的影响深浅，相当程度都受到其原始规划内容与决策判断的影响。从上述的分析可见，主办单位之一美国亚洲基金会在本赠款方案上不只是如同一般基金会的赠款而已，其早在20世纪90年代初即有台湾地区NPO管理人才需要从事本地区与海外培训的构想，尔后在1997年台湾地区亚洲基金会正式付诸方案的规划，开始一连串实地至美国拜访提供NPO管理课程研习的学术机构、研拟方案、选择受训的机构、原方案与研习机构提议方案内容的讨论与修订、学员的甄选、行前的课程研习与要求研习机构教授来台了解台湾地区NPO的状况与学员的需求过程。这些步骤看似繁琐，实有必要，也反映出美国亚洲基金会在其赠款业务上，遵循一定的规划程序与有效率的决策。

不过，作者必须指出这整个规划与决策过程一个重大的缺点即是时间的仓促。台湾地区亚洲基金会决定要推动该海外暑期研修方案是在1998年的3月，受委托的旧金山大学INOM根据陆宛苹的计划书于4月底提出企划书，同一时间，至美国参加暑期研习的学员才甄选出来；接着TAF与USF双方在5月中旬签约（The Asia Foundation，1998/5/19），而5月底至6月中期间，进行行前的准备，包括分组课程研读与Michael O'Neill来台了解NPO现况与学员的需求，最后于7月初在美国旧金山大学正式执行此研习方案。可说从决定要推动到正式实施的时间约莫是4个月，时间上十分紧凑，因此原本希望学员能够到旧金山的一些相关福利服务机构实习，在实务运作上也变为不可行。

第四节　研修方案的影响评估

本章是探讨台湾地区NPO管理人才海外研修方案对于参与研修课程的学员的影响，特别是检视这群学员的工作生涯、知识技能以及价值态度等的转变，因此属于影响评估的范畴。影响评估着重在检视方案执行后的成果表现，了解参与方案的对象，在参与期间或结束所获得的受益状况，因此影响评估的主题会与知识、技术、态度、价值、行为、条件与地位等的改变有较密切的关系。除此之外，本研究首先整理学员接受课程训练之后，有关课程设计的满意度分析，以作为研究方案的初始的评量参考。

（一）方案初始结果的评量

本节主要探讨海外研修人员对于旧金山大学 INOM 设计的课程规划所进行的评量。该评量为 INOM 于课程结束后，由学员评价，另本研究再以参与人员的访谈资料进行补充。评量内容主要分为：课程、师资、机构参访等三个部分。

1. 课程内容

INOM 的研修课程主要规划为五项主题，即非营利组织的介绍；非营利组织的管理、规划以及评估；财务管理；营销课程以及非营利组织的人群资源管理。就整体的满意程度而言，除了非营利组织介绍的满意程度较低以外，学员们其他四门课的满意程度均相当高（参见表 8-4）。基本上，学员对于整体课程是满意的，部分学员认为这些课程可以有效地和实务结合，有利于学员们检视过去的实务经验和理论之间的关系。学员 S7 即表示：

> 我觉得那一次研修最大的收获是，把过去在组织的经验，产生 system 的概念，我发现研修回来之后，在分析、组织、协助组织作发展的时候，慢慢地，我有自己的理论形成（S7 访谈，2003/6/25）。

表 8-4 课程评估

课程名称	不太有用/有效		——►		非常有用/有效	平均
	1	2	3	4	5	
1. 非营利部门介绍			2	4	4	4.2
2. 财务管理				2	8	4.8
3. 治理、规划与评估				1	9	4.9
4. 营销				3	7	4.7
5. 人群资源管理				2	8	4.8

资料来源：INOM，1998b，USF INOM Taiwan Nonprofit Training Program，Evaluation Summary.

确实有许多学员均认为取得的资料非常丰富，虽然在课堂上无法完全吸收，但是这些资料对于他们未来的工作，是很好的参考依据。

2. 授课教师

海外研修课程中，合计有5个课程的授课老师，而在学员对于课程教师的评估部分，将华语助教同时纳入评估的师资当中。评估的分数方面，除了教授导论课程的教师满意度较低以外，其他师资的满意度均非常高，其中T. Courtney和K. Fletcher均得到全部学员一致性的满分。由此可以了解INOM在师资的安排上，确实得到相当高的评价（参见表8－5）。

表8－5　授课教师评估

授课讲师	不太有用/有效		——→		非常有用/有效	平均
	1	2	3	4	5	
1. B. Sievers				4	6	4.6
2. T. Courtney					10	5.0
3. K. Fletcher					10	5.0
4. T. Nelson				1	9	4.9
5. B. Coy				1	9	4.9
6. Leemen Lee(tutor)				1	9	4.9

资料来源：INOM，1998，USF INOM Taiwan Nonprofit Training Program，Evaluation Summary.

旧金山大学在此次的研修课程的师资人选方面是配合台湾地区亚洲基金会的方案设计要求，强调所提供的师资能够有实务经验，以便教学具有同理心，同时通过实务经验的讲授，让学员可以更贴切了解美国社会的非营利组织。因此在学员对该次师资的评语当中，出现"授课教师具有同理心，对学生的需求与反应相当敏锐"、"所有讲师都有实务经验，由于他们精彩的讲授，使我有茅塞顿开的感觉"等看法（台湾地区亚洲基金会，1998）。学员回顾授课的师资部分，也回忆到授课讲师在实务经验的丰富性，对于学员有极大的帮助，除了回顾美国与台湾地区本土NPO在做法上的差异之外，同时在一些新的创新运作模式方面，对学员的认知有很大的启示。

此外，许多授课教师本身由于具备NPO实务运作的经验，在课程内容的验证工作上，可由机构参观的过程中将上课的概念立即呈现，这一过程除了反映出具备实务经验师资的优点以外，对于学员们在许多观念、分类等的厘清上也有很大的帮助。例如：

老师讲美国基金会的背景，当天下午就安排了4种不同类型基金会的参访，什么叫独立基金会、家族基金会、企业基金会等，他就把基金会的人找来跟你对话，早上讲基金会的定义，下午就找不同基金会参访跟你对话，我终于搞清楚了，什么叫独立型基金会、企业基金会。以前只是书面上看，现在有机会可以实际地看到他们是什么长相、怎么样去做。（S4访谈，2003/5/16）

3. 机构参访

依据旧金山大学INOM的安排，此次研修参访了20个NPO，而组织的特性属于多元的，并不局限在某一类属性。平均而言，学员对于这些NPO的评价均表示有很大的帮助，平均的分数在4.5分以上。再者，INOM所安排的机构类型多元化，也使得每位学员对于部分或某个机构特别有印象或感兴趣，甚至认为对他们回台之后，从事非营利相关工作有很大的帮助。另外，在课程设计和机构参观之间的联结程度方面，有不少学员认为二者的结合程度相当高。学员上完某一个主题的课程之后，立刻可以到正在运作的机构做实际的理论验证工作，对于思想、观念、实际操作等都有很大的帮助。

归纳而言，学员们对海外研修课程整体的评价，整体上是给予颇为高度的肯定。不管是课程设计、师资安排或是机构参访等，多数学员所持的态度均认同此次的研修安排。

（二）评估方案对学员的影响

本章在评估理论部分，作者曾强调方案推动之后是否符合参与者的需求，是方案成功与否的重要指针之一，因此参与者的偏好需求应作为方案价值的外部判断标准。根据Schalock（2001）有关以结果为基础的评估思维，着重于三个方面的讨论：知识技能、价值态度和工作生涯；分析对象是10位参与研习方案的学员（助教不在评估的范围内），其在接受USF暑期研修课程后一段时间（5年后）的影响评估。根据这10位学员受访时的自述资料、研究者的观察与判断，这三项评估指针的操作化概念可罗列如下：

(1) 知识技能：①NPO 知识、经验的分享与扩散；②增强对 NPO 管理知识的吸收与整体分析的能力；③继续在 NPO 领域进修更高的学历。

(2) 价值态度：①对 NPO 的决策治理态度的转变；②对 NPO 组织管理态度的转变；③增强对 NPO 典范效法的价值。

(3) 工作生涯：①回台后持续在 NPO 部门服务；②对目前自己的工作所需的 NPO 管理技能，确有相关与帮助；③对目前自己任职的 NPO 的整体组织运作、管理、发展确有帮助。

1. 知识技能

在知识技能层面，10 位学员全都表示，在 NPO 的管理知识、经验分享与扩散上受到的影响最大，而且可在这方面有所作为。其次，有 6 位学员当年参加此研修课程回来之后，受到鼓励而决定在 NPO 的管理或相关学术领域如社会福利、社会工作、企业管理等继续进修硕士或博士学位（表 8－6）。这 10 位学员的学历从参加海外研修当年的以硕士与大学部毕业为主（硕士 6，大学 3，高职 1），回台后这 5 年内提升为以硕士与博士班为主（博士 2，硕士 7，高职 1）。最后，有半数的学员表示，此研修课程有助于提升他们整体、系统的分析能力，并对于他们日后在管理新知的吸收上有所帮助。此结果也是领队 A1 所期待的：

> 我觉得蛮欣慰的，当时（1998 年）有这样一个机会，可以跟这 10 位伙伴一起学习，这些人其实回来以后，大部分的人，不管职位有没有 upgraded，但本身的学习与成长都是在进行中，也就是说，过去他们毕业之后一直在工作，固然某些学习，可是经过这个 program 后，每位都处在继续进修成长当中。（A1 访谈，2003/4/10）

(1) NPO 知识的分享与扩散

在知识的吸收与扩散方面，许多学员均表示该次的研修收获非常多，并且也利用一些机会将所学扩散到各地。以 S1 为例，他认为将新习得的 NPO 管理知识技能带回台湾地区，经由演讲、上课、写文章，以及在 NPO 的实务管理运作等机会逐渐消化、吸收,并将这些知识技能扩散出去,分享给其他NPO 的管理人员。S1 表示,虽然在研习期间不易将这些资料完全消化,但回来后逐渐阅读与了解,对日后自己在机构的经营管理、撰写文章、受邀至其他机构演讲时帮助很大。

S10 与 S5 也指出,她们将研修资料拿回,并能有效加以扩散而与更多人分享。S10 认为对她个人而言,USF 的 NPO 管理研修课程虽然要贯彻运用到工作上尚有距离,但仍可以将学到的知识经验与人分享。同样地,S5 也认为对其个人影响之一,是将美国习得的 NPO 新知、经验以及大量授课数据携回,进而将其扩散,让更多人能够分享。S9 也表示 USF 的暑期研习对她而言,较具体的影响可能是在知识的分享方面,因为从 USF 回来后,曾在学校兼课,这些带回来的 NPO 书籍与相关数据,可以用在授课上。

(2) 增强对 NPO 管理新知的吸收与整体分析能力

S2 是一位资深社会福利基金会执行长,她表示台湾地区亚洲基金会推动台湾地区 NPO 管理人员海外暑期研修方案,目的之一即在培养台湾地区NPO 管理高级人才,通过让这些已有 NPO 初级或中级管理、领导实务经验的人员从美国研习回来后,通过吸收、消化与再学习,将新知与经验再传播给其他 NPO 管理人员,因此这是一项不折不扣的 NPO 种子培训方案。S2 强调:

> 参加 USF 暑期 NPO 研习等于是我们亲身去实践,那亲身实践就会觉得 seed plant 所发挥的效用是,用最少的资源却使利益极大化的一个策略与目标。我们基金会现在也用这个理念在走,比如说我们现在正推动国际援助工作,去到第三世界国家或地区服务,我们也是一直用这种概念在跟他们沟通,也实地去实践。就是因为亲身体验,所以更能感同身受,且更有说服力去说服人家接受这种理念。(S2 访谈,2003/6/19)

再者,有关增加个人对 NPO 的整体分析能力方面,S2 表示过去对于非营利组织的特质与经营管理并不熟稔,因此在 1998 年之前,曾陆续在台北或中南部报名参加与企业管理有关的研习课程，但是参加后对她想要增进NPO管理的知识与技能却帮助有限。这次的海外NPO研修结果，S2认为对她的影响是在知识潜能的开发、工作生涯上对自己长年领导的基金会的组织结构与功能的改变，以及目前推动的国际援助与发展方案方向的拿捏等，均有相当正面的帮助。

S4在参加1998年USF的NPO管理研修课程当时与回来之后至今，都在同一家以NPO研究发展为宗旨的基金会服务，当时的职位是信息中心主任，目前则是助理执行长。S4指出在那一个月密集的学习与经历，对他个人而言学到许多东西，而且这样的学习训练，让他有机会吸收更多NPO管理的信息，且可以将这些信息活用。

S5指出USF的课程对其在NPO知识的启发上有很大的帮助，她觉得在USF每天上课就像电灯泡被点亮那样，原本还是混沌的状态，一待上完课后，心智的灯泡就会被点亮，举例来说，对于何谓NPO？为何社会上存在着NPO？这些概念的意义之所以有深刻的体会，实在是归功于USF那些授课老师的点灯：

> 譬如当时第一堂课讲《概论》，老师就问我们为什么社会要有非营利组织？大家就讲补政府不足、市场失灵啦，老师给我一个很重要的概念启发是，如果政府、市场灵了，我们NPO就没有存在的理由了吗？即我们NPO没有一个自己存在的价值啰！然而在公民社会里，或者所谓的社区主义，或讲更白一点，今天即使是陌生人，我们愿意在共同的需求下携手协力、志愿助人的精神，这即是NPO存在的意义。（S5访谈，2003/4/10）

S6认为USF暑期NPO管理研修课程对他的影响，第一个是在知识技能的学习，使得自己在一些NPO组织特质与管理概念上有所改变。譬如倡导型NPO为使政策倡议客观公正而不接受政府的补助经费；再者，NPO应该注重组织的营销包装，宣传品与其他对外的媒介制作，不宜因陋就简，而是要设计精良。

S7在这10位学员当中，是一位相当具有独特、丰富的草根非营利组织领导经验的学员，在1998年之前已担任过一家草根性质浓厚的基金会的创会秘书长，接着担任董事长，退下来后持续担任这家NPO的顾问。S7指出1998年的NPO管理海外研修对她的影响是整体的、系统的，可说是对她个人过去在草根NPO服务的整个经验作一耙梳而理出一个系统来（S7访谈，2003/6/25）。

（3）学员继续进修与追求更高学历

有关回台后学员继续追求新知识与再进修方面，有部分学员表示其回台后确实因为该次研修的激励，促使他们进入研究所进修。S1强调1998年研修回台的头一两年，这个研修团队的领队A1便积极开设一系列NPO管理的研习班，其受邀去讲课的机会甚多，这也促使他借此整理美国USF带回来的资料以便消化运用。不仅于此，S1认为自己还需要再进大学充电，因此考入社会福利研究所就读在职硕士班。

S3认为该海外NPO管理课程对她的影响在于，对NPO服务的认知与态度上的转变影响很大，她从USF所安排授课老师的实务与理论兼备，以及授课内容的丰富与活泼，感受到NPO里的典范存在，兴起"有为者亦若是"的豪情，坚定未来在NPO部门可有更大贡献的信念（S3访谈，2003/6/19）。为实现此目标，S3回台后不久就报考社会工作研究所，目前已完成学业，取得硕士学位。

同样地，USF研修课程对S6的影响之一是更确定自己的研究领域，包括目前的博士论文研究的主题都是当时一个脉络延续下来的。S6认为这也达到当初这个海外NPO研修计划的目的之一，即借此培训更多台湾地区优秀的NPO管理课程的师资。S5也在研习回台后不久，决心攻读一个管理学的博士学位，且在行有余力之下考取政大EMBA——非营利事业组的硕士班。目前，S5已取得政大EMBA的硕士及海外的管理学博士学位。

2. 工作生涯

在工作生涯层面，首先作者关切的是这10位学员参加研修时都是在NPO服务，回台5年后是否仍持续在NPO工作呢？表8－6显示10位学员中有8位依旧持续在非营利部门服务，且8位学员中有6位是在原机构服务,未曾变动过。此结果多少说明了学员参加 USF 的 NPO 管理研修课程有助于他们增强持续留在此部门(甚至是原机构)服务的信念。接着,有半数的学员表示此次研修课程对于他们目前的工作所需的管理技能确实有相关性,对他们的管理工作有所帮助,进而对于他们目前任职的 NPO 组织,无论是在运作、管理与发展等层面,整体而言均有所助益。

表 8-6　台湾地区 NPO 管理人才暑期海外研修学员学经历变动一览

	参加研修时(1998)			研修回台后(2003)		
姓名	服务单位	职称	学历	服务单位	职称	学历
S1	基金会	总干事	大学	医院、基金会	院长特助	硕士班
S2	基金会	执行长	大学	基金会	执行长	硕士
S3	基金会	执行秘书	大学	基金会	代执行长	硕士
S4	基金会	信息中心主任	硕士	基金会	副执行长	硕士
S5	基金会、大学	兼任讲师、企划经理	硕士	基金会	执行长	博士、EMBA
S6	基金会	企划督导	硕士	大学	讲师	博士
S7	基金会	顾问	高职	基金会	理事主席	高职
S8	基金会	专员	硕士	无专职机构	硕士生	EMBA
S9	基金会	副主任	硕士	基金会	社工专员	硕士
S10	协会	理事长	硕士	协会	理事长	硕士

以下即为海外研修方案对个别学员的工作生涯影响进行描述与分析。

USF 的 NPO 管理课程对 S1 回台后工作生涯的影响,帮助最大的是当他转换工作跑道从一个外岛的基金会(简称 LN 基金会)执行长,改变为南部一家宗教属性教学医院(简称 CH 医院)的院长特助,负责规划推动该院的老人长期照护计划时,S1 能够很快地适应这家医院制度化的管理运作。S1 不讳言,这多少要归功于在 USF 上课时授课教师及资料的研读。S1 对此有详细的说明:

CH 医院本身就是管理比较严格的地方。譬如最近我们开会决定要不要接政府公办民营案,对 CH 医院来讲,要不要接,需有许多会议加以讨论;以前在 LN 基金会,要不要接案就是执行长一句话就可以了。这里,要先有财务计划,算出各项费用出来,且院方会要求我们去做策略分析和充分的讨论，院长不会一个人说 Yes 或 No。而这些步骤与概念在1998年的USF上课时，关于策略分析等都有提到，基本上是作为来CH医院之前的一个心理建设，否则当初突然跳到CH医院来，我一定会做不久的，但是因为研读过这样的东西，才会知道并且验证，现在才能运用这些东西。（S1 访谈，2003/5/25）

显然S1在USF的研习课程学习对他日后在转换工作跑道上帮助甚多，以致他到了CH医院时能够很快适应并持续在此机构服务。至于S2，她指出USF暑期NPO研修课程其实对她所领导的基金会管理与功能改善上帮助甚大，譬如要不要在基金会里的层级结构里增设一名中阶主管、执行长的角色要如何界定，以及如何增进主管与部属的沟通协调效果等问题都长期困扰着她。而这次的海外NPO管理研习不只让她在NPO管理上习得不少新知识，也使她回台后，对以上的问题有较清晰的思考方向，而陆续针对上述问题做出响应。

至于S3则强调，参加USF暑期NPO管理研修课程对她在工作上的启发是在NPO的人事管理部分，直言学到人事管理的操作化与步骤化对她目前在基金会的人事管理运用有颇大帮助。S3表达如下的看法：

"人"的管理部分，过去是我比较弱的。而从USF那边的课程当中，让我看到人力资源管理有很多是我可以去学习的地方，包括我后来职务升到副执行长时，其实有很多是牵涉到人的管理，那等于是给了我一个机会将那边学到的在这里做实验。亦即，有一些是可以应用的，包括我在应征、面试的时候。在过去的应征、面试我都觉得就是这样子的过程，可是我觉得国外很棒的是它会把很多的东西操作化与步骤化，亦即非常清晰与有系统。（S3 访谈，2003/6/19）

S4表示，USF暑期NPO研修课程对于他所服务的基金会的影响，是该次课程帮助他思考、厘清基金会服务内容、服务对象的定位问题。S4 表示，他在 USF 研习时，就在做一个功课，即基金会公益中心的营销要怎么来做、如何拟定营销的计划，主要客户群是谁。从 USF 回来后，有了更清楚的思考脉络，所以基金会才定位其主要的客户群是 NPO 领域的研究与实务工作人员，这是其第一个优先服务的对象，而不会转向一般社会大众。所以整个基金会公益中心的收集资料范围、网站上的信息、表达方式主要是针对 NPO 的研究与实务工作人员，一般社会大众就比较不是该基金会服务的对象。因此，营销定位，公益信息中心的网站、图书馆的定位接着就很清楚，第一对象是谁，第二对象是谁，十分明确。这样的好处是收集信息也会比较清楚，减少不必要的困扰，资源可以集中应用。亦即，USF 的课程研习让 S4 知道为什么要这样做，机构未来要调整服务内容的话，该如何调整，这样的结果就表示该课程对他个人与机构都有明显的帮助。

S9 在参加 USF 暑期 NPO 管理课程之前，已从美国念完一个社会工作硕士学位，进入台北一家身心障碍福利基金会服务已达 1 年，从 USF 回来后至今持续在同一家基金会服务。至于 USF 的 NPO 课程训练与目前工作的契合程度如何，S9 直言由于没有担任主管工作，一直在做较深入的专业部分，因此契合度比较低；尤其，S9 也不认为当时的研修知识经验可以转化到目前的工作上，不过之前在担任主管时，那些从 USF 习得的 NPO 知识，多少还是对工作有帮助的。此意味着 USF 的 NPO 研习课程内容对于机构的主管阶层的效益较大。

3. 价值态度

众所周知，要影响或改变成人的价值态度并不容易。的确，比较起知识技能与工作生涯两个方面，USF 的 NPO 管理研修课程对于学员的价值态度的影响与改变程度最轻，譬如 NPO 的决策治理态度的改变与对 NPO 人员的典范效法，10 位学员中只有少数的学员表示在这方面的价值与态度确实受到影响。

(1) NPO 决策治理态度的转变

在治理态度的转变方面，S1 原本是在 LN 基金会担任执行长并兼董事一职。1998 年夏天从美国旧金山大学暑期研修回来后，对于 NPO 的人员可否一人同时担任董事与执行长双职，在观念上与做法上有很大的改变，认为宜专任行政职，让董事会的功能充分发挥出来。S1 坦言这项决定是受了 USF 暑期研修课程的影响而有此态度上的转变（S1 访谈，2003/5/25）。

（2）对 NPO 组织管理态度的转变

S2 强调的是 USF 暑期 NPO 研修课程有助于其开发一套逻辑思考的脉络系统，使其增进能力，将过去的 NPO 实务管理经验重新做一整理，并将思考所得的想法与经验与他人分享。同样地，S7 也表示该次研修对其尔后的管理态度上有所影响，她认为在 USF 的研修，使她体会到非营利组织专业化与制度化的重要性。由于有了这层的体会，目前她会要求在自己主持的草根性基金会所成立的合作社要作研究，同时也持续在做该组织内部建制化的工作，譬如财务的内控与透明机制、上下之间的权责分明、行政程序等（S7 访谈，2003/6/25）。

（3）增强对 NPO 典范价值的效法

S3 目前是一家全台湾地区性儿童福利基金会的执行长，她认为该海外 NPO 管理课程对她的影响颇大，她从 USF 所安排授课老师的实务与理论兼备，以及授课内容的丰富与活泼，感受到 NPO 里的典范存在。S5 也表示，USF 暑期 NPO 研修对其个人最大的影响即是看到在 NPO 部门服务的生涯典范，她从 USF 安排的授课老师身上认识到日后自己在 NPO 部门里，也可以成就自己在该领域里实务与理论兼备，有实力与热诚传授知识与经验给其他广大 NPO 的服务人员（S5 访谈，2003/4/10）。显然，S3 与 S5 均表示 USF 暑期 NPO 研修对她们个人最大的影响即是看到在 NPO 部门服务的生涯典范，亦即从 USF 安排的授课老师身上认识到日后自己在 NPO 部门里，若努力也可以成就像 USF 授课老师那样实务与理论兼备，既有热诚又有实力而能传授知识与经验给其台湾地区社会广大 NPO 的从业人员。

综合以上学员的影响评估分析，作者将这 10 位学员在知识技能、价值态度，以及工作生涯所受到的影响整理成表 8－7。整体来看，根据该表显示，这 10 位学员在知识技能层面受到 USF 暑期 NPO 管理研修课程的影响最大；次之是工作生涯的影响；最后才是价值态度。从表 8－7 也可明显发现，USF 的 NPO 管理研修课程对于约半数稍多的学员在知识技能、价值态度以及工作生涯这三个方面都有所影响；而另外半数学员明显只在知识技能上受到影响，而受其他两个方面的影响程度较轻。

表 8－7　USF 暑期 NPO 研修对学员的知识技能、价值态度与工作生涯的影响

USF 暑期 NPO 研修影响学员的层面	个别学员									
	S1	S2	S3	S4	S5	S6	S7	S8	S9	S10
1. 知识技能										
①NPO 知识、经验的分享与扩散	✓	✓	✓	✓	✓	✓	✓	✓	✓	✓
②增强对 NPO 管理新知的吸收与整体分析的能力		✓		✓	✓	✓	✓			
③继续在 NPO 或相关的领域上进修更高的学历	✓	✓	✓		✓	✓		✓		
2. 工作生涯										
①持续在 NPO 部门服务	✓	✓	✓	✓	✓		✓		✓	✓
②对目前自己的工作所需 NPO 管理技能确有相关与助益	✓	✓	✓	✓	✓					
③对目前自己任职的 NPO 的整体组织运作、管理、发展确有助益	✓	✓	✓	✓	✓					
3. 价值态度										
①对 NPO 的决策治理态度的转变	✓	✓								
②对 NPO 的组织管理态度的转变	✓	✓	✓	✓		✓	✓	✓		
③增强对 NPO 典范效法的价值			✓		✓					

（三）小结

由以上的分析显示，1998 年的旧金山大学暑期 NPO 管理研修方案的执行结果，在初始的结果评估方面，课程设计与规划上，除了一般导论的课程以外，其他 4 项课程均持高度肯定的态度，同时对于学员的能力有增进的作用。学员同时也肯定 INOM 在师资方面安排的用心，特别值得强调的是所有的师资均具备实务工作的经验，能够很贴切地利用许多实务经验传递有关的知识。至于在机构参访的规划与执行上，普遍来说，每位学员均表示他们对某一类型的机构特别感到有兴趣，或者印象特别深刻，若再更进一步了解，多数学员所喜好的机构均和他们过去与现在的工作背景有很大的关联性。

有关影响评估的部分，对于学员回台的这5年内(1998－2003年)所产生的影响以知识技能的影响层面最深，而此方面上则是以NPO管理知识技能的获得、分享与扩散最为明显；另外在激励学员进一步研读NPO相关领域的硕士班或博士班，以充实自己在NPO管理的学识丰富上，也有显著的效果；也有少部分学员认为该研修对其个人在NPO管理的整体脉络整理与分析能力的增强，有显著的影响。

其次是工作生涯层面的影响，绝大多数学员至今仍坚守在NPO部门服务，且有半数的学员表示，该研修所习得的知识经验对于他们目前工作所需的管理技能，二者的契合度很高，且对所服务的NPO的整体运作与发展有所助益。最后，有少数学员认为价值态度层面的影响确实发生作用，另外，多数学员认为在NPO管理态度转变上，的确受到显著的影响。

前已提及，1998年台湾地区NPO管理海外研修计划的目的有五，其中前四项是：①充实台湾地区非营利部门的种子人才的管理能力；②经由对美国非营利组织管理的理论与议题的研读，增进对于美国非营利组织的发展与管理的深入了解；③与美国非营利组织的管理人交换实务工作的经验，如此可以将习得的知识运用在实务上；④增强台湾地区非营利部门彼此的共识与管理知识。显然，以该研修计划当初规划的目的来说，目的①～④虽不能说已充分达成，然而起码达到八成，应是可以被接受的评语。

第五节 意义与结论

本章首先建构影响评估理论的概念架构，再根据此评估理论所强调的主要变项，探讨台湾地区亚洲基金会在1998年推动的NPO管理海外研修成果，特别是对于参与研修课程的学员的影响评估分析。经由深度访谈和焦点团体等方法,通过参与学员的回顾与讨论,获致不同学员对于该方案的主观评价。虽然每个学员历经5年的人生变化,其各项NPO相关的理念、态度与行为的改变不必然全部为《海外研修方案》所造成,但是不可讳言,该方案对大多数参与的学员来说,对其尔后的工作生涯都有不同程度的冲击与转变。

台湾地区亚洲基金会在1998年推动海外研修方案的规划,且以"项目"的形式推动,聘专人负责方案的规划与执行,推动的步骤从项目经理实地至美国拜访提供NPO管理课程研习的学术机构,至研拟具体方案、选择受训的机构、原方案与研习机构提议方案内容的讨论与修订、学员的甄选、行前的课程研习与要求研习机构教授来台了解台湾地区NPO的状况与学员的需求的过程。这些必要的步骤反映出该组织遵循了一定的规划程序与决策的特色。

海外研修课程的行前准备的一个显著特色,即安排旧金山大学Michael O'Neill教授在1998年6月来台湾地区访问一周,实地了解台湾地区NPO的现况、学员对课程安排提出的需求,以及暑期研修方案实施的步骤与行政细节。从台湾地区亚洲基金会安排两场研讨会的讨论与报告中所呈现有关台湾地区NPO现况与面临的问题,回美国后与各科授课老师分享,使其在暑期教学时更契合台湾地区的需要,同时有利设计一套符合台湾地区学员需求的课程。

整个海外NPO研修决策过程一个重大的缺点即是时间的仓促。从决定要推动到正式实施的时间约莫是4个月,时间上仓促了些,因此原本希望学员能够到机构实习,在实务运作上也变为不可行。原因在于参与的学员要到1998年的4月底才选出,因此旧金山大学不太可能根据这些学员个别需求来安排他们到机构实习。

影响评估的分析标准是以影响评估概念中的三项观察指标,即知识技能、工作生涯以及价值态度,来检视学员在这三方面的改变程度。整体来看,这10位参与研修的学员在知识技能层面受到USF暑期NPO管理课程的影响最大,然后是工作生涯的影响,最后才是价值态度。

就知识技能层面剖析,学员全都表示在NPO的管理知识、经验的分享与扩散上受到的影响最大,并且回台后在这方面可有所作为。有超过半数学员研修课程回台之后,受到鼓励而决定在 NPO 的管理或相关学术领域如社会福利、社会工作、企业管理等继续进修硕士或博士学位。另有半数的学员认为,此海外研修课程有助于他们整体、系统的分析能力的增强,且对于他们日后在管理新知的吸收有所助益。

就工作生涯层面剖析,这 10 位学员参加研修当年都是在 NPO 服务,回台五年后,调查显示 10 位学员中有 8 位依旧持续在此部门服务,且 8 位学员中有 6 位是在原机构服务,未曾变动过。此结果说明了学员参加 USF 的 NPO 管理课程有助于他们增强持续留在此部门(甚至是原机构)服务的信念。再者,有半数的学员认为,此次研修课程对于他们目前工作所需的管理技能二者确实有相关性,对他们的管理工作有所帮助,进而对于他们目前任职的非营利机构,无论是在运作、管理与发展等层面,整体而言均有所帮助。

固然,USF 的 NPO 管理研修课程对于半数学员在知识技能、价值态度以及工作生涯三个方面皆有影响;然而,另外半数学员明显只在知识技能上受到影响,而受其他两个方面的影响程度极微。值得注意的是,在这三个方面皆受影响的学员中,高阶管理职位的学员多过中阶主管或非主管的学员。这是否意味着 USF 的 NPO 管理研修课程对于高阶主管来说较为受用? 此值得未来有意从事规划此类研习方案者深思。

最后,本文强调,影响评估着重于对已完成的方案在经历过一段时间后给予其实施成果(outcome)价值判断,尤其重视的是方案的参与者对于方案推动后的需求满足程度及其内在感受的响应,此具有“第四代评估”珍视以人为本的精神,而不再一味以测量数据作为评估的重点。总之,本影响评估已达成评判“台湾地区 NPO 管理人才海外研习方案”实施成果达至何种程度、提供资助者台湾地区亚洲基金会关切有关该方案资源配置有效性的信息,以及提供该机构或其他公私立机构在 NPO 管理人员海外培训方案决策的信息,以利其未来类似方案的复制或延伸的参考。

关键术语

影响评估(Impact Evaluation)
产出评估(Output Evaluation)
以结果为基础的评估(Outcome-based Evaluation)
过程评估(Process Evaluation)
第四代评估(Fourth Generation Evaluation)
亚洲基金会(The Asia Foundation)
台湾地区亚洲基金会(Asia Foundation in Taiwan)
台湾地区非营利管理人才暑期海外研习方案(The Program of Overseas Summer Study on Nonprofit Management for Taiwanese Participants)
知识技能(Knowledge and Technology)
价值态度(Value and Attitude)
工作生涯(Professional Career)

复习思考题

1. 从本影响评估的个案研究的讨论过程中,对于影响评估的理论观点、研究途径、如何运用于个案分析,以及对于推动方案的组织、参与学员的影响等议题,你个人有何心得与反思?

2. 在本章的讨论里,强调影响评估的研究途径除了采用以目标达成为基础的途径外,尚需重视以需求满足为基础的途径,理由为何?

3. 若你是一家 NPO 的主管,负责规划一项 NPO 管理人才的海外研修计划,你会如何进行?有哪些事项是特别值得关注的?

参考文献

亚洲基金会,全面提升台湾地区基金会人力暨成立基金会中心(Foundation Center)3 年计划,亚洲协会文件,1993。

台湾地区亚洲基金会,*Letter of Contract*, No. 32 - 022, 32 - 05901, 1997/6/11, AFIT 文件,1997。

台湾地区亚洲基金会,海外研修当选名单,AFIT 文件,1998。

官有垣:《半世纪耕耘:美国亚洲基金会与台湾地区社会发展》,台湾智胜文化公司2004年版。

Choate, A., Letter from Choate to AFIT with regard to NGO Center, 1998/3/12, The Asia Foundation Document, 1998.

Gredler, M. E., *Program Evaluation.* Englewood Cliffs, New Jersey: Prentice-Hall, Inc., 1996.

Guban, E. G. and Y. S. Lincoln, *Fourth Generation Evaluation.* CA: Sage Publications, 1989.

INOM, USF, Training Non-governmental Organization Leaders from Taiwan: A Proposal to the Asia Foundation, 1998/4/24, The Asia Foundation Document, 1998a.

USF- INOM Taiwan Nonprofit Training Program, Evaluation Summary, The Asia Foundation Document, 1998b.

Lu, Wan-pin, Letter from Lu Wan-pin to Michael O'Neil, 1998/3/26, The Asia Foundation Document, 1998a.

Letter from Lu, Wan-pin to Charles Freeman, with respect to Taiwan Program, 1998/5/1, The Asia Foundation Document, 1998b.

Martin, L. L., and P. M. Kettner, *Measuring the Performance of Human Service Programs.* C. A.: Sage Publications, 1996.

O'Neill, M., Letter from Michael O'Neill to Lu Wan-pin with respect to Visit and Program, 1998/4/4, The Asia Foundation Document, 1998.

Owen, J. M. and P. J. Rogers, *Program Evaluation: Forms and Approaches.* CA. Sage Publications, 1999.

Rossi, P. H., H. E. Freeman, and M. W. Lipsey, *Evaluation: A Systematic Approach.* CA. Sage Publications, 1999.

Royse, D., B. A. Thyer, D. K. Padgett, and T. K. Logan, *Program Evaluation: An Introduction.* Belmont, CA: Wadsworth/Thomson Learning, 1999.

Schalock, R. L., *Outcome-Based Evaluation.* New York: Kluwer Academic/Plenum Publishers, 2001.

Strauss, A., and J. Corbin, *Basics of Qualitative Research: Grounded Theory Procedures and Techniques*. London: Sage, 1990.

The Asia Foundation, The Program of Oversea Summer Study on Nonprofit Management for Taiwanese Participants, 1998/3/10, The Asia Foundation Document, 1998a.

Letter of Contract, No. 32 - 531 - 32 - 06201, 1998/5/19, The Asia Foundation Document, 1998b.

CHAPTER 9

第九章

逻辑模式的省思

——以弱势家庭服务为例*

张英阵　暨南国际大学社会政策与社会工作学系副教授

许雅惠　暨南国际大学社会政策与社会工作学系副教授

* 本文的部分内容来自2005年度“内政部”儿童局所补助的“隔代、单亲及原住民弱势家庭儿童少年外展服务区域督导计划”，作者在此特别感谢“内政部”儿童局及参与此计划的所有机构与工作人员。

▶ 学习重点

1. 认识逻辑模式的基本架构与理念。
2. 认识绩效所包含的效率、质量与效能三个方面。
3. 了解逻辑模式如何运用于实务工作。
4. 了解逻辑模式在实务运用上可能遭遇的困难。

本章简介

方案管理过程本身确实是一个相当复杂的过程，但是实务工作者需要一个简单的架构来执行方案。逻辑模式是20世纪90年代以后逐渐发展出的一种比较简单的方案管理模式，它强调方案需要有基本假设与理论，且依据理论与假设规划方案的活动，并将方案的过程和成效与理论假设联结。逻辑模式的发展也可说是因应社会大众对方案绩效的期待，但问题是如何界定方案的绩效？过去习惯以服务的效率代表绩效，近年来则必须兼顾效率、质量与效能三种观点。本文作者将以实际参与协助10个机构运用逻辑模式的经验，说明该模式在实际运用上所遭遇的困难。

我们尝试将逻辑模式运用于10个提供隔代、单亲及原住民弱势家庭儿童少年外展服务方案的机构。在基本假设方面，我们发现多数的方案管理者并没有足够的时间去阅读与服务方案相关的专业文献，在设计方案之前也缺乏问题分析与需求评定，以致难以制订出比较明确的方案目标与目的。在输入方面，多数的方案管理者具有专业背景，可惜年资较浅且人员流动率高；管理阶层在服务绩效的理念与技术支持仍不足。但是，若有赞助单位的要求与期待，方案管理者还是愿意从效率、质量与效能三个观点呈现绩效。在活动方面，多数方案管理者依据赞助单位所补助的项目规划服务策略，而不是循逻辑模式依照基本假设提出活动内容。在输出与成效方面，多数的方案管理者仍习惯以效率的观点呈现服务绩效，有系统地运用量化与定性评估方法仍有待加强。

第一节　方案绩效与逻辑模式

对于绩效的重视,始于20世纪50年代及20世纪60年代美国加州兰德公司(RAND)为美国国防部所做的"系统分析"(system analysis),也称为"成本效益分析"(cost-effectiveness analysis)。兰德公司的计划促成了"方案计划预算系统"(Planning Programming Budgeting Systems, PPBS)①,并于20世纪60年代约翰逊(Lyndon Johnson)总统任内,PPBS从国防部被引进到其他政府部门。后来因为PPBS不适用于国防部以外的政府部门,美国其他政府部门才开始大量运用"方案评估"(program evaluation)方法以监控政府部门的行政执行与效率(Hatry, 1999)。美国于1993年,通过《政府绩效与成果条例》(the Government Performance and Results Act of 1993, GPRA)之后,美国政府与民间组织,特别是在美国联合劝募(United Way of America)与W. K. Kellogg基金会等的倡导下,使得绩效成为政府与民间赞助组织的重要考虑。

在1990年之前,非营利组织大都以输出及经费支出来呈现绩效。可是近年来,非营利部门面临更大的挑战,意即非营利组织的方案必须能测量出服务使用者生活的改善情况(Hatry, 1999; Poole, Davis, Reisman, & Nelson, 2001)。许多经费赞助者不再满足于仅是支持善事而已,还进一步要求有效地做善事(Ristau, 2001)。美国的联合劝募、W. K. Kellogg基金会及都会研究中心(The Urban Institute)认为有效的方案可以运用逻辑模式来管理方案(Hatry, 1999; United Way of America, 1996; W. K. Kellogg Foundation, 1998; 2004)。

逻辑模式的基本精神在于展现方案如何有效运作。首先需确认方案的基本假设与理论,并将方案的成效与方案的过程和理论假设做适当的联结。逻辑模式本身及其操作过程有助于思考、规划及沟通方案的目的及确实达

① 方案计划预算系统大约于1962年始于美国国防部,是一种以绩效成果为基础的预算系统。传统的预算系统是详细列出各项可能的支出再来分配资源,方案计划预算系统则是在预算的过程中,以预计达成的成果来分配资源。

成这些目的(W. K. Kellogg Foundation,2004)。所以,逻辑模式不仅重视方案的过程,也重视方所要达成的结果。若从方案管理的角度来看,逻辑模式有助方案评估者与实务工作者的沟通(Hernandez,2000),让实务工作者在管理过程中有更多的参与,并从逻辑模式中学习方案与组织的运作能力(W. K. Kellogg Foundation,2004)。从图 9 - 1 中,我们可以看出逻辑模式的基本操作过程。

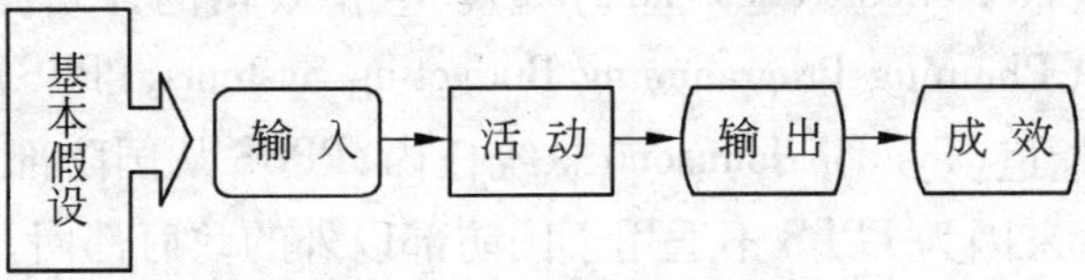

图 9 - 1　逻辑模式的基本架构

台湾地区的联合劝募(United Way of Taiwan)也于 2000 年开始引进美国联合劝募的逻辑模式,期待申请补助的非营利组织运用逻辑模式以提升方案的绩效(陈文良,2005)。同时也参考了美国联合劝募的 *Measuring Program Outcomes: A Practical Approach*(United Way of America,1996),编印了以成效评量为导向的方案设计手册(中华社会福利联合劝募协会,2003),并通过种子教师训练及说明会向台湾地区的社会福利机构介绍逻辑模式。

关于绩效方面,W. K. Kellogg 基金会的逻辑模式强调输入、活动、输出、成效与影响;美国联合劝募则认为绩效应重视输入、活动、输出、成效,而且将成效又区分为短期成效、中期成效与长期成效(United Way of America, 1996);美国都会研究中心从事方案评估与绩效测量的研究历史悠久且有许多重大成就,该中心认为绩效的项目应包括:输入、过程、输出、成效,且成效可分为过程成效与终极成效,而服务质量是一种特殊的过程成效(Hatry, 1999; Morley, Bryant, & Hatry, 2001)。我们认为 Martin & Kettner(1996)所提出的绩效评估可包括上述的观点。Martin & Kettner 认为绩效评估可包含责信的三个方面,意即效率的观点、质量的观点与效能的观点(参阅图 9 - 2, Martin & Kettner, 1996)。效率的观点重视的是服务的输出;质量的观点可用质量输出来衡量;而效能的观点强调的是服务的成效,从图 9 - 2 所呈现的回馈系统也可看出方案执行过程与结果的联结。接下来,我们将以实际参与的一个弱势家庭服务计划为例,说明逻辑模式和绩效的概念如何运用于实务工作,以及在运用上遭遇哪些困难。

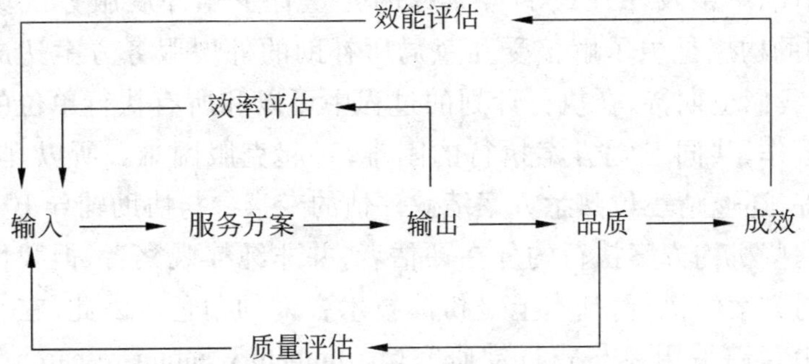

资料来源:Martin & Kettner(1996:8)。

图 9-2　绩效评估模型

第二节　评估方法与设计

2004 年,我们将逻辑模式与 Martin & Kettner(1996)所提出的绩效评估模式引进"内政部"儿童局的"危机单亲家庭弱势儿童少年外展服务计划"。在 2004 年,我们以连续两年接受"内政部"儿童局所补助的"危机单亲家庭弱势儿童少年外展服务计划"的机构为对象,共有宜兰县、台中市、台南市、高雄县及高雄市五家机构参与。我们访视机构平均每一个半月一次,向方案管理者介绍逻辑模式与 Martin & Kettner(1996)的绩效评估模式者,并和实务工作者一起讨论方案的发展、方案执行及方案绩效评估。由于 2004 年参与的机构区域分布太广,所以 2005 年度的评估计划在与儿童局商讨之后,决定缩小区域范围。因此,2005 年度"隔代、单亲及原住民弱势家庭的儿童青少年外展服务计划"是以中部地区,台中县、台中市、彰化县与南投县经儿童局核准补助的机构为原则。我们仍旧采用 2004 年的工作模式,以行动研究的精神和中部 4 个县市的 10 个机构,共同以逻辑模式的精神执行"隔代、单亲及原住民弱势家庭的儿童青少年外展服务区域督导计划"。

（一）参与式行动研究

“隔代、单亲及原住民弱势家庭的儿童青少年外展服务区域督导计划”最初的构想是想了解接受儿童局所补助的外展服务方案达成了哪些绩效，但我们也期待，在执行计划的过程中可以和所有执行单位的工作伙伴一起合作，共同发觉方案执行的困难，一起克服困难。所以，除了两位作者之外，还邀请三位熟悉方案绩效评估的专家参与协助辅导10个机构。我们是这些机构方案执行的外在评估者，并非纯粹观察者，但我们也没有直接参与方案的执行，基本上是扮演技术咨询的角色。因此，在整个计划的过程中我们采用参与式行动研究（participatory action research，PAR）的精神。

当代的行动研究法并不企图去发现人类行为的普遍法则，也不认为行动研究法可作为社会工程的再教育，而是更强调意识的唤醒（awareness-raising）及增强权力（empowerment），并且重视研究者与实务者的合作，使实务者也成为共同研究者，研究者的主要角色是做催化、触媒。依据行动研究的精神，参与式行动研究的特色在于研究者与被研究领域的利害关系人一起合作、共同参与。此一方法论强调的是借由社会变迁解决实际的问题，也因为强调合作的本质，参与成员之间是否彼此信任与尊重、如何处理不同的观点与做法都是一大考验。同时，参与者之间能否权力共享以及是否能从过程中充权，也是参与式行动研究必须掌握的权力关系（Gosin，Dustman，Drapeau & Harthun，2003）。Green，Daniel & Novick（2001）认为：参与式研究的核心不在于运用哪些特定的方法，而是研究者的态度问题。研究者的态度会直接影响到研究的设计与执行（引自 Gosin，Dustman，Drapeau & Harthun，2003）。

（二）评估方法

Scriven（1967）最早将评估分为形成性评估与总结性评估。形成性评估的目的在于，支持改善的过程，强调的是确认方案的优势与缺失。总结性评估是想要了解方案的成效与影响，进而决定方案是否持续（请参阅表9－1）。

Patton(1986)认为形成性评估比较具有行动取向,而总结性评估则偏向结论取向(引自 Clarke,1999)。我们在协助机构执行"隔代、单亲及原住民弱势家庭的儿童青少年外展服务计划"时,建议他们同时采用形成性评估与过程评估,过程评估以逻辑模式的原则,分析方案管理的过程,这个过程包括方案管理的主要工作项目:文献探讨、问题分析、需求评定、方案目标与目的的设定、服务策略、人力资源、资源开发、方案预算、评估设计与程序、评估指针与工具、成本效益及评估报告等12项;在总结评估部分,则采用前述 Martin & Kettner(1996)的绩效模型,同时考虑效率、质量与成效三种观点。

表9-1　评估的类型

	形成性评估	总结性评估
关心对象	方案管理者/实务工作者	决策者、赞助者、社会大众执行的问题
资料搜集重点	厘清目标、执行的过程、确认结果	结果测量
评估者角色	互动	独立
方法论	同时使用质量,但偏重视质化	重视量化
数据搜集频率	持续追踪	有限的次数
报告过程	非正式的团体讨论与会议	正式报告
报告频率	整个过程	评估完成

来源:Herman et al.,1987(引自 Clarke,1999)。

(三)参与对象

这一行动研究计划的参与者有我们的区域督导团队与接受儿童局经费补助的非营利组织。我们的区域督导团队除了两位作者之外,还有3位具有丰富社会工作实务经验的社会政策与社会工作博士候选人。而参与此次以逻辑模式执行"隔代、单亲及原住民弱势家庭的儿童青少年外展服务计划"的非营利组织以台湾中部地区,台中县、台中市、彰化县与南投县经儿童局核准补助的机构为原则,共有10个机构(参阅表9-2)。

表 9-2　参与计划的非营利组织

机构名称	代码	方案名称	所在地
财团法人××基金会	TC1	危机单亲家庭外展服务计划	台中市
社团法人××促进会	TC2	隔代单亲弱势家庭的儿童少年外展服务计划	台中市
社团法人××小区发展协会	TC3	隔代单亲弱势家庭的儿童少年外展服务计划	台中市
财团法人××基金会	TC4	弱势家庭儿童关怀服务	台中市
社团法人××协会	TC5	弱势家庭子女外展服务计划	台中县
财团法人××基金会	CH1	隔代教养弱势家庭的儿童及少年外展服务计划	彰化县
社团法人××协会①	CH2	隔代、单亲及原住民弱势家庭的儿童少年外展服务计划	彰化县
社团法人××关怀协会	NT1	隔代单亲原住民弱势家庭的儿童少年外展服务计划	南投县
社团法人××发展协会	NT2	危机单亲弱势家庭的儿童少年外展服务计划	南投县
社团法人××建协会	NT3	隔代、单亲子女教养及辅导计划	南投县

（四）行动研究的过程

1. 区域联合督导

从 2005 年 5 月开始，每个月由两位总督导（本文作者）共同主持区域督导会议，参加人员以方案管理者与执行方案的工作人员为主。第一次会议的重点是向各机构说明整个计划的运作，以及各方案管理者须共同合作的项目。往后的月例会，每位方案管理者提供书面数据，报告每个月的评估进度。各方案管理工作人员可学习服务执行经验，并解决共通的问题，也同时提供情绪支持。顾及机构与儿童局相关人员参与的便利性，区域联合督导的场所都在儿童局办公室所在地——台中市举办。

2. 机构访视

从 2005 年 4 月开始，每个月由区域督导团队分别前往各机构，以约两小时的焦点团体座谈方式进行，邀请机构方案管理者或个案管理者与相关人

① CH2 计划核准较晚，其执行期间为 2005 年 9 月至 12 月。

员参加，主要针对“方案执行评估表”所拟订的主题依序进行，包括：文献探讨、问题分析、需求评定、方案目标与目的的设定、服务策略、人力资源、资源开发、方案预算、评估设计与程序、评估指标与工具、成本效益及评估报告等12项。评估表格按执行阶段由参与研究机构填写，以电子邮件与研究小组先进行文字讨论，并于访视与评估会议中进行讨论与修正。区域督导也提供了相关学术资源，而方案执行机构则提供其实务见解，彼此脑力激荡，在此过程当中慢慢修正方案相关内容细节，并寻求解决之道。

3. 社会工作专业方法研习

经过分析各机构方案管理者的学历、经历之后，了解工作人员的专长以及执行方案所欠缺的专业知识与技能，并征询方案管理者的意见之后，我们规划了专业方法研习课程。原则上搭配区域联合督导，1个月1次。课程包括：服务绩效、社会个案工作、社会团体工作、个案纪录、家庭社会工作、认识隔代教养的问题、需求评定的方法、方案规划技巧、方案评估技术、数据处理与分析、撰写评估报告、国外弱势家庭服务的成功经验等。

4. 高层主管联系汇报与高层管理研习

每3个月召开机构高层主管联系汇报，并邀请儿童局相关业务主管参与研讨交换意见。汇报的主要目的是希望机构主管提供一个良好的管理支持环境，让方案管理者顺利执行绩效评估。也借此会议激励管理者营造一个重视绩效的组织文化，以及强化组织的能力。同时，也通过高层主管联系汇报了解机构主管的管理智能需求，每3个月安排一次高层管理研习，帮助机构主管强化组织管理能力。研习内容包括：服务绩效、人力资源管理及社会资源开发。

5. 方案执行成果展示

为了促进与提升各机构之间的交流与观摩学习，我们于2005年12月30日在台中市财团法人维他露社会福利基金会举办成果发表会。邀请“内政部”儿童局和所有申请儿童局“隔代、单亲及原住民弱势家庭的儿童青少年外展服务方案”与“外籍与内地配偶家庭外展服务方案”的机构主管与方案执行者参与经验分享。

（五）资料搜集

为了了解 10 个机构的方案执行过程与成果，我们采用多元的方法进行搜集数据，主要的方式包括下列 6 种渠道：

1. 方案执行评估表

我们依照方案管理过程的步骤，设计各执行阶段的评估表格，总计有 12 张表格，分别是：文献探讨、问题分析、需求评定、方案目标与目的的设定、服务策略、人力资源、资源开发、方案预算、评估设计与程序、评估指标与工具、成本效益及评估报告等。每张表格都需要描述各阶段的主要工作、机构执行此工作的优势与缺失以及如何克服缺失等内容。各执行阶段所需填列的表格由机构的方案管理者填写，以电子邮件与评估小组先进行文字讨论，并于联合督导会议及机构访视中进行讨论与修正，有利下一阶段的方案修正与执行。从这些表格中，我们可以了解方案管理者在执行方案的过程中所遭遇的困难，以及可能获得机构的哪些支持以解决问题。

2. 区域联合督导与高阶联系汇报

由于每个月的区域联合督导会议及每季的高阶主管联系汇报，儿童局与县市有关部门的相关人员也都会出席。通过这些会议，机构主管与方案管理者不仅可反映问题，并可共同解决问题。我们通过此会议，了解方案执行的困难与方案管理者需要哪些协助。

3. 定期机构访视

原则上区域督导每个月前往各机构，每次约两小时的时间和机构主管、方案管理者或个案管理者与相关人员，依序讨论方案执行评估表所拟订的 12 项主题。区域督导在督导会议中或以书面数据陈述各机构执行方案的状况。

4. 期中访视

方案执行 5～6 个月后，我们为了要了解各机构执行的进度，特别邀请儿童局与县市有关部门进行期中访视。在原始计划中并未做此安排，也因为区域联合督导及机构访视中，方案管理者反映了一些执行的困难，可能需要政府主管单位与总督导与机构沟通,所以特别做此安排。

5. 方案执行经验分享及评估报告

于2005年12月30日举办一场方案执行成果发表会。共有6个机构发表成果,其中有4个机构是参与本计划的机构,有两个机构是没有参与本计划的机构,也可从中了解比较机构如何呈现方案绩效。

6. 个别深度访谈

为了进一步了解方案管理者对方案绩效管理运作的看法,由我们的硕士班研究生助理负责针对8个机构的方案管理者进行深度访谈。其中有一个单位单纯以课业辅导为主,另一个协会参与计划的时间较晚,所以有两个机构没有做深度访谈。访谈的重点包括:方案管理者的基本背景,运用逻辑模式的困难,机构的管理支持等。

第三节　逻辑模式的运用

在这一节中,我们将从督导的过程中,方案管理者所填写的12张表格、督导访视感想、区域督导会议、高层主管联系汇报所讨论的内容以及深度访谈的结果,来说明机构以逻辑模式执行方案所遭遇的困难。我们的12项方案管理工作尽可能符合逻辑模式运作的精神(参阅表9-3)。

表9-3　逻辑模式的运用

逻辑模式的架构	逻辑模式的运用
基本假设	文献探讨、问题分析、需求评定、目标与目的
输入	人力资源、资源开发、方案预算
活动	服务策略
输出 成效 }	评估设计与程序、评估指针与测量工具、成本效益分析、评估报告

(一) 基本假设

逻辑模式的基本假设强调的是,方案所要解决的问题或议题,以及解决问题的理由(W. K. Kellogg Foundation,2004)。在实际的运用上,我们认为在方案发展阶段的文献探讨、问题分析、需求评定与设定方案的目标与目的等工作都是在探讨方案的基本假设。

1. 文献探讨

由于参与计划的方案管理者大都具有社会工作的专业背景,我们就从社会工作的角度来探讨这些问题。社会工作者作为研究的消费者最基本的活动就是定期阅读专业文献,就如美国社会工作伦理守则第 4.01 条"能力"中指出的,社会工作者应该定期阅读和社会工作实务与社会工作伦理有关的专业文献,并定期参加持续再教育。社工到底要不要、会不会读书?而且读的书不是学校正在流行的教科书,不是为了应付社工师考试而读的书,也不是阅读补习班名师广泛搜集来的毫无章法的讲义大补帖,而是阅读有关自己实务工作领域中,最新的专业文献。到底阅读专业文献,对以实证为基础的实务工作有何帮助呢?根据作者的观察与思考,阅读专业文献至少对方案管理者有以下帮助(张英阵,2006):

(1) 帮助社会工作者掌握服务对象的问题。

(2) 帮助社会工作者了解服务对象的需求。

(3) 让社会工作者了解处置策略的理论基础。

(4) 让社会工作者认识一些创新的处置方法。

(5) 让社会工作者了解哪些处置方法是有效的,而可参考运用。

(6) 让社会工作者了解哪些处置方法是无效的,而不再运用或更加审慎运用。

(7) 帮助社会工作者做评估设计。

(8) 帮助社会工作者运用评估指标与测量工具。

(9) 帮助社会工作者了解从事评估所需的资源。

纵然阅读专业文献对社会工作实务有那么多好处,但是英国从 1975 年的研究(Brown & McCulloch,1975)到 1999 年的研究(Sheldon, et al. ,1999)却都显示,多数的社会工作者并没有养成定期阅读专业文献的习惯(Sheldon & Mcdonald,1999),这是一个多么令人失望的发现!台湾地区参与本计划的社会工作者也面临类似的困境,绝大多数的实务工作者坦言,他们并没有太多时间阅读专业文献，许多单位并没有给予社会工作者可以进行资料搜集的渠道与机会；更甚者，部分社会工作者宣称，他们从毕业后，就再也没有进过图书馆了，对于比较方便的网络查阅与电子数据库的信息与使用也相当陌生。

当然，这绝对不是社工们不思长进所致。他们没有养成定期阅读文献的习惯，最主要的理由是，实务工作负荷太大，没有多余的时间阅读专业文献。另一个常见的原因则是，他们觉得文献对实务工作没有帮助。因为这些文献都是学术界的老师们所写的论文，真正由社工所生产的实务知识实在是少之又少。当学术界生产的知识被认为"不好用"或"不实用"之际，该检讨的又是谁？但是我们不是也有很多"热衷实务研究"的老师吗？他们研究所生产出来的实务性知识又真正提供实务处置何种贡献？抑或真如 Epstein(1996)所指出的，大多数宣称与实务有关的学术著作，充其量不过是一种以研究为基础的实务，而不是真正的以实践为基础的研究。

理想上，社会工作者在规划服务方案时，应有比较长的前置作业时间，也可以参考一些专业文献作为提供服务决策的依据。但多数的社会工作者在方案规划过程中几乎没有做文献探讨、问题分析与需求评定等工作。最主要的原因是，各机构可能都是在提送计划书截止日期之前才匆匆完成计划书，根本来不及做需求评定与阅读文献。未做文献探讨也可能是多数社会工作者在规划方案时缺乏理论架构，不重视以实证为基础的实务工作。此外，台湾地区缺乏累积相关的实务评估研究，方案规划者无法搜寻到有助于服务规划的中文文献。即使台湾地区能找到许多英文文献，但多数的工作人员碍于工作繁忙与英文阅读能力的限制，无法善用这些英文文献(张英阵、许雅惠，2005)。

2. 问题分析与需求评定

以 2005 年度机构所提的计划书来说，除了位于台中市的 TC4 计划书有专门一节陈述"问题与需求"之外，其他多数的机构几乎都是在计划"缘起"或"目的"提出一些统计数字并陈述一些问题而已。TC4 的问题与需求，主要陈述的是"内政部"的全国性的单亲家庭数据及学术著作的数据，若能找到台中市单亲家庭的统计数字或相关需求，或许更有帮助。多数机构没有详细做问题分析与需求评定，其最主要的原因是，各机构可能都是在提送计划书截止日期之前才匆匆完成计划书，还没有深入了解服务对象的问题与需求。

社会福利机构之所以提供服务方案，无非是要解决服务对象的问题与满足其需求，所以在方案规划的阶段有系统的问题分析与需求评定应是不可或缺的工作。在这些方案的规划阶段，大都缺乏问题分析与需求评定，有部分方案是依据方案规划者过去的服务经验来掌握服务对象的问题与需求。其实所有的方案规划者都有足够的能力做问题分析与需求评定，只是碍于时间因素，在计划书的阶段并未完成，或许有可能是不确定方案是否得到儿童局的补助，所以未事先投入时间与精力去做问题分析与需求评定。不过，当方案确定获得补助后，又因急着执行方案所以也未能落实去分析问题与需求。有一个机构，在方案执行一半之后也自己发觉未做好需求评定，觉得方案执行的内容似乎不是服务对象所需要的。

3. 目标与目的

多数参与本计划的机构除了举出方案的目标之外，大都再进一步提出比较具体的目的。只是在目的部分，我们期待方案管理者能够分别提出有关方案的产出、质量及成效的具体目的，但多数机构大都仅提出产出的具体目的，在质量及成效上的目的相对比较少。我们以一个描述方案目标与目的还算完整的机构为例来说明。

表 9-4 方案的目标与目的

方案目标：

- 通过亲职教育讲座，协助隔代教养、外籍配偶以及单亲等弱势家庭父母亲了解亲职教育以及亲子互动的重要性，并且通过讲座协助家长或是祖父母了解亲子教养的方法及技巧。
- 通过家庭访视，了解隔代教养、外籍配偶以及单亲等弱势家庭所必须面对的问题，以提供最直接的协助。
- 利用喘息服务，提供亲子(父母或是祖父母)互动的机会，以提升亲子关系。
- 协助隔代教养、外籍配偶以及单亲等弱势家庭使用社会资源，以建立社会支持系统，增进教养者的照顾能力。
- 通过研习活动，强化专业人员相关知能以及方案执行能力。

续表

方案目的： • 提供20户隔代教养、单亲家庭100案次家庭访视辅导、300案次电话咨商辅导服务，以掌握案主最直接的需求。 • 提供10场次，每场次预计80人，共计800人次的亲职教育讲座，以提供一般家庭以及隔代教养、单亲家庭亲职教养智能。 • 提供喘息服务一梯次，预计服务90人次，以增进亲子互动，建立良好亲子关系。 • 提供平日课业辅导，每周3次、30人，预计服务9～12月，共计1 440人次的课辅服务，以提升隔代教养、单亲等弱势家庭的学童在学业上的成就表现。 • 通过成长团体，建立课业辅导志工与课业辅导学童的关系，预计1天30人（两个团体，1个团体15人），两天共计60人次。 • 提供专业人员10次专业督导，以提升实务工作者的专业智能与增进方案服务质量。 • 提升80名相关业务承办人及高等院校社会工作相关系所教师及学生专业智能

在这个例子中，事实上我们看到方案管理者尚未完全掌握服务对象的问题与需求，希望在方案执行过程中再深入了解，另外，我们看到对于方案目标的描述还算是没有太大的问题。但目的的描述则偏重产出，在质量与成效方面比较少。或许可进一步说明亲子关系、亲职教养智能、儿童学业表现、专业知能会如何改善。

（二）输入

输入是执行方案所需要的各种资源，包括金钱、工作人员、志工、设备设施等（陈锦棠，2005；United Way of America，1996）。在方案管理过程中，人力资源分析、资源开发以及方案预算比较接近方案输入的部分。在此，我们特别讨论人力资源、管理者的支持与赞助者的期待等对方案绩效的影响。

1. 人力资源

人力通常是服务方案最重要的资源。坦白说，服务方案要成功，找到适当的人做适当的事，才能确保设计完美的方案有落实的可能。人力资源要考虑的包括人力的数量、配置和素质是否适当；而人力素质又可包括工作人员的知识、技术与特质等。这10个执行机构中所动员的人力包括：管理阶层、社工督导、社工、社工助理、外聘咨商师、家庭访视员、志工（成人志工、大专志工)、学校校长、教师等。在这些人力资源中,评估小组接触最多的也觉得最重要的人力是方案管理者与社工督导。换言之,不管这个方案是由一个社工、两个社工、甚至多达十七八个社工在共同执行,最重要的灵魂人物是那个从撰写服务计划、分配资源、开发资源、统整服务,到最后要进行成果评估、报告撰写的方案管理者。他们或许没有实际执行每一项服务策略,但是他们应是最后汇整并提出对整个方案责信保证的人。

以这10个机构的方案管理者来看,方案管理者有8位具有社工专业背景,只是资历都不深(参阅表9-5),两位非社会工作相关背景的方案管理者任职的机构都属于宗教型组织。比起2004年度的计划,2005年的工作人员流动率似乎比较低。但执行单亲家庭方案的年资普遍都比较浅,有两位资深的社工督导,执行方案的年资也都不久,而且其带领的社工都非常资浅。另外有两位较资深的社工,但是到目前机构执行此方案的时间都很短。其余的社工员多数是大学应届毕业生(有1名仍在校)。两名非社工相关科系背景的方案管理者,他们的机构并无社会工作执行方案。事实上,从表9-5可知,各机构的方案管理者,不管在社工经历上还是在机构的年资均属于资浅者,是以尽速辅导机构建立其内部与外部督导体系,将是有助于方案运作的关键。此外,我们发现部分机构有严重的人力不足问题,可能也是导致人员流动的重要因素。

表9-5　2005年底在职的方案管理者学历与资历

学历	机构年资	工作年资	方案年资
大学社工	6个月	6个月	6个月
大学社工	11个月	3年8个月	11个月
大学社工	9年	9年	1年
大学青少年儿童福利	8年	9年	1年
大学社工	11个月	11个月	11个月
大学社工	6个月	4年6个月	3个月
非社工相关科系硕士	3年1个月	14年	1年
大学社工	11年	11年	1年
大学社工系在校	6个月	6个月	6个月
大学非社工相关科系	6个月	退休转任	3个月

整体而言，若组织专业人力流动率过高，势必会影响方案的运作与绩效，组织必须克服专业社会工作人力的稳定问题，才可能展现服务方案的绩效。人员流动对工作所造成的压力，我们可以从一个已经有4年多工作经验的社工看出端倪。这位社工到机构任职接此方案时，该方案已经进行了一大半。她确实感受到工作的压力：

其实对我来讲，困难在于这个案子的管理者和执行者有更换。其实我是7月才进来这个机构，然后我大概是9月的时候角色才比较像是这个方案的管理者，……我会觉得像7月一来然后就……因为7月有课辅班然后还有……其实那是非常密集的工作的执行。然后又因为本身是执行者，然后那时候都还没有对于督导或管理方案有……因为那时候是秘书长在兼方案的管理者嘛。然后可是我觉得那一段时大家水深火热啊，结束完之后可能刚好是秘书长他离职，然后要做工作的交接。那我会觉得我在他离开之后才接这个，那已经还算这一个今年度的中后期，就是算比较后期的，最后一季的时间，然后我会觉得压力蛮大是去操作这些表格。然后甚至还有就是我要去了解这整个就是我们机构在执行的整个方案，然后还有可能会包括有区域督导的会议啊，还有一些督导的方式啊，我觉得好像都是在摸索中慢慢知道。

慢慢知道怎么去……老师（作者之一）来，要跟老师讨论什么？然后去督导会议要开什么样的会？我觉得这方面是我个人和包括我们机构刚好在这个案子有人员的更换。然后我觉得对我接的人来讲会有点压力，就是我也会想希望他能够按部就班从方案执行的时候开始写。可是也没办法，我现在才接，然后要写这个东西，然后我还实际执行访视，就是执行案子的部分，所以就同时加在一起所以我会觉得压力蛮大的。

2. 管理阶层的支持

影响方案绩效的因素中，大多数是组织能力与管理的问题，所以一个方案有没有绩效,通常方案管理者本身并不是决定性的因素,而是组织因素(Ristau,2001)。我们认为机构的高层主管能否将重视绩效形成一种组织文化,并落实在日常机构运作中是很重要的事。就这次经验来说,高层主管对2005年度的计划都相当支持,3次的联系汇报与教育训练,除了一个机构之外,都算是相当积极投入。不过,高层主管本身对绩效的认识也不足,虽然多数的机构都曾向联合劝募申请经费补助,但多数的主管对逻辑模式并不熟悉,在Martin & Kettner(1996)的绩效架构中,主管们比较熟悉的是效率的观点;虽然重视质量,但较不清楚要运用哪些指标来呈现质量绩效;对于成效的观点则相当陌生。在第一次的高层主管联系汇报中,我们请教机构主管如何要求社工呈现方案的服务绩效,显然大家的意见都有分歧,仅有一名机构的主管很明确从效率、质量与成效三方面来要求方案管理者呈现方案的绩效。也有主管表示,若依照逻辑模式与Martin & Kettner的绩效评估架构,对社工会造成很大的压力。

参与计划的10个机构中,有6位主管具有社会工作背景。唯一一位主管对绩效的看法和逻辑模式与Martin & Kettner的绩效评估架构比较接近的是一位非社会工作相关背景的主管。他认为服务绩效应该是:

> 对于那个方案服务绩效,我们大概属于第一个是量的部分,量我们到底要达到一个什么样的绩效?那我们很简单,从方案的申请我们大概是需要多少量,这些在方案里面都有的,我们就是列管从12个月,……我们就按照那个月份原则上是这样去列管的,所以量的部分我们要访视譬如说300个个案的话,我们大概需要多少,每个月需要多少。另外一个是质的部分,以往的机构来讲的话,我们主要是看社工的开案数,你认为哪一些个案是需要开案的,那么这个我们会认为他对这一个个案的了解、掌握、处置,从这个开案的部分我们来去了解他对这个服务到底是不是有一个质的标准。那么另外就是说对于一些改变,对于外籍配偶家庭这个部分,我们辅导的一些儿童、这些小孩子,比方说我们有做一些课业辅导,也搜集他一些资料,家长的问卷、小孩子的课业、成绩的一些

改变，一些行为喔，或者说学校的一些辅导老师，家庭里面他的行为的一些情况，我们都做记录，就是说在他譬如说以课辅来讲，以他来之前跟这1个学期或这1年之后，他有哪些改变，那我们有一些比较具体的指标，譬如说有没有讲粗话啦、会不会对小孩子动手动脚啦、有没有过动的情形，或是他是很懒惰啊、很勤快等。我们也设计一些东西，对家里面看看，对小孩子看看怎么样，大部分的小孩子在品格方面是有些改善喔，因为我们是一个教会团体，所以我们也蛮注重品格教育这样子。社工人员大概从这一些来看看，能不能让小孩达到这一些改变，去看看他的那个服务的绩效。

3. 赞助者的期待

非营利组织讲求责信可能来自组织内部的自律，也可能来自组织外部的要求与期待。本来非营利组织应该是自律性较强，但因为内部尚未形成绩效文化，所以就得依靠外部的压力。在外部的利益相关者之中主要的是服务对象、个人捐款者及赞助组织。由于社会服务机构的服务使用者多数是弱势族群，对供给者的服务已心存感谢，通常还没有意识对供给者有责信的要求；而个别的小额捐款者的单独力量尚难以对机构的责信提出强烈的要求；因此，比较有力量对服务供给机构产生压力的应该是赞助组织。

这10个机构的方案赞助组织除了儿童局之外，还有“中华社会福利联合劝募协会”及其他单位。在这一绩效评估方案中，儿童局以逻辑模式与Martin & Kettner(1996)的绩效架构，期待机构能对外展服务方案提出效率、质量与成效等绩效。有了儿童局这种期待，这10个机构也都能改变过去以效率为主作为呈现绩效的方式，甚至这样的期待比联合劝募还积极。不过，也因为其他赞助单位并没有类似儿童局对绩效的期待，可能会觉得执行儿童局的方案特别麻烦。参与本计划的方案管理者有多人表示，儿童局对方案的绩效期待比其他赞助单位高许多，也有数字方案管理者明白表示，若儿童局没有要求，机构暂时还不会以Martin & Kettner(1996)的模式或逻辑模式呈现绩效，最多就是呈现服务量。

（三）活动

逻辑模式的活动，在计划中主要就是各机构的服务策略。我们觉得机构在设计服务策略时过度受限于儿童局的补助作业要点，即使儿童局在经费补助项目中有特别提到"创新方案"的补助，但机构能突破创新的总是不多。服务方法不外电话访谈、家庭访视、成长团体、营队活动、课业辅导、成长课程等。至于为何会采用这些活动方法，则缺乏问题分析、需求评定的假设根据，而且电访、访视与团体又不够深入。所以，在输出方面能够具有服务量，但是未必能产生服务成效。特别是家庭访视，我们认为是与服务对象建立关系、了解问题与需求以及社会个案工作与家庭社会工作很容易发挥的方法。可惜的是，多数的方案管理者因工作负荷量高，家庭访视的次数不多，也未留下详细的访视记录，更难运用治疗性的处置。

在执行计划的过程中，我们曾经向机构介绍爱尔兰有效的弱势家庭服务策略。爱尔兰政府的儿童福利当局在2000年出版了一系列非常具有实务参考价值的小手册，其中一名为 A Guide to What works in Family Support Services for Vulnerable Families（McKeown，2000），里面以累积了多年的方案评估的实务研究资料为基础，以后设分析的方法，架构出一套"什么是有效的弱势家庭支持服务"的知识应用手册，提供给世界各国的人群专业服务者参考。

该报告指出，家庭支持是一个"伞状"的概念，包含了多元的干预方面与对象（母亲、父亲、婴儿、青少年等），也包含了多元的助人专业（家庭工作者、社会工作者、儿童照顾者、青年与小区工作者、公共卫生护士、小区妈妈、心理治疗师等）；而服务提供者也是多元，治疗取向的、儿童发展的、小区发展、青年工作等；还有以问题为焦点的，如儿童疏忽、亲职问题、家庭冲突、教育成就低落等；此外，在服务内涵与活动上，可以看到诸如家庭访视、学龄前的发展与照顾、青年团体或俱乐部、亲职教育课程等；至于服务的地点呢，可以是以居家为根据地的，也可以是临床的或小区为基础的。上述的策略都是未来规划弱势家庭服务可以参考的服务方法。

（四）输出与成效

我们的分析重点并不是这10家机构的方案有哪些输出、质量与成效，而是在探讨机构评估绩效的过程中遭遇哪些问题。所以，我们着重于方案管理者评估技术与测量工具的讨论。

1. 评估技术

在原始的方案计划书中，多数方案没有具体指出会运用何种评估方法来评估服务绩效。有少数机构描述评估工具或评估指标表，有一个机构特别指出量化评估，但未具体说明如何评估。在方案执行的过程中，我们和方案管理者共同讨论 Martin & Kettner（1996）的绩效架构，并讨论定性评估方法以及前实验设计、准实验设计与实验设计等量化评估方法。

从表9-6中可看出，评估方法的运用是所有机构都需要加强的地方。在期末成果报告中，多数的方案管理者都没有明确指出运用何种评估方法，即使在第一次的督导会议中我们已经介绍过评估方法，但方案管理者仍不熟悉评估方法的运用。在量化评估方法的运用上，多数机构采用前实验设计的单组后测设计（one-group posttest-only design），这是因为多数机构在方案规划时未有详尽的评估设计，方案开始执行之后才想到方案评估，所以只好采取较不严谨的评估方法。而多数的机构也都采用定性评估，但是由于事先未做评估规划，而个案记录与团体记录都不够详细，再加上缺乏观察记录等，所以也很难去进行定性分析。

表9-6　执行机构的评估设计

机构	评估方法	评估指标	测量工具
TC1	单组前后测设计	家庭互动 亲职功能 偏差行为 学习动机	查核表 工作人员的观察
TC2	定性评估 单组后测	学业表现 人际关系 自我肯定 学童行为	服务达标率 工作人员的观察

续表

机构	评估方法	评估指标	测量工具
TC3[①]			
TC4	单组后侧 单组前后测设计 定性评估	人际互动 自我肯定 自制能力 亲子关系 语言能力 服务满意度 服务质量	机构自行设计量表,包含下列项目: 人际互动 自我肯定 自制能力 亲子关系 语言能力 服务满意度
TC5	定性评估	学童行为 人际关系 情绪管理 上课专注力	出席率 工作人员的观察
NT1	定性评估 单组后测	服务质量	服务满意度问卷
NT2	定性评估 单组后测	服务满意度 学习成就 亲子互动 教养责任 问题行为 人际互动	服务满意度问卷 服务记录
NT3	单组后测 单组前后测设计	服务满意度 生活适应	服务满意度问卷 生活适应量表
CH1	单组后测	服务量	服务达标率
CH2	单组后测	学童行为	行为查核表

有一位资深的社工表示,对于方案绩效的资料搜集比较没有问题,但对资料的分析与整理就比较生疏。

我们可能会收集数据。可是我不知道怎么分析那些数据,就

① TC3 至我们撰写本文时还尚未完成成果报告,无法进一步分析。

是整理分析是比较困难的，甚至我们不知道原来这些数据是否可以……就是我们已经有的东西，我们跟××老师（作者之一）讲我们有什么，什么，那老师就讲其实这些东西我们可以把这些资料整理成什么样的方式，其实我觉得对于那些工具或方法我们不是很清楚。那我觉得那很细的部分是以前的学习或是以前的学校的教……就是我很少逃学啦，不过应该是没有学到，就是没有办法学到那么 detail 的那个部分。到底是说我跟这一群人谈的话然后收集到一些东西，这些东西我怎么把它转换成是……我怎么把他整理呈述成是他是绩效的一部分。我觉得像上次某老师（作者之一）就有举例啊，那我就觉得我们会更清楚一点……因为东西很多，就是表格啦或是说包括问卷也好就像这样子的谈话也好，其实跟我们服务的对象包括大人跟小孩其实收集到很多东西，可能没有把他……有些可能没有把他实时地记录下来，有些可能是东西都有了，可是不知道怎样把他整理成当作绩效可以呈现的部分，我觉得那对我来讲是比较困难的。

（二）测量工具

从表9－6中可看出，只有极少数的机构（TC4）虽然自行设计量表，但量表的项目太少恐怕在效度上有很大的问题。基本上，我们的方案管理者还不习惯使用标准化的测量工具，像是表9－6中家庭互动、亲职功能、偏差行为、学习动机、人际关系、自我肯定、亲子关系等都可能找到测量工具，可是多数的方案管理大都采用定性的观察记录，而不采用标准化量表。而社工在作评估时另一个比较大困扰是找不到测量工具，以及不熟悉使用测量工具。当然，目前在台湾地区还没有人像 Corcoran & Fischer（2000）那样，将美国社会工作员常用的测量工具汇整成一本书。台湾地区社工界只有极少数的学者研发测量工具，但数量还不多。虽然我们曾建议方案管理者参考 K. Corcoran & J. Fischer（2000）（3rd ed.）*Measures for Clinical Practice: A Sourcebook.* 及 Nurius & W. W. Hudson（1993）. *Human service practice, evaluation.*

And computers: A practical guide for today and beyond. 这两本参考工具,但涉及版权与语言的问题,方案管理者仍未使用标准化测量工具。

有关中文的测量工具,我们也请方案管理者参考心理出版社的网站,或者阅读心理出版社定期出版的教育心理出版资讯,从中可以了解最新测量工具的信息。在12月底的成果发表会中,只有一个方案使用标准化测量工具,但是这个机构并不属于参与我们计划的10个机构之内。该方案管理者是在2004年参加我们举办的方案说明会即方案评估工作坊时获得这些信息,在2005年的方案中尝试使用即是一个很好的开始。不过,我们还是要提醒方案管理者,使用标准化测量工具要注意版权的问题,记得编列方案预算时不要忘了编列购买测量工具的经费,千万不可侵犯著作权。

第四节 结 语

非营利组织对其所提供的服务方案责信的要求,本来就是一种组织自律。我们也相信多数的非营利组织都相当重视服务方案的绩效,但关键在于如何界定绩效。传统上认为绩效就是服务效率,但近年来则更重视服务质量与成效。美国的赞助组织像是联邦和州政府与联合劝募都越来越重视从这三个观点来看绩效。台湾地区的联合劝募也是如此,只是绝大多数台湾地区的各相关单位并没有此明确的绩效要求。而对许多非营利组织而言,在短时间内也很难同时兼顾绩效的这三种观点。

在计划执行过程中,也有机构本身的督导质疑,儿童局与我们的计划对方案服务绩效的要求是否是机构能力所能负荷?逻辑模式是否适用?做绩效评估到底是政府还是接受服务的人受益?社工是否真得有能力去进行评估的工作?

这些质疑都是值得挑战的问题,但我们就是想通过协助方案管理者的计划来克服上述问题。作为一名社会工作者,展现自己的工作绩效是符合专业伦理的要求,而对绩效评估的操作不熟悉,正也是我们的计划所要发挥的功能,我们最终的目标仍是期待我们的服务真正能有效帮助服务使用者,毕竟案主才应该是最大的受益者。

这个计划的主要合作对象是社工与部分社工督导，我们和机构主管的接触还是相当有限，我们只能说做到让主管们清楚儿童局与我们的计划对于服务方案服务的绩效要求什么。若主管能提供管理的支持就已算是相当不错，若期待主管们能给社工绩效观念与技术上的支持恐怕不切实际。这10个机构中，有两个机构是具有相当规模与历史的机构，不过在组织能力方面与其他机构都一样有改善的空间。由于目前仍缺乏协助非营利组织强化组织能力的非营利中介组织，或许我们还是期待台湾地区各级政府能担负起协助辅导的责任。英国政府于2004年启动一项名为“ChangeUp”的计划，希望以10年的时间协助英国的志愿性组织强化组织能力。这是一个台湾地区各级政府和志愿性组织共同合作的计划，英国政府在前两年先投入8千万英镑，希望能逐步能强化第一线提供服务的志愿性组织。这是值得我们借鉴的方案，我们也认为这是当前迫切需要做的工作。

从我们参与2005年度“内政部”儿童局所补助的“隔代、单亲及原住民弱势家庭儿童少年外展服务区域督导计划”的实际经验来看，我们以Martin & Kettner(1996)及联合劝募逻辑模式来引导机构呈现方案绩效。结果发现内部高层主管对绩效的期待与支持、方案管理者的评估技术、执行人力的稳定性、方案规划是否适当，组织外部赞助者对绩效的期待都是影响机构服务方案绩效的因素。到目前为止，我们认为机构尚无法符合Martin & Kettner(1996)模式及逻辑模式的绩效要求。我们也必须承认时间尚未成熟，因为这些机构对这些模式还未能完全熟悉。或许，我们应该耐心给机构3～5年的时间，让机构的高层主管与方案管理者逐渐熟悉逻辑模式的理念与技术。

特别是在技术层面上，社会服务的绩效有许多是无形的成效，恐怕无法发展测量工具加以测量，那么就很难符合现在对于绩效的要求。事实上，绩效专家也都承认健康医疗比较容易呈现成效，社会照顾与教育工作相对就比较困难(Davies & Nutley,2001)。另外，在组织与实务工作者的层次上，我们也必须了解组织与个人是否有意愿与能力从事绩效评估。许多组织的高层主管可能认为从事绩效评估会耗掉太多的时间去做文书工作，反而忽略了对服务使用者的服务。不过，英国及美国的社会工作伦理守则中都明确表示,实务工作者针对自己的实务工作做评估,是专业伦理的基本要求。但是,在台湾地区的社会工作伦理中并没有这样的要求,甚至也可能会有一些资深的社工挑战这项伦理要求。所以,真得要做好绩效评估,可能要如同 Davies & Nutley (2001)的建议,也就是管理者与实务工作者都需要在态度与行为上做调整改变,那么绩效的要求才能落实。

关键术语

- 绩效(Performance)
- 方案计划预算系统(Planning Programming Budgeting Systems, PPBS)
- 方案评估(Program Evaluation)
- 逻辑模式(Logic Model)
- 输入(Inputs)
- 活动(Activities)
- 输出(Outputs)
- 成效(Outcomes)
- 影响(Impacts)
- 责信(Accountability)
- 效率的观点(The Efficiency Perspective)
- 质量的观点(The Quality Perspective)
- 效能的观点(The Effectiveness Perspective)
- 参与式行动研究(Participatory Action Research, PAR)
- 形成性评估(Formative Evaluation)
- 总结性评估(Summative Evaluation)
- 问题分析(Problems Analysis)
- 需求评定(Needs Assessment)
- 目标(Goals)
- 目的(Objectives)
- 利害关系人(Stakeholders)
- 测量工具(Measures)
- 以实证为基础的实务工作(Evidence-Based Practice, EBP)

复习思考题

一、何谓逻辑模式?逻辑模式对方案管理有哪些帮助?

二、方案的绩效至少包含哪三个观点?这三个观点分别强调哪些重点?

三、运用评估方法呈现服务绩效可能面临哪些困难？如何克服这些困难？

进阶研读

高迪理译，P. M. Kettner, R. M. Moroney, & L. L. Martin 原著，《服务方案的设计与管理》，台北：扬智 1999 年版。

张英阵，《方案设计与评估》，草屯："内政部"社会福利工作人员研习中心，2002。

赵善如译，L. L. Martin & P. M. Kettner 原著，《社会服务方案绩效的评量：方法与技术》，台北：扬智 1999 年版。

魏希圣、郑怡世译，C. Robson 原著，《方案评估：原理与实务》，台北：洪叶 2004 年版。

Posavac, E. J., & Carey, R. G., Program evaluation: Methods and case studies. Upper Saddle River, NJ: Prentice Hall, 2003.

Royse, D., Thyer, B. A., Padgett, D. K., & Logan, T. K., *Program evaluation: An introduction.* Belmont, CA: Wadsworth/ Thomas Learning, 2001.

参考文献

"中华社会福利联合劝募协会"，《以"成效评量"为导向的方案设计手册》，台北："中华社会福利联合劝募协会"，2003。

张英阵、许雅惠，《单亲及原住民弱势家庭儿童少年外展服务区域督导计划》，"内政部"儿童局，2005。

张英阵，Mind the gap：研究与实务的整合，《社会政策与社会工作研究论文》（SPSW Working Papers）No. 1，暨南国际大学社会政策与社会工作学系/台湾地区社会工作管理学会，2006。

陈文良，成效评量模式的探讨：美国及台湾地区联合劝募导入经验，发表于《非营利组织的评估——绩效与责信国际研讨会》，海棠文教基金会等主办,台湾大学,2005。

陈锦棠,效果评估:程序罗辑模式的理论与应用,发表于《非营利组织的评估——绩效与责信国际研讨会》,海棠文教基金会等主办,台湾大学,2005。

Clarke, A., *Evaluation research: An introduction to principles, methods and practice*. London: SAGE Publications, 1999.

Corcoran, K., and Fischer, J. (eds.), *Measures for clinical practice: A sourcebook*, NY: The Free Press, 2000.

Davies, H. T. O., and Nutley S. M., Evidence-based policy and practice: Moving from rhetoric to reality. Paper presented at *The International, Inter-disciplinary Evidence-Based Policies and Indicator Systems Conference*. Paper available at CEM Centre, University of Durham, http://cem.dur.ac.uk, 2001.

Gosin, M. N., Dustman, P. A., Drapeau, A. E., and Harthum, M. L., Participatory action research: Creating an effective prevention curriculum for adolescent in the Southwestern US. *Health Education Research: Theory & Practice*, 18, 3, 363-379, 2003.

Hatry, H. P., *Performance measurement: Getting results*. Washington, DC: The Urban Institute Press, 1999.

Hernandez, M., Using logic model and program theory to build outcome accountability. *Education and Treatment of Children*, 23(1), 24-40, 2000.

McKeown, K., A guide to what works in family support services for vulnerable families. Dublin: Department of Health and Children, 2000.

Martin, L. L., and Kettner, P. M., Measuring the performance of human service programs. Thousand Oaks, CA: Sage, 1996.

Morley, E., Bryant, S. P., and Hatry, H. P., *Comparative performance measurement*. Washington, DC: The Urban Institute Press, 2001.

Nurius, P. S., and Hudson, W. W., *Human service practice, evaluation. And computers: A practical guide for today and beyond*. Pacific Grove, CA: Brooks/Cole, 1993.

Poole, D. L., Davis, J. K., Reisman., and Nelson, J. E., Improving the quality of outcome evaluation plans. *Nonprofit Management & Leadership*, 11, 4, 405－421, 2001.

Ristau, S., Building organizational capacity in outcome evaluation: A successful state association model. *Families in Society*, 82, 6, 555－560, 2001.

Sheldon, B. and G. Macdonald, *Research and Practice in Social Care: Mind the Gap*. Exter: Centre for Evidence-Based Social Services, Exter University, 1999.

United Way of America, *Measuring program outcomes: A practical approach*. Alexandria, VA: United Way of America, 1996.

W. K. Kellogg Foundation, *W. K. Kellogg Foundation evaluation handbook: Philosophy and expectations*. Battle Creek, MI: W. K. Kellogg Foundation, 1998.

W. K. Kellogg Foundation, *W. K. Kellogg Foundation Logic Model Development Guide*. Battle Creek, MI: W. K. Kellogg Foundation, 2004.

CHAPTER 10

第十章

非营利组织人才培训方案评估

——以2004年台湾地区北区非营利组织人才培训为例

陆宛苹　海棠文教基金会执行长
陈侣溏　海棠文教基金会项目企划部主任

▶ 学习重点

1. 了解非营利组织为何要培育人才，以及人才培育的重要性。
2. 认识人才培训与组织发展间的关系。
3. 了解何谓以成效为基础的方案规划以及如何进行方案的绩效评估。
4. 思考非营利组织该如何有系统的培育人才，并将个人的能力转换成为组织的能力。

本章简介

人力资源是组织最重要的资本，组织为了提升人力资本，必须进行教育训练以培育并发展员工的能力，而员工接受教育训练提升能力，也应能转为组织的能力以提升其竞争力。非营利组织人力资源最大的特性在于参与或进入非营利组织的人都是怀抱着期待与理想而来的，这与政府组织的依考试任用，企业组织的依薪资福利与发展，有显著的不同。本章运用绩效评估模型以及教育训练成效评估的基础，对“行政院”青年辅导委员会(简称青辅会)2004 年北区非营利组织人才培训计划进行评估，以了解在办理人才培训时的合理单位成本，以及培训对于学员以及组织的成效；同时也提供将来在执行同性质的人才培训计划时，可以学习及改进的地方。另一方面，对于将来在规划人才培训计划时，应考虑把有限的资源投入在培训什么样的人才上？是组织迫切需要的人才或是与组织未来发展有关的关键人才？整体来看，青辅会未来在规划办理 NPO 人才培训时，除了需要有清楚的定位外，更需要协助将培训后的个人能力转换成为非营利组织的能力，并组织网络以发挥综效。

第一节　导　论

非营利组织人力资源最大的特性在于参与或进入非营利组织的人都是怀抱着期待与理想而来的,这与政府组织的依考试任用,企业组织的依薪资福利与发展,有显著的不同。因此进入非营利组织工作者对组织与主管有较多的期待与要求,而非营利组织也因为资源的拮据普遍用人精简,尤其非营利组织参与者多是志愿性参与,因此在人力资源管理的设计上有许多的考虑,就像"无形的价值吸引志愿提供"、"其他部分的诱因大于薪资福利"、"付费的专职人员与不付费的志愿服务人员"等的设计,其他人力资源实务管理上重要的议题如:工作分析、招募、任用、教育训练、薪资、福利、升迁、发展、离职与绩效评估等,对非营利组织管理者来说更是经常要面对的工作,同时组织如何通过有限的人力资源发挥最大的效能也是当今非营利组织最大的课题。

人力资源是组织最重要的资本,组织为了提升人力资本,必须进行教育训练以培育并发展员工的能力,而员工接受教育训练提升能力,也应能转为组织的能力以提升其竞争力。教育训练的目的在于加强并提升非营利组织工作人员的能力,以期在工作上有所发挥,并且能够表现在工作绩效上。因此教育训练成效的评估,其重要性不言而喻。

自 1987 年以来,台湾地区的非营利组织有如雨后春笋般地崛起,以社团法人的数量为例,从 1989 年到 2000 年间,社团组织从 6 719 家增加至 16 879家;在财团法人方面,扣除医院、私立学校以及为推动某些政策而成立的财团法人之外,截至 1990 年底,至少有 3 000 家的基金会在各地方各领域提供服务。依据 2004 年基金会调查的资料显示,基金会平均工作人员人数为 11.3 人,其中专职人力为 6.8 人、项目人员 1.4 人、兼职人员 1.4 人以及义务职人员 1.7 人,可见非营利组织的人力运用是多元而弹性的。

对组织而言,除了需要结合更多资源以发挥最大功能是必备的知识与技术外,如何使组织本身能够顺利运作的管理技能也是不可或缺的。随着整体环境的改变，愈来愈多非营利组织管理者，尝试着从其他领域学习组织管理的技术，但由于非营利组织与营利组织或是政府组织在本质上有其差异性，尤其台湾地区的发展有其独特性，因而无法完全援用其他组织的技术。基于此，非营利组织便逐渐发展属于本土性的管理技能和技术，以协助众多的非营利组织能够更妥善结合和运用资源，使组织的使命能够达成。

台湾地区非营利组织的发展这几年已有长足的提升。但是观看近年来的研究或评估都发现非营利组织工作人员平均不到10人，其中专职的也只有一半；财务方面年营运费用也多在新台币1 000万元以下，多属中小企业形态，但是共同的是理想都非常伟大，在有伟大的理想引导下非营利组织急需要通过培育人才的能力，以成为组织的能力。

"青辅会"近年来，不断为提升非营利组织专业人员的核心能力，增进其服务理念与专业管理技能，及协助非营利组织健全发展而努力，期望通过培训人才、健全组织，进而能够发挥促进公民参与的功能。"青辅会"从2001年开始结合民间力量，有计划地开始办理非营利组织人才培训，从刚开始全年度只有8个研习班，一直到2004年全年度共开办了7个类别14个研习班（各年度开班资料见表10－1），在课程的规划上也从只有基础研习发展到进阶研习，都在显示非营利组织在人才培训上确实有其需求及必要性，因此对于这样一个计划的产出及绩效，实在有必要作进一步的评估。

表10－1　海棠文教基金会承办"青辅会"北区非营利组织人才培训2001—2004年开班资料一览表

年份（年）	"青辅会"委托民间办理类别及班数		本会承办班数	本会承办课程参训人数	备注/说明
2001	8类	8班	2班	42人	
2002	9类	16班	6班	165人	分北、中、南三区办理
2003	10类	36班	10班	220人	1. 分北、中、南、东四区办理 2. 包含4个进阶研习班
2004	7类	14班	7班	254人	1. 共分北、南两区办理 2. 包含两个进阶研习班
合计				681人	

台湾地区海棠文教基金会一直以来致力于非营利组织人才培育及组织发展,在非营利组织人才方面,每年均结合理论与实务兼备、营利组织与非营利组织管理技能兼具的优秀师资,办理系列性的训练课程及研讨,颇受到好评与回馈。目前已有超过2 600人次以上的非营利组织管理者及相关从业人员参加过本会举办的培训课程;同时也针对个别组织的需求,规划设计训练课程,办理组织内部训练。在协助非营利组织发展方面,除协助政府部门对其所补助或主管的非营利组织,在方案或组织方面进行评估,提出相关建议外,也协助规划建立组织内部制度,以及发展相关信息工具以协助非营利组织在经营管理上能够更有效率。由于每年执行完毕均经过检讨后发展下一年计划,本研究仅以本会于2004年所办理的台湾地区北区非营利组织人才培训计划为例,进行方案评估,以作为将来继续办理的参考依据。

第二节 文献探讨

(一)非营利组织的人才培育

1. 人是组织最重要的资本

日本企业松下电器产业有句名言:制造产品之前,先培育人才;钢铁大王卡内基也曾言:可以把厂房搬走,但是必须留下我的人。因此,人才在任何一个组织中,都是最大以及最重要的资本。人本主义心理学家马斯洛在论及企业与社会关系,曾明白指出:有了教育水平高及人格成熟、情绪稳定的员工,企业或社会才有健全的组织。

管理学大师彼得德拉克在《非营利机构的经营之道》一书中提到:工作人员的素质和表现,决定了一个组织的绩效潜能(Performance Capacity),有什么样的人才就有什么样的机构。并且说:任何一个机构都得去开发员工,毫无选择可言;机构要不就帮助员工成长,要不就变成了他们的绊脚石;要不就造就员工,要不就是摧残他们。更在《管理的实践》一书中认为:人不同于机械或其他物质资源,人力资源是可以培育发展的。

2. 教育训练与人才培育

训练与发展(Training and Development,T&D)被列为学术上的研究主题,最早是出现在科学管理及心理学的探讨。20世纪10年代,科学管理之父泰勒(F. Taylor)提出科学管理原理,提出选拔与培训员工等问题。同时期,心理学家Hugo Munsterberg也在其所出版的《心理学与工业效率》(*Psychology and Industrial Efficiency*)一书中,从心理学的观点探讨公部门的培训及选拔事宜。但开始有系统的研究培训,则是在1961年,McGehee与Thayer出版的《工商业的训练》(*Training in Business and Industry*)一书中。之后,R. Glaser,J. P Campbell,A. P Goldstein等人相继投入此领域的研究,促使训练与发展的专业立论,逐渐奠定了其学术的基础(李嵩贤,2001)。

另一方面,实务界对于训练与发展也是相当的重视。根据《训练杂志》(*Training Magazine*)的统计,美国企业每年投入250亿美元以上办理正式的训练。就整体而言,每年有将近5 000万个员工接受训练,平均每人每年接受超过30小时的训练。此外,依据学者Carnevale与Gainer的统计,从1929年至1982年,美国生产力增加26%,教育与训练也相对成长26%。

欧洲国家对于训练与发展(T&D)也愈来愈重视。以英国为例,根据英国人事与发展学会(Institute of Personnel and Development,IPD)于1999年11月份,针对600位训练经理或负责人的访问调查显示,有82.9%的人表示,其任职机构有单独编列预算,此比例比前一年的调查结果高出12.5%(李嵩贤,2001)。

由于人是组织最重要的资本,因此如何在全球化的社会中,通过人才培训,找到对的人,并将其安置在对的位置,以建立组织的竞争优势,则是一件重要的工作。一般而言,具有竞争力的人力资源具备以下四个特性,以因应市场的变化及竞争。

(1) 必须是有价值的:能够设法降低成本、提供优质服务、增加组织利益。

(2) 必须是稀少性的:要拥有其他竞争者所没有的知识、技术与能力。

(3) 必须是难以模仿的:员工的能力与奉献是其他竞争者无法模仿的。

(4) 必须是能够整合的:员工个别的能力要能够通过团队合作,才能显现整体的竞争力。

3. 人才培训的方法

一般而言,组织内部需要有各种不同功能面的人才,例如生产、营销、人事财务等;也需要不同层次的人才,例如第一线的基层工作人员、中层管理人才及高层的经营管理人才。而为了要培训这些不同的人才,则必须针对不同的对象,使用正确的训练模式和方法,否则不仅无法使受训学员受益,反而浪费经费和资源,使组织本身受到伤害。因此,如何运用适当且正确的训练方法,是人才培训和教育训练是否能够成功的关键。

日本产业劳动调查所编著的《教育训练手册》(商业周刊译,1995)中,将教育训练的方法,依照功能、目的不同,分为一般性方法、改变管理者行动及态度的教育方法、开发创造性及提升问题解决能力的教育方法以及指导部署及提升管理能力的教育方法等四大类。

(1) 一般性方法:包含授课法、讨论法、通信教育、读书法及视听教育。

(2) 改变管理者行动及态度的教育方法:包含促进理解讨论法、角色演练法、ST——感受性训练、TA——沟通分析训练、Managerial Grid——管理架构、步行竞技。

(3) 开发创造性及提升问题解决能力的教育方法:包含脑力激荡法、KJ法(川喜田三郎教育训练法)、NM 法(中山正和式开发创造性方法)、ZK 法(片芳善至教育训练法)、工作现场训练、KT 法——强化条理性思考训练、个案研究法、事件处理法、限时处理法、教育训练游戏法、解决问题讨论法、QC关联技法。

(4) 指导部署及提升管理能力的教育方法:包含面谈咨询法、OJT——工作现场训练、MTP——管理人员训练计划、JST——人事院方式培养指导者训练、TWI——监督人员训练。

4. 人才培训与组织发展

非营利组织人才培育是为组织培育适当的人才,是为组织人力资源开发的重要任务之一,非营利组织内的人才培育的对象依性质可分为:专职员工与志工;若依阶层可分为:经营决策人才、管理人才、基层作业执行人才等;若依工作性质可分为:专业技术性、行政性、管理性;有依在组织的历练、年资来分;有依功能面如:企划、财务、营销人才等。

组织必须积极拟定可满足个人发展需求、切合工作要求以及顺应组织发展需要的训练及培育计划,即所谓的员工事业规划方案(Employee Career Development Program,CDP),CDP基本思考架构如图10-1。并按部就班地安排同仁参加训练及培育的活动,以帮助同仁了解和熟悉工作,更重要的是培育他们成为资深且优秀的人才。

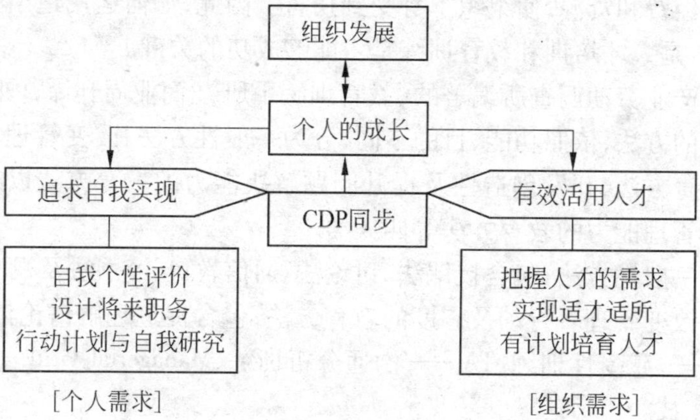

图10-1 CDP基本思考架构

(二)教育训练方案评估

1. 以成效为基础的方案规划

近年来台湾地区非营利组织的方案,已走向以成效为基础(effectiveness-based program)的方案规划模式,成效指的是方案和服务能够成功地协助服务对象,造成正向改变的程度。既然要追求成效,就必须收集各种新的数据,而这些信息可以告诉我们有关受服务对象进入与离开服务体系的状况,借此将能知晓,究竟在对解决受服务对象问题的影响上,拥有何种能力。这种取向与做法,称之为以成效为基础的方案计划(高迪理译,1999,4—5)。

2. 方案评估的目的

台湾地区非营利组织的类型非常多,这些组织也分别在各自不同的领域提供各式各样不同的方案,但我们如何知道这些服务方案是否真的能够有效地协助服务的使用者,这是所有非营利组织的管理者、方案的提供者、服务的提供者长期以来所关心的问题。我们也都知道,方案一直以来都是非营利组织募集资金的重要渠道,组织更是通过方案来达成组织的公益使命。因此,方案执行的成效,将影响组织的生存及发展,更关系到社会大众对非营利部门的信赖(邓国胜,2003)。

一般而言,评估包含了外部评估及内部评估两方面。外部评估主要是来自于捐款人或捐款单位,他们希望借由评估来了解方案执行的成效,更希望借此了解其善款是否被妥善运用;而内部的评估则大多是由组织本身提出,通过评估协助行政的决策、改善服务品质、证明方案目标的达成度,另一方面也让社会大众认同其所做的事情,进而建立持续不断的支持,以及组织的公益形象。

3. 方案绩效评估

在1990年以前,大部分的非营利组织都是以产出以及经费支出作为绩效呈现的方法。但近年来外部的评估者更希望他们所支持的方案是更有效率的,因此也发展出运用系统模式来协助进行方案评估。绩效评估包含三个责信的方面:效率观点、质量观点以及效果观点(参考图10-2)。效率观点重视的是服务的输出;质量观点的衡量在于质量输出;而效果观点强调的则是服务的成效(张英阵,2005)。

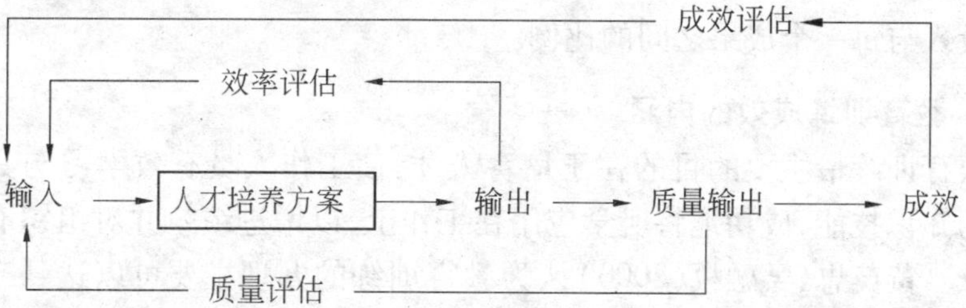

资料来源:Martin and Kettner(1996:8)。

图10-2　绩效评估模型

4. 评估方法

Scriven(1967)最早将评估分为形成性评估(formative evaluation)与总结性评估(summative evaluation)。形成性评估通常是在方案执行期间所进行的评估,其目的是试图提供方案执行过程的各种信息,让方案管理者能够适时的修正及改善方案。总结性评估则是在方案周期或是整个方案完成后才进行的评估,其目的是要检视方案的效果与成效,进而决定方案是否继续。

(1) 形成性评估的内容包括投入评估以及成本-效率评估

① 投入评估:对方案当中所发生的活动做数量上的记录,例如方案中究竟提供何种且多少的服务?工作人员投入的时间与精力、方案执行上的直接与间接成本、固定或变动成本等。投入评估反映出服务提供或是运作过程的状况,其目的并非在检视方案的成果,而是在方案的控制与管理上。

② 成本-效率评估:成本-效率评估的重点在于检视提供服务时所需要的单位成本,其所使用的成本基础包含时间、期间、物料以及输出等各种不同的单位。

(2) 总结性评估包含成果评估、影响效应评估以及成本-效益评估

① 成果评估:其重点是在检视及确认方案目标的达成程度。

② 影响效应评估:主要是在检视服务方案是否有满足在规划方案时的需求程度,可以从输出的角度或是成果的角度来做评估。

③ 成本-效益评估:主要关注的是达到结果所需要的成本,亦即是指方案的投入与每一个成果之间的比例。

5. 教育训练成效的内涵

教育训练最主要的目的在于培育人才,使工作人员有效学习与具备所必需的知识技能,成功地将所学应用在工作上,以增进绩效并对组织有实际的贡献。黄英忠、吴融枚(2000)认为教育训练的办理主要可以达到三个目的:①累积技术,培育人才;②补充能力不足;③流畅沟通,促进合作。因此在进行教育训练时,除了事前的需求评估、完整的教育训练课程与制度,以及教育训练计划的执行外,教育训练成效的评估已是不可或缺的关键。

McDermott(1987)提到教育训练成效系经由教育训练评估所决定的。

教育训练成效评估可以决定训练是否值得，指出需要改进之处，来检测目标达成的情形，决定训练是否应该继续存在，找出更好的训练方法并建立未来的训练指导方针（Clegg，1987）。教育训练成效评估可以提供信息，以确定教育训练课程有良好的规划与执行，确保受训者从课程中学习且有较高的满意度。

在教育训练成效评估的议题中，最为大众所熟知以及广为专家学者所引用的 Kirkpatrick（1959）提出的四个层次的教育训练成效评估模式（Four-Level Training Evaluations Model），他将教育训练成效的评估分为四个层次：反应、学习、行为与结果，如表 10-2 所示，以下分别说明。

表 10-2　Kirkpatrick 四个层次的教育训练成效评估模式

层次水平	层次维度	教育训练成效评估的焦点
4	结果层次	借由受训者达成具体的组织贡献
3	行为层次	受训者在工作上的行为改善与增进
2	学习层次	受训者吸收到的知识、技能态度与行为
1	反应层次	受训者的满意度

资料来源：Kirkpatrick，D. L（1996）。

（1）反应层次（Reaction Level）

指受训者对教育训练呈喜爱程度与满意程度。主要在测量受训者对训练课程各层面的感觉，包括教育训练的主题、师资、教材、课程安排等项目，这一层次基本上是顾客满意度的评量，并未包括所学习的任何知识或技能。

（2）学习层次（Learning Level）

指受训者对教育训练内容，如原理、事实、技能及态度的了解与吸收程度，是包括习得知识、改善技能，或改变态度的程度。这一层次可评量受训者的学习状况，以及是否有达到学习效果，但并不包括受训者在工作中是否能应用教育训练所学，意即不包含训练迁移的概念在内。

（3）行为层次（Behavior Level）

指受训者因为参与教育训练而改变工作任务行为的程度，主要在衡量受训者是否能将结果转移至工作上，使其在工作上的行为产生改变，即为训练迁移。利用受训者在接受训练的前后其工作表现上的差异去决定训练的成效，因此，多在教育训练结束后依段时间进行评量，以提供受训者足够的时间进行工作上的改变。

(4) 结果层次(Results Level)

指由于教育训练的实施,而对组织所产生的最后结果,如销售量增加、生产力提高、品质改善等。这一层次是在衡量组织成果的影响。然而,结果层次的评估非常困难,主要原因在于教育训练引发组织效能的改变并不容易衡量,在测量方法和结果解释上必须注意其他因素的影响。

由上述可知,Kirkpatrick 的教育训练成效评量模式,主要在评量训练课程的有效性上,通过反应、学习、行为与结果四个层次加以衡量,从第一层次到第四层次,其衡量的成本、困难度、复杂度与重要性也随层次提升而增加。由于上述的教育训练成效评估模式与 NPO 人才培训计划的目标相近,故参照 Kirkpatrick 的教育训练成效模式以及方案绩效评估,作为衡量 2004 年 NPO 人才培训成效标准的标准。

第三节　研究设计

(一) 研究动机与目的

近年来,台湾地区非营利组织的发展在政府的协导及促进之下,已有长足的提升,并逐渐发展成为可以和行政相关部门及民间企业鼎足而立的第三部门。台湾地区"民主化"之后,这些非营利组织也扮演促进社会多元化与稳定的关键力量,以及倡导社会改革的先驱,其所汇聚的人力、物力和组织资源及所创造的经济力、社会力均不容忽视。但是观看近年来的研究或评鉴都发现非营利组织工作人员平均不到 10 人,其中专职的也只有一半;财务方面也多在年营运费用在新台币 1 000 万元以下,多属中小企业形态,但是共同的是理想都非常伟大,因此在有伟大的理想引导下非营利组织的能力建设是当前重要的课题。

从 2001 年至今,"青辅会"不断为提升非营利组织从业人员的核心专业能力,增进其服务理念及专业管理知能以及提升服务质量,并协助非营利组织健全发展,从规划办理非营利组织人才培训计划到组织诊断辅导、培育种子师资等均不遗余力,对提升本土的非营利组织管理者的经营管理能力以及培养从业人员的业务执行能力有其重大影响,尤其以帮助上千人次的非营利组织的工作者,解决当前的问题和激励其继续工作的能量。而人才培育是个不能间断以及不断提升的工作,为此海棠文教基金会在2004年的非营利组织人才培训计划更有切合不同需求的规划空间,以及促进能力提升的机会。本计划的目的为通过多元的课程研习,增进学员对非营利组织相关经营管理的知识技能与专业职能,以提升台湾地区非营利组织的能力建设。

本研究旨在探讨NPO人才培训的成效(研究架构如图10－3),研究目的如下:

① 通过对NPO人才培训计划的评估,了解计划的目标达标率。

② 通过对NPO人才培训课程的评估,了解受训学员在反应、学习、行为以及结果层次的成效。

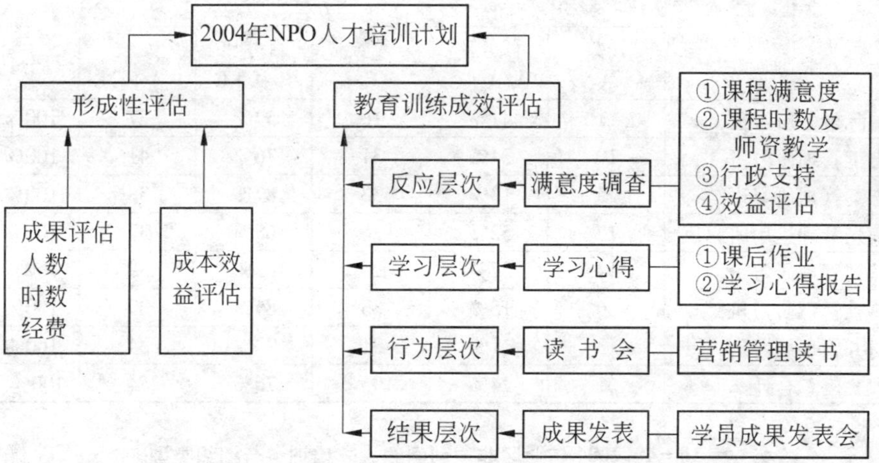

资料来源:作者自绘。

图10－3　研究架构图

(二)研究对象

本研究是以2004年"青辅会"委托办理的7个NPO人才培训班学员为研究对象。2004年7个班的学员,报名者共计419人,经过筛选参加培训的有281名，经过培训结业的有254人，因此本研究在问卷调查以及学习心得均以结业的254人为对象，读书会则为结训学员10人继续学习活动，成果展则由7个班推荐8位学员将课堂上所学的以案例方式作报告分享与讨论，并由老师作评论响应。

2004年北区非营利组织培训7个研习班结训的学员共计254名，其中76%为女性，24%为男性。就个别研习班来看，国际事务及营销管理研习班中男性学员参加的比例较高，信息管理运用研习班次之；而在财务管理研习班则是女性学员参加的比例最高(99%)，此现象与一般在非营利组织中从事财务会计工作多为女性有关。结训学员的服务单位的性质以社会福利类为最多占53%，文教类占25%，与这两类在非营利组织总数量中占大部分有关。

表10－3 2004年北区非营利组织人才培训结训学员性别比例分析

	男性		女性		合计	
	人数 A	百分比 A/A＋C	人数 C	百分比 C/A＋C	人数 A＋C	百分比
国际事务研习班	11	41%	16	59%	27	100%
志工管理研习班	10	24%	31	76%	41	100%
方案管理研习班	5	13%	33	87%	38	100%
信息管理运用研习班	12	32%	25	68%	37	100%
营销管理研习班	14	37%	24	63%	38	100%
募款管理研习班	6	15%	33	85%	39	100%
财务管理研习班	3	1%	31	99%	34	100%
合计	61	24%	193	76%	254	100%

表10－4 2004年北区非营利组织人才培训参与组织类型

	组织数	比例
文教类	40	25%
社福类	84	53%
宗教类	16	10%
其他	19	12%
合计	159	100%

（三）研究工具

本研究主要采用问卷调查法，针对受训学员，采前测的需求评估以及后测的满意度调查、学习报告、读书会追踪以及成果发表会中的报告作成效评估。

问卷调查主要以满意度调查为主，调查项目计有对课程满意度、对课程时数及师资教学的满意度、对行政支持的满意度以及效益评估等四大项共计19题。（满意度调查问卷见附件一）

第四节 “青辅会”2004年北区非营利组织人才培训计划执行

（一）计划摘要

2004年“青辅会”通过公开招标的程序，经评选后委托海棠文教基金会承办北区的培训计划，办理区域包括台中(含)以北及花莲地区。主要的工作项目包含：

（1）培训课程：依据培训需求，规划办理7个班(包含一个进阶班，并在三个以上地区办理)、245小时、245人次的训练量。

（2）学员成果发表会：挑选一个或数个较具特色的班期办理学员成果发表会。

（3）后续服务：择一班于结业后，办理后续学习服务，本年度选择办理营销管理读书会。

本会已连续四年承办“青辅会”北区NPO人才培训计划，结合具有相关专业的学术界与实务界、非营利组织与营利组织组成策略联盟，共同投入NPO人才培训，期望通过联盟间的合作及分享，在课程的设计及安排上能够更符合及贴近学员在实务工作上的需求，共同协助台湾地区非营利组织的发展，使其能发挥更大的效益。因此在2004年的规划上有两大特点考虑：

（1）研习地点包含台北地区、桃竹地区、苗中投地区及宜兰花莲四大地区,并以满足各地区不同的需求做课程规划。

(2) 为满足实务工作者的需求,研习课程的规划以实务演练及操作为主要取向,通过研习过程中的实际体验、演练、撰写,尽量使每个课程都能有较具体的实务学习。

基于上述考虑,策略联盟单位将研习课程作整体的规划及设计,期望通过此计划促进台中、花莲以北的非营利组织的伙伴们,能够提升其管理能力及业务执行能力。

在课程规划方面,课程主题也需符合招标单位("青辅会")的相关规定,包含办理类别(其中一班需为进阶班)、必修课程(《NPO 游说策略与途径》为必修科目)以及核心课程(且各班核心课程时数需占 60% 以上)等,各研习班核心课程详见表 10-5,各研习班的进行方式见表 10-6。

表 10-5　2004 年"青辅会"委托办理非营利组织人才培训班别及核心课程一览表

序号	班期名称	核心课程	备注
1	NPO 国际事务研习班	• 认识台湾地区 NPO • 国际事务与国际关系概论 • 台湾地区非政府组织走向国际社会的策略 • 国际非政府组织运作实例 • 国际谈判理论与实务 • 英文议事规则与演练 • 仿真国际会议	
2	NPO 志工管理研习班	• 志工管理策略性规划 • 志工管理的内涵(征、招、选、训、用与评估) • 志工伦理 • 志工督导与管理	
3	NPO 方案管理研习班	• 方案企划与创意 • 方案规划分析的步骤 • 成功方案企划书的撰写要领(企划书的规范与需求、撰写技术、企划分析技巧) • 有效简报技巧 • 方案团队的运作与导入 • 方案管理	

续表

序号	班期名称	核心课程	备注
4	NPO 信息管理运用研习班	主题(一)网络规划及应用 • 网站设计理念 • 网络环境之需求介绍 • 网站架设之步骤 • 网站安全管理及维护 • 网络营销 主题(二)信息应用系统建立 • 导入信息化系统的评估与分析 • 信息应用系统开发的选择 • 认识数据库 • 软件开发及系统建置的合约规划、法律介绍与谈判	择一主题办理
5	NPO 营销管理研习班	• NPO 策略性营销 • 非营利组织品牌建立与营销 • 非营利组织营销通路 • 非营利组织公关策略 • 非营利组织营销企划制作 • 非营利组织服务产品的分析	
6	NPO 募款管理研习班	• 从非营利组织财务谈募款 • 非营利组织募款策略 • 非营利组织募款计划 • 募款相关法规与流程 • 募款绩效评估	
7	NPO 财务管理研习班	• 非营利组织的财务管理功能 • 非营利组织的财务活动 • 非营利组织相关税法 • 如何阅读财务报表 • 财务分析与财务管理 • 预算与控制	

资料来源："行政院"青年辅导委员会 2004 年委托办理非营利组织人才培训案招标规范。

表 10-6 2004 年北区 NPO 人才培训各研习班进行方式

班别	研习方式	频率
国际事务研习班	1. 单元讲授及实务研讨课程 2. 实务演练及工作坊	1. 讲授课程每周研习 1 次,每次 6 小时,共研习 3 周 2. 工作坊两天 1 夜共 16 小时
志工管理研习班	单元讲授、实务研讨、实务演练	每周研习 1 次,每次 6 小时,共研习 6 周
方案管理研习班	单元讲授、工作坊、标杆学习、实务演练	每周研习二次,每次 6 小时,共研习 3 周
信息管理运用研习班	单元讲授、上机实作、实务演练、工作坊	1. 讲授课程每周研习 1 次,每次 7 小时,共研习 1 周 2. 上机实作、实务演练、工作坊 3 天 2 夜共 25 小时
营销管理进阶研习班	单元课程讲授、工作坊及标杆学习等方式进行	每周研习 1 次,每次 6～7 小时,共研习 6 周
募款管理研习班	单元课程讲授、工作坊、实务演练、标杆学习	每周研习两次,每次 6～7 小时,共研习 3 周
财务管理研习班	课程讲授、实务演练及工作坊等方式进行	每周研习 1～2 次,每次 1～2 天,共研习两周

(二)计划执行概况与结果

本计划执行期间自 2004 年 3 月起至 11 月 30 日止,预定招收人数为 245 人,共有 419 人报名参加,经咨询小组甄选后共录取 281 人,全程参与的结业人数为 254 人,本计划的办理地点包括:台北、台中、桃园及宜兰等地,总经费支出共计新台币 1 818 145 万元整,其中主要经费由"青辅会"补助新台币 177 万元整,营销管理进阶研习班学员负担学杂费新台币 23 000 元整,用于后续计划 NPO 营销读书会,不足部分共计新台币 5 145 元整由基金会自筹。详细执行状况如表 10-7。

表 10-7　2004 年北区 NPO 人才培训执行状况

代码	班别	办理时间	时数	人数			经费			协力单位
				报名	开训	结训	青辅会补助	学员收费	本会自筹	
1	志工管理研习班	4/6—5/11	36	51	45	41	230 000	—	381	1. 连德工商发展基金会 2. 政大公企中心
2	募款管理研习班	4/10—4/25	36	53	45	39	250 000	—	1 455	朝阳科技大学社会工作学系
3	方案管理研习班	5/5—5/26	36	100	42	38	230 000	—	136	政大公企中心
4	行销管理进阶研习班	5/18—6/29	38	68	43	38	240 000	—	2 148	政大公企中心
5	国际事务研习班	7/2—7/19	34	46	32	27	230 000	—	71	1. 政大公企中心 2. 仰山文教基金会
6	信息管理研习班	8/10—8/16	32	61	38	37	270 000	—	354	1. 巨匠计算机 2. 体育学院
7	财务管理研习班	9/6—9/21	33	40	36	34	250 000	—	578	仰山文教基金会
8	学员成果发表会	10/15	2.5	65	69	69	70 000	—	22	政大公企中心
10	行销进阶班后续服务——NPO 行销读书会	8～11 月	12	10	10	10	—	43 000	—	
合计		9 个月	247.5				1 770 000	43 000	5 145	

第五节 2004 年 NPO 人才培训评估分析

(一) 形成性评估

1. 产出评估(output evaluation)

本计划的产出评估包含训练人数、训练时数以及训练经费等三方面的目标达标率。

(1) 训练人数的目标达标率

2004 年北区非营利组织人才培训的目标人数为 7 个班共 245 名学员结训。执行结果共有 419 人报名参加,经过咨询小组的甄选后,共有 281 人参与训练,实际结训人数为 254 名,结训人数的目标达标率为 104%;若从个别研习班的参训人数目标达成来看,以志工管理研习班的达标率为最高(117%),其次为募款管理研习班(111%);达标率最低的则是国际事务研习班(77%)。各研习班人数的目标达标率详见表 10-8。

表 10-8 2004 年北区非营利组织人才培训各研习班训练人数的目标达标率

	目标人数(A)	报名人数	开训人数	结训人数(B)	达标率 B/A(%)
国际事务研习班	35	46	32	27	77%
志工管理研习班	35	51	45	41	117%
方案管理研习班	35	100	42	38	109%
信息管理运用研习班	35	61	38	37	106%
营销管理进阶研习班	35	68	43	38	109%
募款管理研习班	35	53	45	39	111%
财务管理研习班	35	40	36	34	97%
人数合计	245	419	281	254	104%

(2) 研习时数的目标达标率

2004 年北区非营利组织人才培训的目标时数为 7 个班共 245 小时,其中核心课程占 82%(200 小时)、必修课程占 4%(10.5 小时)、综合座谈占

3%（7.5 小时）、自订课程占 11%（27 小时）。实际执行执行结果为 7 个班 245 小时，研习时数的目标达标率为 100%。各研习班时数的目标达标率详见表 10－9。

表 10－9　2004 年北区非营利组织人才培训各研习班研习时数的目标达标率

	目标时数（A）					执行时数（B）					达标率 B/A（%）
	核心课程	必修课程	综合座谈	自订课程	小计	核心课程	必修课程	综合座谈	自订课程	小计	
国际事务研习班	31	2	1	0	34	31	2	1	0	34	100%
志工管理研习班	27	1.5	1.5	6	36	27	1.5	1.5	6	36	100%
方案管理研习班	33	2	1	0	36	33	2	1	0	36	100%
信息管理运用研习班	30	1	1	0	32	30	1	1	0	32	100%
营销管理进阶研习班	30	1	1	6	38	30	1	1	6	38	100%
募款管理研习班	28	1	1	6	36	28	1	1	6	36	100%
财务管理研习班	21	2	1	9	33	21	2	1	9	33	100%
时数合计	200	10.5	7.5	27	245	200	10.5	7.5	27	245	100%

（3）训练经费的目标达标率

2004 年北区非营利组织人才培训的训练预算为新台币 170 万元整，实际执行后总经费支出为新台币 175 145 元整，其中“青辅会”补助 170 万元，其余不足额有本会自筹。各研习班时数的目标达标率详见表 10－10。

表 10－10　2004 年北区非营利组织人才培训各研习班训练经费的目标达标率

	预算金额（A）	实际支出金额			达标率 B/A（%）
		“青辅会”补助	本会自筹	小计（B）	
国际事务研习班	230 000	230 000	71	230 071	100.03%
志工管理研习班	230 000	230 000	381	230 381	100.16%
方案管理研习班	230 000	230 000	136	230 136	100.06%
信息管理运用研习班	270 000	270 000	354	270 354	100.13%
营销管理进阶研习班	240 000	240 000	2 148	242 148	100.89%
募款管理研习班	250 000	250 000	1 455	251 455	100.58%
财务管理研习班	250 000	250 000	578	250 578	100.23%
合计	1 700 000	1 700 000	5 123	1 705 123	100.30%

2. 成本-效率评估(cost-efficiency evaluation)

从整体来看,2004 年北区非营利组织人才培训在研习课程方面,计划预定的单位成本为 198 元/人/时,但在实际执行后的单位成本为 193 元/人/时,比预定的金额减少 5 元/人/时,其原因为结训人数比预定人数为多,因而降低单位成本。

就各个研习班来看,在计划预定方面以信息管理运用研习班的单位成本最高,但以实际执行来看,则是以国际事务研习班的单位成本最高,且计划预定与实际执行的单位成本差异也最大,其主要原因为实际演练课程地点为宜兰童玩节会场,增加了移动成本及住宿成本;预定单位成本最低者为营销管理研习班(180 元/人/时),但实际执行的状况则是志工管理研习班的单位成本最低(156 元/人/时);预定与实际单位成本差异最小的为财务管理研习班,差距为 7 元/人/时。

表 10-11 2004 年北区非营利组织人才培训各研习班预订及实际执行的单位成本

	预订执行				实际执行				差异 D1-D2
	研习时数 A1	计划人数 B1	预算金额 C1	预定单位成本 D1=C1/B1/A1	研习时数 A2	结训人数 B2	实际支出金额 C2	实际单位成本 D2=C2/B2/A2	
国际事务研习班	34	35	230 000	193	34	27	230 071	251	-58
志工管理研习班	36	35	230 000	183	36	41	230 381	156	27
方案管理研习班	36	35	230 000	183	36	38	230 136	168	15
信息管理运用研习班	32	35	270 000	241	32	37	270 354	228	13
营销管理研习班	38	35	240 000	180	38	38	242 148	166	14
募款管理研习班	36	35	250 000	198	36	39	251 455	179	19
财务管理研习班	33	35	250 000	216	33	34	250 578	223	-7
平均	35	35	242 857	198	35	36	243 589	193	5

(二)教育训练成效评估

1. 反应层次:学员整体满意度

学员整体满意度的评估是由学员于课程结束后,使用"青辅会"统一设

计的问卷(五点量表)进行问卷调查(调查表见附件一),调查内容分为四部分:

(1) 课程满意度,针对每个研习班每个授课讲师的教学方式、课程内容以及课程对工作的帮助程度进行调查;

(2) 课程时数及师资教学,内容包含课程总时数的安排、理论与实务课程时数配置、课程讲义或参考资料的提供以及讲师授课的专业性;

(3) 行政支持,包含上课地点的便利性、上课时段的安排、教学设施的完备性以及工作人员的行政支持及服务态度;

(4) 效益评估,包含参加研习后对投入 NPO 相关工作、方案策划及执行能力、增进社会参与、增进 NPO 组织专业运作以及增进 NPO 组织资源拓展的助益等方面(整体调查结果请参考表 10-12)。

表 10-12　各研习班整体问卷调查结果

班别	课程满意度	课程时数及师资教学	行政支持	效益评估
志工管理研习班	80%	88%	92%	89%
募款管理研习班	92%	94%	91%	91%
方案管理研习班	88%	87%	87%	84%
营销管理进阶研习班	90%	87%	91%	81%
国际事务研习班	81%	87%	88%	82%
信息管理运用研习班	80%	70%	72%	75%
财务管理研习班	88%	84%	83%	88%
平均	86%	85%	86%	86%

说明:满意度为填答非常满意及满意的合计。

从表 10-12 中可以发现,学员对于整体课程、效益及行政支持的平均满意度都很高,均为 86%;其中,在课程满意度方面,以募款管理及营销管理研习班的满意程度最高(高达 90% 以上);在效益评估方面,则是以募款管理研习班最高(91%),志工管理研习班(89%)次之;在行政支持方面,以志工管理研习班的学员满意度最高(92%)。

此外,在课程时数及师资教学方面的平均满意度为 85%,募款管理研习班的学员满意度仍为最高(94%),志工管理研习班(88%)次之。

整体看来,学员的整体平均满意度为85.75%,表示参与学员对于2004年北区非营利组织人才培训课程的设计及规划、讲师的教学方式与内容、培训后的效益等均表示满意。

2. 学习层次:学习心得

每班学员于课程结束后,请授课老师给学习作业,以缴交学习心得报告为结业要求,故学员于学习心得中提出个人所学习的部分,以评估学习收获,大部分学员都觉得收获许多,但是对于认知层次,至于回组织之后会不会运用?则因无法追踪其回组织后能否发挥,所以较难确定学习效果。

3. 行为层次:NPO营销管理读书会

由于2004年所开的营销管理班开设有进阶班,因此在参与者的同意下,继续举办读书会,以《科特勒谈营销》一书为教材,由学员先读,再由老师引导,佐以个案教学充分讨论。更以一家基金会要制作下一年度的月历义卖活动的案例,通过读书会与老师、同学讨论后,就真实地于组织内落实于行动,结果月历的营销在2004年底的营销非常成功,可谓与培训的课程有正相关。

4. 结果层次

诚如Kirkpatrick所提出的这部分是不容易衡量的,因此通过成果发表会邀请各班推荐提出案例报告,这些案例都是已准备于成果发表会之后就在组织落实于运用,也就是说在课堂上的,转化于计划案例上,待分享讨论之后修改成为可以于组织落实的计划,但是于组织落实运用之时是否为因参加培训单一因素或有其他因素而造成的结果则难以衡量。但是当学员于次年回馈给基金会说:老师,去年我参加了募款管理研习班,回去运用于组织募款,结果真的有用,我们去年募款成长了240万元。或者学员推荐组织的伙伴来参训时说:因为×××说,他参加这个训练后觉得非常有用,所以推荐我一定要来报名等,相信都可以作为人才培训的结果层次的评估。

第六节　检讨与建议

2004 年"青辅会"通过公开招标的程序,经评选后委托海棠文教基金会承办北区的培训计划,北区包括台中(含)以北及花莲地区。2004 年北区非营利组织人才培训共举办七类的研习班,其中营销管理研习班为进阶研习。训练课程执行期间自 4 月起至 9 月止,为期 6 个月,共举办了 247.5 小时的 NPO 管理相关课程;共有 419 名 NPO 的伙伴报名,经甄选后有 281 名参加训练,254 名学员结训。并自今年 3 月至 9 月均顺利举办完毕,后续计划也在 11 月底以前执行完毕。经由评估对 2004 年北区 NPO 人才培训计划的检讨与建议如下。

(一) 2004 年 NPO 人才培训计划的检讨

1. 课程设计部分

(1) 核心课程的界定:今年度人才培训课程依合约规定,核心课程时数需占总时数 247.5 小时的 60% 以上。其中,NPO 游说策略与途径及综合座谈为各研习班的必修课程,其余课程由承办单位自订,因此发现对必修课程的界定有需要做澄清。例如:《NPO 游说策略与途径》必修课程是否一定要求每位学员都需上过? 如何知道? 因此影响是否要设计在每班的课程中(北区)还是独立出来另行举办(南区)? 当有学员反映与建议,这个课有时与课程不完全衔接或关联是否改成选修?

(2) 基础与进阶的界定:由于各区 7 个班中择一为进阶班,因此发现对基础与进阶的界定也有需要做澄清。以募款管理班为例,由于 2003 年北区办理募款管理班时课程设计偏重募款技术,却发现参加者对组织为何需要募款? 募款的规划与方案等基础概念与能力不足,却限于时间的安排无法建立基础概念。因此 2004 年将募款管理以基础班的概念作课程设计,预计进阶班再加深技术介绍与运用,如此的设计各有其理论依据,但是在实务工作者的培训上如何将基础与进阶作较清楚的界定和厘清,否则参加者将无法达到进阶学习的期待。

2. 课程师资部分

由于课程中需要理论强的学术界老师,也需要时实务丰富的实务界老师,但是要寻找理论与实务兼具的老师并不容易,建议培养兼具理论与实务的师资群。

3. 课程进行方式

由于课程进行方式可以依据需要做不同的安排,但是在资源有限的情况下较无法做多元的安排,因此今年仍以每周上课 1 次的方式为多,但是对工作坊、实际参访、演练等则不易设计。

4. 学员筛选

基于过去学员的反映与建议,加上学员课前需求调查,因此课程设计更贴近工作需求的实务课程,却发现学员个人程度与能力的差异造成学习上的障碍,又因为只有这一班,因此即使已说明与告知也仍然希望要参加。例如:有信息管理班的学员对鼠标的运用生疏(只会用左键不会用右键),却希望学会建立组织的网站,在有限的资源里,除既有的筛选指针外,有需要对学员的程度与能力作进一步筛选。

5. 学员筛选与录取

从招生时报名者很多,经过筛选后开训人数与结训人数的差距中发现,因为各类课程各区只开一班无其他选择学员只能先把握机会,但是是否适合或者造成只参加几堂课后就不再出现,空占名额的现象仍然出现,即使没收保证金似乎效果有限,需要再研议机制以免浪费资源。其次是因为志工可以参加,也有些学员专职在企业工作,却用志工之名享用免费学习资源。

6. 个人能力到组织能力

政府投资 NPO 人才培育最终目的是通过人才投入 NPO 来产出组织的能力以扩大服务质量及影响力,如上述是志工来参训享用免费学习资源时如何确认将会贡献于 NPO?因此如何进一步确保个人能力可以转入组织成为组织的能力是值得进一步讨论的议题。

（二）从 2004 年 NPO 人才培训计划评估后对未来的建议

1. 确认 NPO 人才培训的主要目标人才或关键人才

就政府的角度在人培育上可以有两个重要的基点：一是提升基础能力的人才培育方针；二是针对目前迫切需求与未来发展关键人才提供培训机会。

（1）提升基础能力的人才培育部分，建议规划 NPO 人才的基础能力课程，可以有必修课与选修课，但是不宜时间太长与太理论以利于区分学校课程，甚至可以设计学习用累计的方式在上进阶课之前要求先上过多少小时的基础课程。例如要参加营销进阶班前则需要先上过营销基础课程与方案设计课程，否则势必无法跟上课程学习甚至产出营销计划。

（2）从 NPO 人才培训需求调查发现整体来看最亟需培训的是企划人才，其次是行政人员，因为企划涉及非营利组织的产品以及涉及管理者的基本功能之一，行政则是如何让执行顺畅，由此可见 NPO 人才培训需求反映 NPO 对服务产品的规划与执行能力均感到迫切需求。再以各类别迫切度的顺序来看，最迫切需要的则是执行长或秘书长，但是企划人员仍排序第二。因此建议：未来可以针对迫切需求的 NPO 企划人才、高级管理人才（执行长、秘书长）为提供培训的目标人才。

2. 将有限的经费依据需求与策略做分配

例如：基础班五类课程一年各开 3 班（其中一班可以针对有志或有兴趣的青年而设计），参加者可以完全免费，迫切需求先锋班开两班，同样是免费。但是技术、实务进阶班以及运用发展班则需要学员受益者付费等方式。此外 NPO 组织内部训练以及以联盟型做专业训练都可以给予支持。

3. 学习费用

建议人才培训全额补助的部分可就 NPO 从业人员所须具备的基础核心知能进行培训，就学员响应需要的课程内容包括：方案设计与评估、非营利组织营销管理、志工管理、募款管理、财务管理等课程，并建议于每班课程中加 NPO 的概论与台湾地区非营利组织概况的基础课程，以利于参加者了解

NPO 的概念与共识。

4. 课程规划部分

在培育非营利组织经营、管理人才上，课程规划可以参照学校非营利组织的课程，依据 Van Til & Hegyesi（1996）的论述，Michael O'Neill 与 Dennis Young 于 1986 年召集一批学者与实务工作者发展出"三圈模式"，是指非营利组织人力培育的教育，应该包括三个不同层次圆圈里的课程是指：第一个圈指一般性、总论性质的组织管理与领导课程；第二个圈强调的是关于第三部门的历史、传统以及结构与功能；第三个圈关注的是特定领域的专长能力。其中第一个圈是强调作为一个非营利组织的管理者应具备的基础，因此建议 NPO 人才培训的主轴应在第一圈，其次是第二圈的历史、传统以及结构和功能，至于第三圈由于特定领域非常广，宜由其专业组织负责培训。建议针对上述两个圈的课程，在有限的资源下，需要有阶段性的规划，基础核心知能课程部分建议以基础理论概念为主实务为辅（强调 WHY 的概念基础），而开办进阶的课程则以技术与演练为主理论为辅的设计（强调 HOW 的技术与实务演练），进阶培训费用可采取政府部分补助，学员部分付费方式办理。

5. 建立 NPO 人才数据库

对未来培育实务师资以及培训辅导顾问等均可从数据库中找适当的人才，尤其通过数据库可以有计划的作人才培育。另一方面也可记录较不尊重资源的学员给予辅导或说明，以利于有计划的人才培育与发展。

6. NPO 人才培训班需求的增加

以这几年的状况来看，有越来越多 NPO 的工作人员了解并需要被培训，因此不但地点将更趋向学习者的便利性考虑，时间也需要考虑不同类型的工作型态者的需求，最重要的是有些需求很大的课只有一班是不能满足需求的。以 2004 年来看则发现方案管理班、营销管理班报名人数均大大超过预期人数。因此建议多开几班以利于选择参加，但是以基础性为主、时间不要太长（最多 12 ～18 小时），以全面提升 NPO 人力素质。

(三) 对"青辅会"未来办理 NPO 人才培育的建议

1. 区分既有的办理相关 NPO 人才培育单位的资源

(1) 就目前政府单位提供 NPO 人才培训的资源

① 目的事业单位为所管辖的财团法人办理必要的培训,偏重业务教导与相关法规的说明。

② 职业训练局培训非常多元还可以隐藏在各种服务方案之中,例如辅导多元就业方案中也有对用人的非营利组织提供培训与辅导,此外企训部分针对在职劳工提供在职训练的资源分为个别型、联合型、重点产业等,均以补助方式提供。3C 核心能力是职训局为全面提升劳工竞争力的一个新方案(2004 年),即是只要依职训局核订的 3C(三个核心能力包括:知识职能(Knowledge Competencies)、行为职能(Behavioral Competencies)及动机职能(Driving Competencies))等三个主轴方面来进行知识、行为及动机的 60 小时必要培训。

③ 外交部 NPO 委员会:因为业务特性所在仅限于与外交事务有关的培训活动,有外交部为主办单位方式,也有补助方式,但是其目标与对象均非常清楚。

④ 其他政策法规宣导、说明培训的活动:例如税务局办理公益组织报税讲习,台北市社会局办理青少年服务机构方案管理培训班等,但属零星式办理。

⑤ 另一种不值得鼓励的是于年底时常因预算有余,最快的方法是办训练将预算执行,以免落入预算执行绩效不彰的结果,因此会办理一些有关的训练活动。

(2) 民间非营利组织提供的 NPO 人才培训资源

① 这部分又分为以政府出资民间执行模式与民间自办模式。

② 以政府出资民间执行的组织多擅长在执行部分,通常是被动依据政府招标规格做规划投标办理,因此主动设计的能力较堪虑,而且也较少有单纯以 NPO 人才培训为主要宗旨建立 NPO 人才培育核心专业的民间组织,因此容易依赖政府的规划。

③ 民间自办的模式则通常是组织自有资源且依宗旨而办理的 NPO 人才培训，例如喜马拉雅基金会办理的 NPO 信息相关人才培育活动等。

2. “青辅会”在 NPO 人才培训的定位建议

“青辅会”近 4 年多以来不断地推动台湾地区 NPO 的发展，其中包括人才培训、NPO 平台、国际联结、论文研究、校园植根推广等计划，其中最能直接影响 NPO 发展的就是人才培育的工作，在培育的过程中并无目的事业之分也无类别之限，其他政府单位所办的培训课程着重在业务执行的需求上，而“青辅会”则着重在管理能力的提升上，4 年来不但培育了数千位非营利组织人才，有许多已胜任组织的秘书长、执行长者，对组织发展起了巨大的影响。也因此同时倡导了 NPO 工作也需要有专业能力的人才投入，因此建议“青辅会”的 NPO 人才培训的蓝图为台湾地区 NPO 发展的基石或前导计划，其规划的构想如图 10－4：

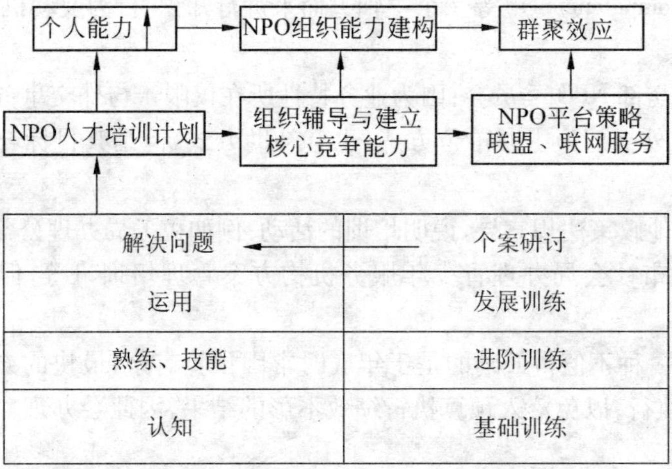

图 10－4　NPO 人才培训蓝图

图 10－4 仅以部分课程为例的规划，如此不但有系统也较有步骤性，更可以往下延展更细致的培训计划或方式，以及可依据需求作政策性的倡导。对一位 NPO 的工作人员可以随着此蓝图不断学习与成长。这样有系统地培育 NPO 人才是上述各政府单位所未能及的。因此建议“青辅会”在 NPO 人

才培训的定位可以是:通过有系统的培育 NPO 人才,促进台湾地区 NPO 组织的发展,以发挥 NPO 群聚效应及其影响力。

3."青辅会"未来对 NPO 人才培训的具体意见

除前述(二、从 2004 年 NPO 人才培训计划评估后对未来的建议)外,对通过 NPO 人才培训,促进组织发展以发挥群聚效应的建议如下:

(1) 协助将培训后的 NPO 人才能力转入成为组织能力

NPO 人才培训多在建构个人知识与能力,由于培训资源来自政府、机构(给公假)、提供培训服务单位等,较少个人投资,所以更应将所培育的个人能力转为组织能力,贡献社会。从历年参加者的经验发觉个人能力无法转入组织的原因概分为二:一为组织本身无法让有能力的员工发展,所以培训结束员工就离职。另一个原因是员工希望找一个组织能有发挥作用之所,因此也会离职。因此建议:除个人参加 NPO 人才培训之外,还可以推动组织内部训练的机制(In-house Tanning)以整个组织为标的给予需要的内部训和组织辅导,以促进组织能力建设,健全组织运作,才能让人才有所发挥。

(2) 建立 NPO 人才培训研发小组

小组的任务负责研发设计课程与研发筛选与评估指针等,尤其对执行培训的组织更需要给予辅导专业化与标准化,例如:IIP 认证等。培训工作要落实与讲求绩效,除了课程规划设计能力之外还需要执行、控制与评估等机制,青辅会四年来的累积足以提供未来发展的基础,但是执行单位也需要通过研发小组协助更专业化。

(3) 组织网络发挥综效

由于任何一个非营利组织均不能拥有全部的资源,所以需要与其他资源联网,除了资源取得方便之外更重要的是创造价值链的附加价值,也因此才会发生各组织以各自的核心优势能力结合后形成 NPO 产业,近几年不断被倡导的策略联盟即是在不同领域创造联网综效的价值,但是实务上非营利组织的合作常常发生问题:其一是彼此不熟悉,所以行事风格不一,合作没默契造成成本更高、绩效更低;其二、由于各 NPO 组织的核心专业尚未完全建构出来,而且多在为生存争取资源,所以合作容易发生踩线与争资源的状况;其三、台湾地区 NPO 组织多为中小型组织,所以本身规模小、产能小、资源又拮据,因此合作后的成果分配常是最容易惹纷争的部分。因此建议将 NPO 人才培训的相关资源以及非直接服务的中介型组织结合为网络运作,并优先辅导相关资源组织的核心专业的建立扩大组织能量,再迈入联网联结活动,最后产生群聚效应。

第七节　结　语

从解除戒严之后台湾地区非营利组织不但蓬勃发展,至今已不可避免地面临竞争,而人才成为竞争力的主要元素,在慈善工作时代也许具备爱心、热心、耐心即可服务他人,如今只有热心没有专业则不但无法实现 NPO 的理想还会失去影响力。"青辅会"具有前瞻视野,因此在 2001 年就已投入培育 NPO 人才培育的资源,引导台湾地区非营利组织重视人才。2004 年在举办的过程中,明显的发现 NPO 人才已被这个培训资源激励起来,有疑问者已不多见,反倒是抢着早报名,唯恐失去一年一次的难得机会。因此除了感谢之外,更想积极地建议将既有的基础策略化、系统化、步骤化,建构好系统蓝图,未来将成为 NPO 人才培育的基本与发展依据,如此台湾地区 NPO 才有机会持续发展健全运作实现理想。

关键术语

人才培训

教育训练

组织发展(organization development)

形成性评估(formative evaluation)

成果评估(outcome evaluation)

员工事业规划方案(employee career development program,CDP)

非营利组织(non-profit organization)

复习思考题

1. 对于非营利组织来说,人力资源如何开发?教育训练的角色为何?
2. 教育训练方案如何选择适当的评估方式?
3. 通过教育训练如何将训练人才的能力转为组织能力?

参考文献

亚洲基金会,全面提升台湾地区基金会人力暨成立基金会中心(Foundation Center)三年计划,亚洲协会文件,1993。

"行政院"青年辅导委员会,《青辅会2004年非营利组织人才培训汇总报告》,台北,"行政院"青年辅导委员会,2004。

李嵩贤,《人力资源的训练与发展》,台北:商鼎文化出版社2001年版。

邓国胜,《公益项目评估——以"幸福工程"为案例》,北京:社会科学文献出版社2003年版。

黄英忠、吴融枚,从企业与员工双赢的角度谈教育训练的重要性,《就业与训练》,18(3):6—9,2000。

官有垣,论大学院校NPO教育与训练课程的规划及其对社会的影响,《回馈杂志》,第67期,2002。

P. M. Kettner, R. M. Moroney. L. L. Martin,高迪理译:《服务方案的设计与管理》,扬智出版社,1999。

Clegg, W. H., Management training evaluation: An update, *Training and Development Journal*, 41(2): 65-71, 1987.

Irwin L. Goldstein and Associates, *Training and Development in Organization*. CA.: Jossey-Bass, 1961.

KirKpatrick, D. L., Techniques for evaluating training programs, *Journal of American Society of Training Directors*, 13(3-9): 21-26, 1959.

Evaluation in the ASTD training and development handbook (2nd ed), New York, NY: John Wiley & Sons Press, 1996.

Martin, L. L., & Kettner, P. M., *Measuring the Performance of Human Serv-*

ice Programs, Thousand Oaks, CA: Sage, 1996.

Randy L. D De Simone & David M. , *Human Resource Development*, The Dryden Press, 1998.

Wendell French, *Human Resources Management*, Houghton Mifflin Company, 1994.

PART 3

第三篇

评估、绩效与责信

CHAPTER

第十一章

11 评量非营利组织绩效的问题与对策*

孙炜　台湾“中央”大学法律与政府研究所副教授

* 本文初稿曾发表于2005年8月26－27日“非营利组织的评估：绩效与责信国际研讨会”，海棠文教基金会、中正大学社会福利学系、台湾大学社会工作学系、世新大学管理学院共同主办。

▶ 学习重点

1. 认识绩效评量的基本定位与重要性。
2. 认识多层面、整合性的绩效评量模式。
3. 了解绩效评量可能衍生的五项问题。
4. 了解绩效评量应该聚焦的五项对策。

本章简介

当代非营利组织经常采取公私部门的绩效管理,以响应日益竞争的第三部门环境,而绩效评量是绩效管理的核心工作。本文旨在探讨非营利组织进行绩效评量可能面临的问题,并提出解决方案来提升绩效评量在非营利管理中的可行性。

本文参考近年相关文献,厘清各种绩效评量途径的意义,并设计一个多层面、整合性的绩效评量模式。依据这一模式,分析并讨论非营利组织绩效评量可能衍生的因果关系、多重目标、负面效果、评量技术、制度限制等五项问题。

本文基于非营利组织与管理的特征,提出绩效评量应聚焦于达成使命的程度、采取不同的绩效评量机制、绩效评量的维度与指标应由各关系人共同决定、由多重层面的角度予以评量、主要功能应定位为提升组织的调适能力等五项对策。最后,本文重新强调绩效评量在非营利管理中的重要性,以及研究者与实务者对于绩效评量应有的定位与认知。

第一节　前　言

在当代社会中,非营利组织在财货劳务的供给与传送,以及人力资源的雇用与开发上扮演越来越重要的角色(Salamon and Anheier,1996),但在日益竞争的第三部门环境之中,非营利组织无法仅凭善良的愿望或拥有坚定的信念就足以达成使命与愿景。非营利组织的领导人必须体认如不采取策略,促进更大的组织影响力与责信度,非营利组织可能面临失去重要性甚至倒闭的风险。因此,非营利组织必须引进营利组织的管理原则与技术,以追求组织使命、实现组织愿景(Lindenberg,2001: 248)。

然而,在20世纪70年代非营利管理(nonprofit management)学术领域形成之初,非营利组织的"管理"乃一禁忌的字眼,因为当时学术社群认为非营利组织应该自远离商业主义的污染,并且超越财物底线的偏狭考量。如今多数非营利管理的研究者反而认为非营利组织比营利组织更需要"管理",正是因为他们缺乏财务底线所伴随的严谨纪律(Drucker,1989: 89)。

一切管理过程的核心工作便是绩效评量(performance measurement)。事实上,在二次大战后蓬勃发展的评估研究中,绩效评量是其中相当重要的部分。评估是评定某项事务的用途或价值(Robson,2000: 3),而评估研究就是应用社会研究程序,通过各种学科角度有系统地评估社会计划的概念形成、设计、规划、执行等各个阶段评估(Rossi and Freeman,1993: 5),原是一种有目的性的应用社会研究,而绩效评量是其中较为技术性层面的工作,意欲经由标准单位的设定,比较组织绩效的程度(Rossi and Freeman,1993: 405-406)。

尽管对于任何组织而言,评量绩效也是一件相当不容易的工作,但营利组织却具有以下三项特征,足可降低绩效评量的困难程度:①营利组织的所有人相当明确,所以组织所有人的利益可以主导组织的决策;②组织所有人的利益可以明确评量,一般而言,股票的价值通常可作为组织所有人判断组织成败的指标;③组织的财务状况提供了评估管理者的绩效,以及判断管理者是否代表所有人利益的依据(Speckbacher,2003:267)。但是非营利组织既有不同利益取向的所有人,各所有人的目标也未尽相同,更不能单纯以财务状况作为评估管理者绩效、判断管理者作为的依据。因此,绩效评量是否可以运用于非营利组织之中,成为非营利管理的有力机制,值得研究者探索深思。

若将绩效评量置于更宏观的学术系统之中可知:当代学术界探讨的绩效评量是近年来流行于公私部门的绩效管理(performance management)的重要部分。[1] 所谓绩效管理是指根据选定的短期与中长期组织发展目标方向,建立具体的组织整体资源管理控制重点,并定期评估努力的成效,再运用评估信息提供组织和个人工作目标方向和重点上调整的参考依据,以及必要的员工激励与能力改善计划(施能杰,2004)。由上述有关绩效管理的精要陈述中,包括了三个主要活动:①聚焦于明确的组织目标;②进行客观的组织评估;③从事一定程度的组织调整。

然而,适用于公私部门的管理原则与方式,特别是绩效管理却与非营利组织的特质格格不入(Dabbs,1991)。因为当代一些追求抽象价值与理念的非营利组织的目标可能并不十分明确,而且往往欠缺充分的财力、人力、知识、信息等资源进行组织评估,即使完成评估,也可能因规模过小、结构单纯而无法进行组织调整。[2] 因此,本章认为基于非营利组织的性质以及资源、规模等诸多限制,非营利管理的绩效评量实应根据非营利组织的特色与非营利管理的实务作一调整。因此,正确的认识非营利组织绩效评量的意义以及所衍生的问题,并提出有效对策以解决问题,对于非营利组织本身、政府以及关系人而言皆有其重要性。

对于非营利组织本身而言,绩效评量可以作为组织健全其管理体系的基础,此因绩效评量体系可用来支持组织的各项管理功能,诸如策略规划、

---

① 一般而言,绩效管理包括绩效评估(performance evaluation)、绩效评量与绩效追踪(performance monitoring)三种功能性活动,参见丘昌泰,2000。

② 事实上,即使是公部门与私部门的绩效管理也呈现出明显不同的逻辑关系。相关于私部门以利润作为主要的绩效评量标准,政府部门的绩效目标多元、绩效评量指针难以建立以及绩效奖惩回馈薄弱等原因,使得绩效管理的推行相当艰巨。非营利组织的性质较相近于公部门,然在推动绩效管理的困难程度尤有过之。参见彭锦鹏,2005:2-6。

预算与财务管理、计划管理、计划评估、质量促进、过程促进、契约管理、外在标杆管理(external benchmarking)等,甚至作为与大众沟通的基础(Poister,2003:9-15),突显了绩效评量在当代管理实务上的重要性。例如在美国联合劝募(the United Way of America)的推动下,许多全国性的非营利组织,如美国癌症协会(the American Cancer Society)、美国盲人基金会(the American Foundation for the Blind)、美国红十字会(the American Red Cross)等均开始进行绩效评量,以健全非营利组织的管理体系(Positer,2003:8)。

对于政府而言,非营利组织的绩效评量不仅是一个组织内部管理的问题,也是一个政策议题。因为在当前新公共管理的思潮之下,公共服务的分权化、民营化与竞争化已成为政府制定相关政策所依循的原则,非营利组织就成为政府在执行政策时的伙伴。政府往往采用"管理绩效而非管理组织"的原则,作为选择非营利组织订立契约以及监督非营利组织执行政策的依据(Paton,2003:21-35)。例如目前台湾地区公办民营医院采用整体委托经营模式,政府将闲置或无力经营的公立医院,以民事契约的形式与营利医院或非营利医院签约合作,医院所有权与财产不必转移,只委托出经营管理权,其绩效由主管机关监督考核(李雅樱、彭朱如,2004)。

对于非营利组织的关系人而言,随着消费者的意识高涨、非营利组织捐款人与受益人重视自身权益等发展趋势,强化了非营利组织建立绩效评量机制的需求(Hayes,1996:101-107)。特别是近年来欧美知名非营利组织高阶管理阶层频频传出重大贪渎丑闻,例如美国联合劝募、法国癌症研究协会(the Association for Cancer Research)等,暴露出非营利组织的各种不当劣行以及非营利组织营运效率低落,导致社会资源的浪费与误置,重创了社会大众对于非营利组织的公共信任,也促使非营利组织实务工作者与研究者认识到针对非营利组织绩效进行系统性评量的必要性(Gibelman and Gelman,2001;Chisolm,1995:142)。

事实上,当今绩效评量成为非营利组织中的核心管理议题,乃是源于非营利管理中逐步提高的责信(accountability)需求。非营利组织管理者对内必须以其管理绩效对董事会、职工、志工负责,以强化组织内部成员的凝聚力;管理者对外也必须以其经营绩效对政府主管机关、捐款人、受益人,甚至全体社会大众负责,来争取更多有形的社会资源与无形的社会形象,以维持非营利组织的持续发展(孙炜,2004)。

因此,绩效评量就成为落实非营利管理活动与目标的重要责信机制。而对于学术研究者而言,非营利组织的绩效评量更具有以下三种意义:就理论性研究来说,非营利组织绩效评量问题的厘清,可以进一步健全现行绩效管理的理论基础,使绩效管理的理论假定跨越公共管理与企业管理的界限,步入非营利管理的范畴;就经验性研究来说,非营利组织绩效评量的相关研究可以形成一组有待验证的假设,提供从事未来不同类型、规模、环境等非营利组织研究的基础;就实务性研究来说,提出解决非营利组织绩效评量问题的对策,适当提供非营利组织董事会进行决策及领导,以及执行长从事管理与执行的依据,借此进行组织评鉴与组织调整以提升非营利组织的绩效,在竞争多变的环境中永续发展。职是之故,本章由相关理论与概念入手,厘清非营利组织绩效评量的意义及其衍生的问题,并对之提出解决方案,以提高绩效评量应用于非营利管理中的可行性。

第二节 途径探讨与模式建构

非营利组织绩效评量所涵盖的范畴相当广泛,研究者可以针对非营利组织中各种的人力资源,如董事、支薪职工或志工等各类型人力资源进行绩效评量(例如陈金贵,1994),也可以针对非营利组织所推动的特定计划方案进行绩效评量(例如 Fine, Thayer, and Coghlan, 2000),也可以针对非营利组织的特定部门如董事会或以执行长为首的管理部门进行绩效评量(例如 Jackson and Holland, 1998; Siciliano, 1997)。本章将探讨的焦点置于非营利组织的整体性绩效(overall performance)的评量之上,而非侧重单一的人力类型、计划方案或部门。

自从组织理论发展以来,组织绩效便是最被重视的研究主题之一。就直觉来说,有关组织整体性绩效评量的学术文献应该比比皆是,但事实并非如此,特别是非营利组织绩效评量的相关研究并不多见(Rojas, 2000: 97)。

近年台湾地区的相关研究大都是依循绩效管理的思维逻辑与研究方法(例如;万育维,1995;吕辉堂、陈正宏,2003;刘明德、方之光、王士峰,2003;杨东震、罗珏瑜,2003;郑美爱、王韡康、张锡惠,2003;黄永富等,2004;陈定铭,2004;陈美惠、张石柱、杨美慧,2004;颜信辉、林静芬,2005),针对台湾地区各种类型的非营利社团法人、财团法人基金会的绩效进行评估。[①] 这些本土性研究的研究步骤,大致上是先依据研究对象的特性与现状设计出一组绩效维度,再由各个绩效维度中规划出一套绩效指标,而后由各绩效指标中发展出量化的绩效评量方法予以加总,并借此判断研究对象的绩效高低。以较严谨的学术标准而言,迄今台湾地区的相关研究尚未仔细地检讨非营利组织绩效评量的限制,而大致沿用公私部门绩效管理的概念与方法来从事非营利组织的绩效评量,其可行性值得斟酌。

现今在第三部门学界大致上已发展出四种绩效评量的途径,每一途径代表了对非营利组织绩效不同的界定,并基于特殊的基本假定,形成了独特的研究目标与方法[②]:

(一)目标达成途径

目标达成途径(the goal-attainment approach)假定非营利组织的目标是明确清楚且可以众所周知的,非营利组织的绩效是以组织成功达成目标的程度来判定。评估者的主要工作是寻找配合组织目标的具体部门或计划,并以此作为评量组织绩效的指标。在组织理论的文献之中,大部分的经验研究采用这一途径作为界定与评量组织绩效的方式,其后各种绩效评量途径也多由这一途径发展或修正而来(Herman and Renz,1997)。

---

① 迄今台湾地区非营利组织绩效评量的相关研究已累积不少,本章主要参考近年来的学术性期刊论文,另有相当多的硕士、博士论文针对不同类型的非营利组织进行绩效评量的个案研究,但不在本章探讨之列。

② Forbes(1998)分析 1977 年至 1997 年 20 年间有关非营利组织绩效评量的途径类型常为后续研究所引用,似具一定程度的代表性,参见 Herman and Renz,2004;Sowa,Selden and Sandfort,2004。本章以 Forbes(1998)的分类为基础,而扩充其论述,深化其意义。

（二）系统资源途径

系统资源途径(the system resource approach)假定非营利组织所拥有资源的质量与数量决定了组织的生存能力,非营利组织的绩效是以组织运用其政治、经济、制度等各种手段,由环境中汲取资源以维持其功能的程度来判定。评估者的主要工作是收集有关组织收入(而非产出)的量化资料,并以此作为评量组织绩效的指标。

（三）声望途径

声望途径(the reputational approach)假定并没有普遍的、可量化的、单一判定非营利组织绩效的模式,而应由不同的主观层面来评估组织绩效。非营利组织的绩效是以各种关系人如受益人(又称案主 clients)、职工、志工、捐助人等对于组织的态度与认知来判定。评估者的主要工作是调查非营利组织各关系人的满意程度,并发展出评量组织绩效的架构。

（四）决策过程途径

决策过程途径(the decision-making process approach)假定非营利组织内部的决策质量是影响绩效的关键因素,而决策质量是组织结构与过程的产物。非营利组织的绩效是以组织获取、储存、舍弃,分配、操纵与诠释各种资源与信息过程的能力来判定。评估者的主要工作就是检视非营利组织内部资源与信息的管理与沟通的决策质量,并发展出评量组织内部决策过程的指标(Cameron,1981:26;Quinn and Rohr Baugh,1983:364;Stone and Cutcher-Gershenfeld,2002:38)。

比较这四种非营利组织绩效评量的途径可以发现以下特性:(1)目标达成途径与决策过程途径较着重组织的内部因素;系统资源途径与声望途径较着重组织的外部因素;(2)目标达成途径较强调组织推动各项计划方案的行动,系统资源途径较强调组织与外在环境因素之间互动的关系,声望途径较强调组织整体形象所发挥的影响,决策过程途径较强调组织内部治理结构的能力;(3)目标达成途径与系统资源途径较倾向使用客观的评量方式,声望途径与决策过程途径较倾向使用主观的或知觉的评量方式。

上述每种途径固然有作为研究与理论工具的优点，但也均存在着限制，这是因为每一途径仅适用于某种非营利组织或特殊情境领域的绩效评量。例如就目标达成途径而言，宗教型非营利组织根据其使命所制定的目标陈述，如普渡众生，往往并不明确，难以将模糊的目标陈述转化为具体的绩效指标予以评量。就系统资源途径而言，根据非营利组织汲取外在资源的筹款能力，作为评量组织绩效的主要方式，往往只适用于特殊属性的非营利组织，例如联合劝募。过度强调非营利组织的财力提升可能使人怀疑组织追求使命的本意，不利于非营利组织的正当性，甚至伤害了非营利组织未来的筹款能力（Herman and Renz，2004：695）。非营利组织适当地向某些关系人，如政府机关、捐款人反映较弱的筹款能力以及紧缩的财物状况，反而是一种策略应用。

就声望途径而言，非营利组织的不同关系人，可能基于不同的社会价值而对于组织绩效的意义以及评量方式无法达成共识。就内部过程途径而言，一个拥有优质资源与信息管理与沟通能力的非营利组织却可能产出不良的计划方案。相对地，一个产出良好计划方案的非营利组织也可能具有运作不良的决策过程或士气低落的职工与志工（Sowa，Selden and Sandfort，2004：715）。因此，这四种传统的非营利组织绩效评量途径都仅是一隅之见，无法充分反映当代公民社会中非营利组织绩效的特殊性质以及绩效评量时的实际情境。

本章尝试以组织系统论的观点，结合上述四种非营利组织绩效评量的途径设计一个多层面、整合性的分析模式，作为探讨相关问题以及提出解决方案的基础。根据组织系统论，组织乃是一个开放的、社会技术的以及整合性的系统（彭文贤，1980:71）。组织内部各部门（次级系统）之间，不但存在着相互依赖关系，而且与外在的客观环境之间，也经常处于交互影响的状态之中，亦即：任何一个组织都存在于外在的环境中，组织的本身必须不断地从它的外在环境之中输入各种需要的能源、情报与物质，经由转换成为特定形式的产品与劳务，而后再输出到它的外在环境之中，并进而重塑或影响其既定的环境。事实上，任何组织的运行，无不经由它特定的各种程序与结构,而与外在环境中的相关组织,进行并维系互惠的相互依存关系……在某种程度上,一个组织绩效的高低,多少可以作为该一组织是否能够成功的迎合并适应其外在环境的指标(彭文贤,1996:199—201)。

典型的系统研究法是由四个核心项目——输入、转换、输出、反馈一构成,将这四个核心项目分析非营利组织的绩效如下①:

(1) 输入是指非营利组织用来达成其目标的任何东西。就系统资源途径而言,可将输入视为非营利组织所使用的有形的资源与信息(如捐款、志工、职工、设施、设备、现有问题等),以及无形的形象与观感。

(2) 转换是指非营利组织将输入转化为输出的实际处理或服务输送的过程。就决策过程途径而言,可将转换视为非营利组织内部的资源与信息管理和沟通的程序与结构(如资源质量、管理能力、治理结构、资源网络、筹款能力、自我评估等)(邓国胜,2001:191—200)。

(3) 输出是指非营利组织所生产的产品与劳务。非营利组织的输出可从三个层面予以分析。就目标达成途径而言,它可以指非营利组织提供的具体服务产品、劳务或人数的数量,也就是输出的初级信息。其次,输出也可以指非营利组织后来达成的服务影响,也就是有关达成预期目标程度的信息。就声望途径而言,输出还可以指非营利组织提服务产品与劳务的质量。由于对于质量认定的观点不同,需要最终的仲裁者(Martin and Kettener,1996: 42)。因此,服务品质是由非营利组织关系人的评价与态度而定的。②

---

① 就组织系统论而言,学者们假设欲求达成组织的目的,则必先使其行为切合环境的需要,组织面对永无休止的环境变迁,务必寻求适应的方法,否则必将落伍而趋于毁灭(彭文贤,1980:132)。事实上,个别非营利组织的绩效表现还应置于它所存在的第三部门的整体历史脉络中加以分析,方能真正观察出其实际意涵,特别是政府对于第三部门的管制环境以及社会经济环境等因素的长期变迁,皆可能影响个别非营利组织的绩效表现、甚至组织的目标与行为,学术界对此也有深入讨论。然而,本章限于篇幅与研究议题的限制,而假定个别非营利组织的环境因素是类似的(即 ceteris paribus),且相较于政府与企业部门,非营利组织本身具有适应环境变迁的特性,较能根据外在环境因素的改变,作出弹性考虑的对策。对此议题的深入理论性与经验性研究,参见 Schlesinger,1998;Weisbrod,1998。

② 依据全面质量管理的观点,是由服务对象决定各种质量的方面与评价,但非营利组织的服务对象不仅是受益人而已,还应包括各种内部与外部与非营利组织有关的服务对象,他们都可能对质量有不同的看法。本章使用关系人(constituents)的概念表示。参见 Martin,1993: 31—33。

(4) 反馈是指有关于非营利组织的绩效信息,当作输入重新回到非营利组织中的形式。若是将典型系统研究法中核心项目之间单向的反馈,引申扩大为双向的比较,则根据上述四种非营利组织绩效评量的途径,可以发展出四个绩效信息的观点:效率(efficiency)观点反映非营利组织所提供具体的服务数量与输入之间的比较;适当(relevance)观点反映非营利组织所提供的服务质量与输入之间的比较[①];效能(effectiveness)观点反映非营利组织达成目标的影响与输入之间的比较;能力(capability)观点反映非营利组织内部的管理程序与结构与输入之间的比较。

这一显示非营利组织绩效评量的效能、适当、效率与能力四种观点的多层面、整合性的分析模式,可由图 11 - 1 表示。

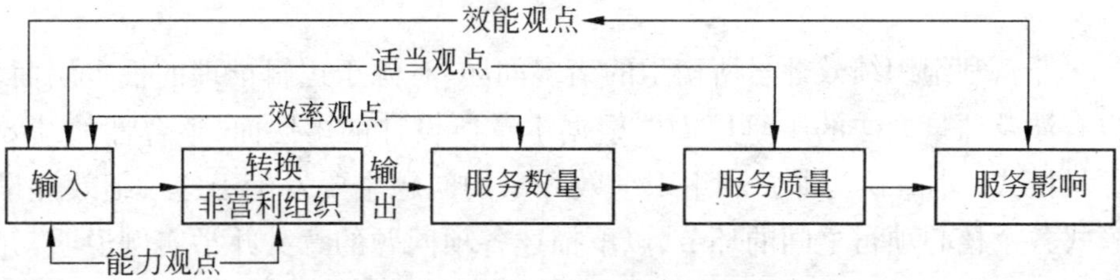

图 11 - 1　非营利组织绩效评量模式

这个基于系统组织论的非营利组织绩效评量分析模式具有以下四种特征:

(1) 在绩效评量的对象方面,包含了非营利组织本身的管理层面,以及非营利组织推动的计划层面。

(2) 在绩效评量的指标方面,兼顾了主观的认知层面,以及客观的量化层面。

(3) 在绩效产出的分类方面,涵盖了绩效产出的服务数量、服务品质与服务影响等层面。在三者之中以服务数量层面较直接且具体,可在非营利组织行动后即可评量,服务品质其次,至于服务影响层面可能在非营利组织

① Lusthaus et al.,(2002)发现非营利组织关系人对于组织的期望与要求不尽相同,非营利组织必须致力于调和各关系人的差異,因此将适当观点定义为非营利组织满足主要关系人的需求,以获得其支持的能力。参见 Lusthaus et al.,2002:119 - 123。

行动之后较长时期方可评量。

（4）在绩效标准的设定方面，考虑了系统输入项与其他系统项目之间的关系，即是以组织输入与系统项目之间的比例作为判断组织绩效的标准。各个系统项目与输入之间有双向的比较关系，例如在输入不变的条件之下，非营利组织提供的服务数量愈多，效率程度就愈高；非营利组织提供的服务质量愈高，适当程度就愈高；非营利组织提供的服务影响愈大，效能程度就愈高；非营利组织内部的资源与信息转换愈好，能力程度就愈高。

第三节 问题陈述

非营利组织绩效评量所衍生的诸多问题，有源于逻辑推理的根本层面，也有涉及评量方法的工具层面。根据本章所设计的多层面、整合性的绩效评量模式，本章认为非营利组织绩效评量的问题主要发生于这一绩效评量模式各个核心项目之间的环节，以下描述各项问题的意义并举实例说明，并将问题意义定位于这一模式之中。

（一）因果关系的问题

评量组织绩效的前提是组织的目标与组织达成的影响之间具有明确直接的因果联结。此种因果关系推论的假设非营利组织根据它的目标，投入各项资源来达成预期的结果，而有意或无意地排除了其他中介变量（Campbell，2002；DiMaggio，2002）。然而，比起政府或营利组织，非营利组织的输入与影响之间的因果关系难以明确界定。例如若以婴儿死亡率这一结果来评量非营利妇产科医院的绩效，位于富裕社区的医院的婴儿死亡率，可能低于位于贫穷小区的医院的婴儿死亡率，因为富裕小区的孕妇通常来说营养较充分、健康状况较好，即使贫穷小区的医院投入更多的医疗资源、更高的医疗质量来照顾孕妇与幼儿，绩效还是可能较低。

根据同样的逻辑，更难以判定单一非营利组织的产出与整体社会影响之间的因果关系。况且，研究者也难以知悉非营利组织所采用产出短期与长期的绩效策略的差别。例如在一个贫困社区中,两个非营利组织采取不同的策略对抗贫穷问题,其一是以建立平民住宅或其他基础生活设施为主要行动;其二是组织小区居民参与政府的决策程序,要求地方政府对该小区提供更多的服务与资源。前者可能产生明显立即的结果,但后者由于启发了小区居民的公民意识,起初几年似乎绩效不彰,在未来可能有重大的成果。采用不同策略的非营利组织难以在同一时间架构之下比较其绩效。此外,对非营利组织输出的认定也有问题,例如研究者不能将自杀率的降低归因于某一宗教型非营利组织对于民众心灵的抚慰,也无法将吸烟人口比例的下降归因于某一反烟害团体的鼓吹,而回顾近年发生的重大丑闻,一个社会形象良好、广受民众支持的非营利组织,却可能早已偏离了原有的使命与价值。根据本章所设计的绩效评量模式,此一问题是指非营利组织在输入与服务数量之间,以及服务数量与服务品质、服务影响之间不易建立稳定的组织绩效的因果推论。

(二)多重目标的问题

当今较大规模的非营利组织由于在各种关系人不同的要求下,或在扩大服务领域的理念下,经常同时追求多种目标,例如财团法人佛教慈济慈善事业基金会现今就有慈善、医疗、教育、文化四大志业,另投入骨髓捐赠、环境保护、社区志工、国际赈灾,称之为"一步八脚印"。非营利组织所追求多重目标的优先级往往牵涉组织内部的政治互动以及各种关系人之间的权力结构。一般而言,非营利组织并不愿正面处理目标不一致的问题,以免引发内部的利害冲突,而往往采用足以激励人心,但语意模糊的使命陈述,或维持各种目标并存,而不规划长期的消长趋势等消极做法加以因应。甚至某些非营利组织还存在着不可言传的目标,如为个别捐款大户节税,而无法公开见诸于社会大众。

然而,非营利组织绩效评量却要求将组织的目标公开,并对于各种目标的重要性作一表述与选择,这可能造成组织关系人之间互动的恶化。因此,非营利组织往往抗拒施行绩效评量,即使勉强实施,所提供的绩效信息的正确性也不无疑问(DiMaggio,2002)。根据本章所设计的绩效评量模式,这一问题是指非营利组织在内部转换时,不易对于资源的分配达成一致共识,而形成分歧的组织绩效的看法。

(三)负面效果的问题

大凡制度开始实施时都具有正面意义,实施一段时间之后,才逐渐显现出它的缺点,甚至产生预想不到的负面效果。如本章前言所述,非营利组织的绩效评量能够支持非营利组织的管理功能、配合政府的政策功能以及增加关系人的公共信任。然而,绩效评量也可能基于评量机关的特殊目的产生其他的效果。一般而言,政府或捐款企业进行绩效评量大都是为了企图影响非营利组织的决策,以符合它们的预期;或评估非营利组织的表现,作为决定契约对象或分配捐款比例的依据;或监督非营利组织的行动,以避免违法犯纪或违反公序良俗。然而,绩效评量所发挥上述的影响、评估、监督等功能却可能产生不同的负面效果,甚至紧张关系(Schuster,1997)。

就影响非营利组织决策的功能而言,例如现今教育主管部门采用专任教师刊登于 SSCI、TSSCI、SCI、EI、A&HCI 等指定期刊的学术论文篇数作为评量大学研究绩效的指标,进而成为分配高等教育预算的基准,企图影响大学的决策以提高研究水准。各大学为了争取较多的经费,可能扩充较易刊登于指定期刊的学科领域(如理工医农),而有意忽略社会科学或文法等不易刊登在指定期刊的学科领域,反而对于高等教育各学科领域的均衡发展不利。就评估非营利组织表现的功能而言,如果企业针对社会服务及慈善团体进行绩效评量,用以评估其表现作为捐赠的决策依据,社会服务及慈善团体为了争取企业的财力支持,可能投注大量精力资源在组织绩效报表的撰写、组织知名度的提升等,与组织原有使命并无直接关联的活动上,甚至为了美化绩效评量的指标,可能产生造假的情形。就监督非营利组织行为的功能而言,例如政府根据法律与命令,针对非营利组织进行绩效评量,其始意自然是使非营利组织不致偏离设立使命与目标,甚至违反社会主流的价值观念。

但是在现今快速变迁的多元社会中,绩效评量的监督功能可能降低了非营利组织适应环境的能力,而且似乎也与非营利组织追求特殊价值的性质有所抵触。总之,非营利组织的绩效评量固然有在强化管理、配合政策以及培养信任等方面的正面意义,但它也可能形成排挤效应、投机作为、目标转移、僵化刻板,甚至为优势团体操纵的负面效果,应为非营利组织的管理者与研究者特别注意。根据本章所设计的绩效评量模式,这一问题是指非营利组织的服务影响不易明确界定,因此基于效能观点的绩效评量难以圆满进行。

(四)评量技术的问题

非营利组织所提供的输出经常是以某种服务的形式提供给受益者,这类服务往往包含了信任、同情、关怀、抚慰等精神成分,实际上无法触知而且难以使用具体的指标加以度量或计算,甚至某些倡导特定议题的非营利组织的输出或影响根本无从知悉,例如提倡女权意识或发扬传统文化的非营利组织,很难具体地指出与组织使命直接关联的工作,更无法确切地知悉它们的社会影响力。由于有些非营利组织既然无法确实评量其绩效,因此非营利组织对于服务对象即受益人(案主)的需求可能无法完全掌握,甚至加以忽略,而较重视捐款人或主管机关的需求,而可能造成偏离使命的现象。这在竞争程度较低的服务领域更为严重。况且相较于非营利组织的其他关系人,受益人较为弱势,也不太可能对非营利组织的服务提出直接客观的评估,甚至批判,而倾向于给予正面的评价,以致受益人满意程度的绩效评量结果往往令人质疑(Kantu and Summers,1987:163)。

此外,关系人的满意程度也可能涉及关系人主观的价值判断,而使评量的结果存有争议,例如一个地方社区发展基金会,究竟应将有限资源于公共安全事务抑或住民健康事务,往往牵涉社区成员的认知与立场而见仁见智,难以作出客观公正的评价(GASB,1994:30)。根据本章所设计的绩效评量模式,这一问题是指非营利组织的服务数量与服务品质难以客观精确的度量,因此效率观点与适当观点下的绩效评量也存在着问题。

(五)制度限制的问题

非营利组织的规模大小、政府管制程度,以及与政府机关或捐助企业的关系等制度性因素，皆可能影响非营利组织进行绩效评量提供绩效信息的能力与意愿（DiMaggio，2002）。一般而言，规模较大的非营利组织如“国立”大学，较有资源与专业能力进行绩效评量；规模较小的非营利组织如艺术基金会，则限于有限的人力不太可能提供完整的绩效信息。政府管制程度较高的非营利组织如公办民营医院，能够提供较完整的绩效信息，以提供政府机关作为监督管制的依据；政府管制程度较低的非营利组织如同乡会，就较无提供绩效信息的意愿。如果非营利组织意欲向政府机关或企业申请补助或争取捐款，则非营利组织有较强的意愿提供高品质的绩效信息，但以个人或企业独资支持的资金会就缺乏进行绩效评量的诱因。

由以上非营利组织制度性因素所引发绩效评量的问题可知，不太可能以单一的绩效评量维度与指标，施用于不同规模、类型与属性的非营利组织，而且不同规模、类型与属性非营利组织的绩效信息也无法有意义地进行比较。根据本章所设计的绩效评量模式，这一问题是指非营利组织的输入与非营利组织本身的性质将会影响绩效评量的可行性，因此能力观点下的绩效评量应更加审慎。

第四节 解决对策

上一节根据非营利组织绩效评量的文献探讨中得知，由于非营利组织的特色与非营利管理的实务，在实际从事绩效评量时可能产生的诸多问题。接下来，本章依据近来第三部门学界发展出绩效评量的研究成果，配合台湾地区本土非营利组织的实际观察，提出五点对策以解决相关问题，以期发挥绩效评量的正面功能。

（一）评量非营利组织绩效的首要工作是评量达成使命的程度

一切非营利组织的管理工作都必须从组织的使命开始，也就是说，非营利组织就是为了要达成使命而存在（余佩珊译，Drucker，2004：42－94）。具体而言，非营利组织基于使命，发展出愿景，再根据愿景制定可行的目标。

为达成目标,非营利组织还要执行策略,并以具体的计划予以落实。因此,非营利管理就是一套由使命出发,而层层相扣的行动体系(Sawill and Williamson,2001：375)。根据这一体系,非营利组织管理的核心便是评量非营利组织对于使命的贡献程度。其他与非营利组织使命无直接关系的部分,如非营利组织的公共关系、非营利组织的行销技术、非营利组织的商业行为等在现今第三部门的环境中虽也有其重要性,但在相关资源有限的限制之下,必须有所取舍。非营利组织的管理者应优先评量使命达成的程度,在绩效评量各种条件的许可下,方能顾及其他次要层面。

然而,非营利组织的使命既不是营利企业寻求的利润极大化,也不是政府追求的普遍性公共价值,而是反映某些社会价值的特殊需求(Lindenberg,2001:267－268)。而要将此种社会价值转化为可以评量的具体单位并不件容易的工作,非营利组织的绩效评估者应尽可能合理地设计代表使命的指标,试举一例说明(Henderson,Chase and Woodson,2002)。基督教儿童基金会(Christian Children's Fund,CCF)是一个以服务全世界贫穷国家儿童的健康及教育需求为使命的国际性儿童援助组织,现今在31个国家中约9 250万穷困儿童受惠于该非营利组织。近年CCF发展出一套"年度性影响力监督与评估系统"(annual impact monitoring and evaluation system,AIMES)值得借鉴。该系统有关输出与结果的具体绩效评量方式简述如下:(1)清楚地界定组织的使命。将使命转化为在服务小区中降低5岁以下儿童死亡率、降低5岁以下儿童营养不良率与增加成人识字率三项结果绩效指标。(2)根据上述三项结果绩效指标,再发展出七项过程指标:1岁至两岁儿童的免疫人数、新生儿施打TT2(Tetanus Toxoid vaccine)的人数、熟悉正确处理儿童腹泻的家庭数、熟悉正确处理儿童严重呼吸感染的家庭数、使用安全饮水的家庭数、使用卫生设备的家庭数、在学的儿童数,这七项指标代表了CCF的输出。(3)CCF并以详细的质性资料说明设计这些指标的原则与理由,例如指标强调计划方案的影响面,而非行动面;聚焦在儿童的健康与教育之上;只评估CCF能够执行且易于追踪的项目等,来提高绩效指标的正当性。CCF特别强调绩效指标不宜太多,根据过去经验,代表性绩效指标以5到10个就相当足够了(Henderson,Chase,and Woodson,2002：68)。不同小区的地方组织还可以根据小区需要与特色增加输出项目。经逐年执行 AIMES 之后，CCF 的管理者发现此系统可使成员清楚地认知组织使命与目标，并使组织资源更聚焦于组织的使命与目标。

如果非营利组织无法直接评量最主要影响，只得以相似的评量对象来代替，例如以预防自杀为主要使命的非营利组织，不太可能精确评量预防自杀的数量，只得以接受心理辅导或协助的个案数量取代（GASB，1994：29）。然而，评量非营利组织的绩效如真有技术上无法克服的困难，在实务上还是可由非营利组织的资源投入或管理过程的评估代替对于组织输出的绩效评量（Sheehan，1996）。

（二）不同类型的非营利组织应采取不同的绩效评量机制

由于非营利组织的使命相当多元，依据使命所呈现的内部治理与外部环境也不尽相同，评估者不太可能以同一评量机制比较不同类型非营利组织达成使命的绩效，因此在实际评量非营利组织绩效之前，应先依据特殊标准予以分类，在同一类型的非营利组织之间进行比较，方能显示出绩效程度较为理想的非营利组织，使绩效评量更具意义（Herman and Renz，1997；Herman and Renz，1999）。现行第三部门学界对于非营利组织的分类方式并无共识，大致而言，约有功能性分类①、关系人分类②、财源与监控分类③等。本章既以非营利组织达成使命程度作为绩效评量的主要标准，也应以使命作

① 冯燕（2000）依据台湾地区"民法"与相关管理法规对社团法人与财团法人的数据，整理出下列分类：（1）社团法人——学术文化团体、医疗卫生团体、宗教团体、体育团体、社会服务慈善团体、国际团体、经济业务团体、宗亲会、同乡会、同学与校友会、其他等 11 类；（2）财团法人——文化教育、社会福利慈善、卫生医疗、工商经济、财政金融、环境保护、交通观光、新闻传播、农业事务、劳工服务、法务事务、两岸事务、外交事务、保防国防、青年服务、文化艺术等 16 类。参见冯燕，2000；14—15。

② Paton（2003）依据非营利组织的决策是以何种利害关系人主导，区分为资助者取向的非营利组织（如在政府契约资助下的社会福利团体，台北市的公办民营为例）、职工取向的非营利组织（如独资的社会福利团体，富邦文教基金会为例）、捐赠者取向的非营利组织（如一般慈善团体）、消费者取向的非营利组织（如学校、博物馆、艺术团体）、会员取向的非营利组织（自助性与社区团体，同乡会为例）、受益者取向的非营利组织（如疾病防治团体，喜憨儿基金会为例）6 种。参见 Paton，2003：7。

③ Hansmann（1987）依照组织财源和监控方式分为：捐赠——会员控制型，如红十字会、联合劝募协会等服务型组织；捐赠——董事经营型，如博物馆、疗养院；商业收费——会员控制型，如会员俱乐部；商业收费——董事经营型，如医院。参见 Hansmann，1987：28。

为非营利组织的分类方式。一般而言，非营利组织的使命大致上分为四种(Land,2002：66－67)：①提供服务：主要宗旨是提供公私部门无法提供的产出或提升服务传送的质量、多样与效率等，例如红十字会；②慈善行为：主要宗旨是设立或改善公共建设，例如基金会支持的医院、大学、博物馆、小区公共建筑等；③慈善工作：主要宗旨是将资源由捐赠者移转到或重新分配至需要协助受益人，例如联合劝募；④会员同好：主要宗旨是提供会员以结盟或聚会的方式分享活动与利益，例如同乡会。

在当代多元社会中，同一非营利组织也可能兼顾几种使命。因此，各种使命类型彼此之间并非互斥，评估者可由此分类判断某一非营利组织以何种使命为主，并依此选择绩效评量的重心。参考本章所设计的分析模式，提供服务型非营利组织的绩效评量似乎应较为重视组织输入与服务数量之间的效率观点，因为组织的工作重心是提供充分的产品与服务，并完整地传送至受益人以满足他们的需求；慈善建设型非营利组织的绩效评量似乎应较为重视组织输入与服务影响之间的效能观点，因为组织的工作重心是发挥所投资公共建设的长远影响，此虽非一朝一夕之功，然而对整个社区、社会、国家或地区以致人类福祉有正面积极意义；慈善工作型非营利组织的绩效评量似乎应较为重视组织输入与非营利组织本身之间的能力观点，因为组织的工作重心是吸收社会的各项资源，根据正确客观的信息，经由组织内部的决策过程，公平地分配给受益对象；会员同好型非营利组织的似乎应较为重视组织收入与服务品质之间的适当观点，因为组织的工作重心是提供独特的产品、服务、理念、价值，以满足组织会员向非整体社群的偏好，自应以顾客满意程度作为评量绩效的主要考虑。因此，不同使命类型的非营利组织根据上述的绩效观点，可发展出不同的绩效评量维度与指针，针对非营利组织的绩效进行较合理周延的评估。

(三) 将非营利组织的绩效视为社会建构，绩效评量的维度与指标应由各关系人共同决定

如前所述，非营利组织绩效评量反映了关系人的权利关系。就表面上来看，绩效评量最主要的途径就是评估非营利组织达成目标的程度，但非营

利组织所追求的目标经常为抽象的价值或崇高的愿景，必须经由评估者的主观诠释才能转化为实际的评量指标，此种主观的诠释可能倾向于优势的关系人的观点，如赞助企业或政府机关，居于弱势的关系人，如受益人或内部职工志工的利益或意愿可能遭到忽视（Ebrahim，2003：200）。尤其是当非营利组追求数种目标时，各关系人之间不对等的结构最易展现。

在20世纪90年代晚期之后，研究者逐渐认知非营利组织绩效评量的复杂性及困难度，并无法直接引用公私部门绩效管理的概念与方法从事非营利组织的绩效评量，转而采取社会建构论的观点进行分析。[①] 社会建构论的主张人们感觉以及经验的世界是通过由人们思考以及意会的架构（lenses）所建构的。社会实在（reality）乃是人们信仰、知识以及行动的产物，无法脱离人们而客观存在，而组织绩效是基于关系人的判断，而非组织的真实性质。这一判断是在各种关系人不经意地感知与协调的过程中所逐渐形成的，不同关系人对于组织绩效存在着不同的判断标准（Herman and Renz，1997）。亦即依据社会建构论的观点，非营利组织的各种关系人将依据各自的目标与利益，来判断非营利组织的绩效，非营利组织的受益人、捐款人，以及内部职工志工等等，均对非营利组织的绩效有不同的评价标准。因此，并没有一套固定的、完整的非营利组织绩效评量的方式，不但要以客观的指标评估非营利组织的绩效，也须以关系人主观的认知判断非营利组织的绩效。社会建构论观点将评估者及关系人置于绩效评量的中心位置，评估者应该在尊重关系人的前提下，借由提升关系人的意识，使各种关系人得到激励、告知并接受绩效评量。因此，关系人必须扮演决定绩效评量问题与变项的关键角色。在绩效评量的过程中，评估者针对各个评量层面，定期地、持续地向各种关系人告知与咨询（Stufflebeam，Madaus and Kellaghan，2005：90－94）。在实务上，可经由各种关系人之间密切地互动与平等地对话，逐渐形成共识，共同接受评估标准来评量绩效信息，以共同判断非营利组织的绩效（Herman and Renz，1999：118－119）。当然，这种磨合过程需要可观的时间与资源，却是可以提高非营利组织绩效评量的正当性，以及发挥绩效评量正

① 以社会建构论的观点作为分析组织绩效途径的前趋之作大约是 Pfeffer（1982），但将之落实于非营利组织绩效评量应是从 Herman and Renz（1997）开始。

面功能的有效方式,更确保了较弱势的关系人的需求不致遭受忽视甚至扭曲。

(四) 非营利组织的绩效无法化约为单一层面,应由多重层面的角度予以评量

大多数非营利组织的绩效评量是以组织的结果,特别是个别计划方案的结果作为评量对象(Letts,Ryan and Grossman,1999: 16)。事实上,此种以计划方案的结果作为非营利组织绩效的唯一层面的做法存在着许多限制,例如组织投入与结果之间缺乏因果关系,受益人的变化缺乏参照团体,有关计划方案结果的具体资料难以收集或量化,甚至特殊计划方案的推动与组织使命的追求并无直接关系等等。因此,评估者应将非营利组织的绩效视为一个多重层面的阶层体系,由不同角度予以评量,再加以整体判断,例如先将非营利组织的绩效区分为管理层面与计划层面。管理层面是指非营利组织内部的管理结构与程序的特色;计划层面是指非营利组织所提供各种计划方案的特色。管理层面与计划层面又可分别区分为能力与结果两个次级层面。能力次级层面是指组织或计划如何运作、结构如何设定以及指挥工作人员的行动过程;结果次级层面是指管理行动与计划行动的具体产出(Sowa,Selden and Sandfort,2004)。这一多重层面的绩效体系可由图 11 -2 表示。

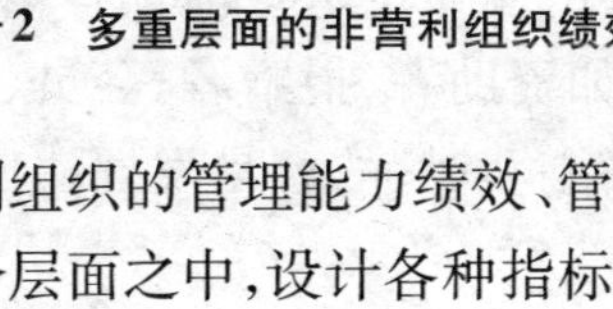

资料来源:引自 Sowa,Selden and Sanfort,2004。

图 11 -2　多重层面的非营利组织绩效体系

评估者可以在非营利组织的管理能力绩效、管理结果绩效、计划能力绩效与计划结果绩效等四个层面之中,设计各种指标,并收集具体资料或数据加以评量,并探求不同绩效层面之间的关系。若非营利组织的资源有限,无

法针对上述四种绩效层面进行完整评估,应将评估的焦点先置于管理层面,特别是非营利组织管理能力层面,因为根据相关的经验研究,非营利组织董事会的管理绩效与非营利组织的整体绩效具高度相关(Green and Griesinger,1996;Herman and Renz,1999),意味着具备良好领导与决策等管理能力的董事会,可能是导致非营利组织表现高度绩效的主要因素。

(五)非营利组织绩效评量的主要功能应定位为提升组织的调适能力

前述非营利组织绩效评量所发挥的影响、评估、监督等功能可能形成的负面效果,不仅与非营利组织富于弹性、信任取向、代表多元价值等特性相违背,甚至可能偏离了非营利组织赖以存在的使命。职是之故,非营利组织绩效评量的最主要功能应投注于能力观点,而非一味地扩大组织的输出层面,如增加计划方案的数量,扩充服务对象的规模等。虽然,对于若干关系人而言,很难接受将有限的资源优先使用在建立组织的基础设施与绩效能力,而非直接花在受益人身上,特别是政府机关与捐款企业(或基金会)经常是以特别的计划方案作为赞助的对象,导致非营利组织为了争取经费还必须不断诠释与调整组织使命以迎合计划方案。但是,在第三部门环境日益复杂,竞争愈形激烈的趋势中,非营利组织的领导人应该体认:组织要能长远地生存,与其穷于应付快速转变的社会需求,不如将资源适度地优先投资在增强非营利组织适应外在环境的调适能力之上。

因此,绩效评量也应以能力观点为主要考量,例如发展新计划方案以增进小区或受益人福祉的创新能力;持续适应外在需求变迁与掌握新机会而修正组织本身的响应能力;吸引留用支持内部志工及职工以提高组织服务质量的激励能力;研究如何提高管理与计划效率的学习能力;确认组织计划或服务能够如实传递案主需求的品质能力;结合类似非营利组织的努力的合作协调能力等等(Letts,Ryan and Grossman,1999)。这些能力的提升均可促进非营利组织关系人,如资助者、捐赠者、会员、消费者、受益人、职工、志工等对于组织使命的理解与贡献,故容易发挥达成非营利组织使命的正面效果。

第五节　结　语

绩效管理已经成为当前世界各国或地区改革政府与企业提升竞争能力的主要管理工具,而绩效评量乃是绩效管理的基础。在现今第三部门效法公私部门的管理精神与实务的趋势中,非营利组织的绩效评量成为非营利组织管理者争相投入的工作。本章根据理论概念的探讨以及实际个案的研究,列举了非营利组织可能产生的根本性与工具性问题,并试图提出解决对策。然而,即使这些对策被非营利组织实际采用,似乎仍然无法完全解决所有问题,或绩效评量成本过高,超过非营利组织所能负担,也有违非营利组织应将主要资源投入达成使命的社会需求。此因非营利组织的性质究竟有异于政府与企业,由公私部门移植而来的绩效评量的概念与做法应用至非营利组织显得格格不入。有些非营利组织的管理者直言这类绩效评估活动可能加诸组织不必要的成本与时间负担,甚至是扼杀非营利组织的想象空间或创造能力的僵硬教条(Campbell,2002);有些非营利组织的研究者则是认为要在真实生活的情境中完美地评估人类的行为几乎是不可能的,而非营利组织的绩效评估活动更是充满了无可回避的主观因素与困难障碍(Murray,2001:41－42)。

现在,似乎可以回到一个最基本的问题:非营利组织是否真有必要从事绩效评量?本章认为答案仍是肯定的。这不仅是因为在竞争日益激烈,资源逐渐匮乏,但社会需求却愈见上升的第三部门环境中,绩效评量为核心的绩效管理是非营利组织提升其绩效的必要机制,即使非营利组织的绩效评量不太可能依循严谨的社会科学的研究标准与方法,但它仍可发挥仪式性的意义,将非营利组织的内外关系人凝聚在一起,明确地界定组织追求的标的,并引导非营利组织进行变迁,因而绩效评量可以协助非营利组织认清组织的目标,促使董事会与管理者聚焦于组织的使命,使组织内部成员有了沟通对话的基础,研究者也可经由绩效评量更加理解非营利组织的特性(DiMaggio,2001:265－267)。

本章建议第三部门的研究者与实务者可由不同于公私部门的角度，重新定位非营利组织的绩效评量。首先，就评估研究的角度而言，评量一词就意味着以某种标准或单位进行比较数量或程度的概念，它的精确意涵可能不太适合表达非营利组织的绩效，因为非营利组织本就是社会价值的承载物，其绩效的表达也应以估计或判断所追求的社会价值为主要考虑。因此，评鉴(assess)这一概念本身就意味着价值的认定，反而可能更突显非营利组织绩效的特征。[①] 其次，依据本章所指出非营利组织绩效评量问题的首要对策，解决非营利组织绩效评量的重点就是估计或判断社会价值(使命)达成的程度，关系人对于价值达成与否的主观感觉似乎比具体数据更为重要。因此，绩效评量实不必全然拘泥于绩效维度与指标的建构，一味地计算组织产出的具体产品与服务，或计较组织的长期的最终影响力，而应以与使命最为相关的关系人的态度及评价为主要考虑，探求主要关系人对于非营利组织的信任的消长趋势。最后，第三部门的研究者与实务者也应体认绩效评量并非管理者的万灵丹，它或许可以辅助组织的管理决策，但无法代替组织的管理决策。非营利组织的管理决策还是应该以提升社会大众对于组织使命的公共信任为归依。

关键术语

绩效(Performance)

非营利管理(Nonprofit Management)

绩效管理(Performance Management)

绩效评量(Performance Measurement)

绩效评估(Performance Evaluation)

责信(accountability)

目标达成途径(The Goal-attainment Approach)

系统资源途径(The System Resource Approach)

---

① 有关 measure 与 assess 的意义区分，可参照 Webster's New Twentieth Century Dictionary(1983, 2nd edition)。

声望途径(The Reputational Approach)　　决策过程途径(The Decision-making Process Approach)

复习思考题

一、何谓绩效评量？非营利组织的绩效评量与公私部门的差异何在？

二、非营利组织的绩效评量可能衍生哪些问题？克服这些问题有哪些对策？

三、何谓多层面、整合性的绩效评量模式？

进阶研读

余佩珊译,Drucker,P. F. 原著:《彼得杜拉克:使命与领导》,台北:远流,2004。

陈金贵:《美国非营利组织的人力资源管理》,台北:瑞兴,1994。

邓国胜:《非营利组织评估》,北京:社会科学文献出版社,2001。

萧新煌主编:《非营利部门:组织与运作》,台北:巨流,2000。

Powell,W. W. (ed.), *The Nonprofit Sector: A Research Handbook*, New Haven: Yale University Press,1987.

Flynn,P. and A. Hodgkinson (eds.) *Measuring the Impact of the Nonprofit Sector*, New York: Kluwer Academic/Plenum Publishers,2002.

Letts,C. W.,W. P. Ryan,and A. Grossman. *High Performance Nonprofit Organizations*, New York: John Wiley & Sons,Inc,1999.

参考文献

丘昌泰,《公共管理》,台北:元照,2000。

余佩珊译,Drucker,P. F. 著,《彼得杜拉克:使命与领导》,台北:远流。译自 *Managing the Nonprofit organization: Practices and Principles*, New York,

N. Y. : HarperCollins,2004。

吕辉堂,陈正宏,非自偿性公共部门绩效评估指标的探讨,《主计月刊》,第571期,第68—74页,2003。

施能杰,建立组织绩效管理引导员工绩效评估的制度,《考铨季刊》,第37期,第79—94页,2004。

孙炜,非营利管理的责任问题:政治经济研究途径,《政治科学论丛》,第20期,第141—166页,2004。

陈金贵,《美国非营利组织的人力资源管理》,台北:瑞兴,1994。

陈美惠,张石柱,杨美慧,非营利组织绩效指针建构的探讨,《"国防"管理学报》,第25卷第2期,第17—28页,2004。

彭文贤,《系统研究法的组织理论的分析》,台北:联经,1980。

《组织结构》,台北:三民,1996。

彭锦鹏,美国联邦政府机关绩效评量制度的发展,"行政机关绩效管理暨绩效奖金制度"学术研讨及观摩会论文(6月24日),台北:"行政院"人事行政局、台湾大学政治学系,2005。

冯燕,非营利组织的定义、功能与发展,载于萧新煌主编,《非营利部门:组织与运作》,第1—42页,台北:巨流,2000。

黄永富等,非营利组织顾客满意度的实证研究,《质量月刊》,第40卷第8期,第82—89页。

杨东震,罗珏瑜,非营利组织顾客满意的研究:以台北市立美术馆为例《非营利组织管理学刊》,第1期,第1—26页,2003。

万育维,社会福利绩效评估的模型运用、困境与展望,《研考双月刊》,第19卷第1期,第53—61页,1995。

刘明德,方之光,王士峰,非营利组织的顾客满意评量模式建立程序,《非营利组织管理学刊》,第1期,第53—72页,2003。

郑美爱、王韡康、张锡惠,文教基金会绩效指标的调查研究,《会计研究月刊》,第208期,第98—107页,2003。

邓国胜,《非营利组织评估》,北京:社会科学文献出版社,2001。

颜信辉、林静芬,非营利组织绩效衡量指标的探讨,《主计月刊》,第591

期,第57—67页,2005。

苏锦丽等译,Stufflebeam,D. L.,G. F. Madaus and T. Kellaghan 编,《评鉴模式:教育及人力服务的评鉴观点》,台北:高等教育,2005。

Cameron,K. S.,Domains of Organizational Effectiveness in Colleges and Universities. *Academy of Management Journal*,24(1):25-47,1981.

Campbell,D.,Outcomes Assessment and the Paradox of Nonprofit Accountability,*Nonprofit Management & Leadership*,12(3):243-259,2002.

Chisolm,L. B.,Accountability of Nonprofit Organizations and Those Who Control Them:The Legal Framework. *Nonprofit Management & Leadership*,6(2):141-156,1995.

Dabbs,G.,Nonprofit Business in the 1990s:Models for Success,*Business Horizons*,September-October,1991.

DiMaggio,P.,Measuring the Impact of the Nonprofit Sector on Society is Probably Impossible but Possibly Useful:A Sociological Perspective. *In Measuring the Impact of the Nonprofit Sector*,eds. P. Flynn and A. Hodgkinson. New York:Kluwer Academic/Plenum Publishers,2002.

Drucker,P.,What Business Can Learn From Nonprofit. *Harvard Business Review*,July-Aug,1989.

Ebrahim,A.,Accountability in Practice:Mechanisms for NGOs. *World Development*,31(5):813-829,2003.

Fine,A. H.,C. E. Thayer,and A. T. Coghlan.,Program Evaluation Practice in the Nonprofit Sector. *Nonprofit Management & Leadership*,10(3):331-339,2000.

Forbes,D. P.,Measuring the Unmeasurable? Empirical Studies of Nonprofit Organizational Effectiveness From 1977 to 1997. *Nonprofit and Voluntary Sector Quarterly*,27(2):183-202,1998.

Gibelman,M. and S. R. Gelman.,Very Public Scandals:Nongovernmental Organizations in Trouble. *Voluntas:International Journal of Voluntary and Nonprofit Organizations*,12(1):49-66,2001.

Governmental Accounting Standards Board (GASB), Concepts Statement No. 2 of the Governmental Accounting Standards Board on Concepts Related to Service Efforts and Accomplishments Reporting. Norwalk, CT: Author, 1994.

Green, J. C. and D. W. Griesinger., Board Performance and Organizational Effectiveness in Nonprofit Social Services Organizations. *Nonprofit Management & Leadership*, 6(4): 381-402, 1996.

Hansmann, H., Economic theories of nonprofit organizations. *In The Nonprofit Sector: A Research Handbook*, ed. W. W. Powell. New Haven: Yale University Press, 1987.

Hayes, T., *Management, Control and Accountability in Nonprofit/Voluntary Organizations*. England: Avebury Ashgate Publishing Limited, 1996.

Henderson, D. A., B. W. Chase and B. M. Woodson., Performance Measures for NPOs. *Journal of Accountancy January*: 63-68, 2002.

Herman, R. D. and D. O. Renz., Multiple Constituencies and the Social Construction of Nonprofit Effectiveness. *Nonprofit and Voluntary Sector Quarterly*, 26(2): 185-207, 1997.

Theses on Nonprofit Organization Effectiveness. *Nonprofit and Voluntary Sector Quarterly* 28(2): 107-126, 1999.

Doing Things Right: Effectiveness in Local Nonprofit Organizations, A Panel Study. *Public Administration Review*, 64(6): 694-704, 2004.

Jackson, D. K. and T. P. Holland., Measuring the Effectiveness of Nonprofit Boards. *Nonprofit and Voluntary Sector Quarterly*, 27(2): 159-182, 1998.

Kanter, R. M. and D. V. Summers., Doing Well while Doing Good: Dilemmas of Performance Measurement in Nonprofit Organizations and the Need for a Multiple-Constituency Approach. In *The Nonprofit Sector: A Research Handbook*, ed. W. W. Powell. New Haven: Yale University Press, 1987.

Land, K. C., Social Indicators for Assessing the Impact of the Independent, Not-for-Profit Sector of the Society, In *Measuring the Impact of the Nonprofit Sector*, eds. P. Flynn and A. Hodgkinson. New York: Kluwer Academic/Plenum

Publishers,2002.

Letts,C. W. ,W. P. Ryan and A. Grossman. ,*High Performance Nonprofit Organizations*. New York: John Wiley & Sons,Inc,1999.

Linderberg,M. ,Are We at the Cutting Edge or the Blunt Edge? Improving NGO Organizational Performance with Private and Public Sector Strategic Management Frameworks, *Nonprofit Management & Leadership*, 11 (3): 247 - 270,2001.

Lusthaus,C. ,M. Adrien,G. Anderson,F. Carden and G. P. Montalván. , *Organizational Assessment: A Framework for Improving Performance*, Canada: IDRC,2002.

Martin,L. L. ,*Total Quality Management in Human Service Organizations*, Newbury Park,California: SAGE Publications,Inc,1993.

Martin,L. L. and P. M. Kettner. ,*Measuring the Performance of Human Service Programs*, Newbury Park,California: SAGE Publications,Inc,1996.

Multnomah County Auditor's Office. ,Service Efforts and Accomplishments Social and Health Service FY 2002. http://www. co. multnomah. or. us/auditor,2003.

Murray,V. ,The State of Evaluation Tools and Systems for Nonprofit Organizations. In *New Directions for Philanthropic Fundraising*,*No*. 3,ed. B. Putnam. New York: Wiley Periodicals,Inc,2001.

Paton, R. , *Managing and Measuring Social Enterprises*, London: SAGE Publications,Ltd,2003.

Pfeffer,J. ,*Organizations and Organization Theory*, Boston: Pitman. 1982.

Poister,T. H. ,*Measuring Performance in Public and Nonprofit Organizations*,San Francisco: Jossey-Bass,2003.

Quinn,R. E. and J. Rohr Baugh,A Spatial Model of Effectiveness Criteria: Towards A Competing Values Approach to Organizational Analysis. *Management Science*,29(3): 363 - 377,1983.

Robson,C. ,*Small-scale Evaluation: Principles and Practice*,Newbury Park,

California: SAGE Publications, Inc, 2000.

Rojas, R. R., A Review of Models for Measuring Organizational Effectiveness Among For-Profit and Nonprofit Organizations. *Nonprofit Management & Leadership*, 11(1): 97 – 104, 2000.

Rossi, P. H. and H. E. Freeman., *Evaluation: A Systematic Approach*, Newbury Park, California: SAGE Publications, Inc, 1993.

Salamon, L. M. and H. K. Anheier., *The Emerging Nonprofit Sector*, Manchester: Manchester University Press, 1996.

Sawhill, J. C. and D. Williamson., Mission Impossible? Measuring Success in Nonprofit Organizations, *Nonprofit Management & Leadership*, 11(3): 371 – 386, 2001.

Schlesinger, M., Mismeasuring the Consequences of Ownership: External Influences and the Comparative Performance of Public, For-profit, and Private Nonprofit Organization. In *Private Action and the Public Good*, eds. W. W. Powell and E. S. Clements. New Haven: Yale University Press, 1998.

Schuster, J. M., The Performance of Performance Indicators in the Arts. *Nonprofit Management & Leadership*, 7(3): 253 – 269, 1997.

Sheehan, R. M. Jr., Mission Accomplishment as Philanthropic Organization Effectiveness: Key Findings from the Excellence in Philanthropy Project. *Nonprofit and Voluntary Sector Quarterly*, 25(1): 110 – 123, 1996.

Siciliano, J. I., The Relationship Between Formal Planning and Performance in Nonprofit Organization. *Nonprofit Management & Leadership*, 7(4): 387 – 403, 1997.

Sowa, J. E., S. C. Seldon and J. R. Sandfort., No Longer Unmeasurable? A Multidimensional Integrated Model of Nonprofit Organizational Effectiveness, *Nonprofit and Voluntary Sector Quarterly*, 33(4): 711 – 728, 2004.

Speckbacher, G., The Economics of Performance Management in Nonprofit Organizations, *Nonprofit Management & Leadership*, 13(3): 267 – 281, 2003.

Stone, M. M. and S. Culcher-Gershenfeld., Challenges of Measuring Performance in Nonprofit Organizations, In *Measuring the Impact of the Nonprofit Sector*, *eds. P. Flynn and A. Hodgkinson. New York*: *Kluwer Academic/Plenum* Publishers, 2002.

Weisbrod, B. A., Institutional Form and Organizational Behavior, In *Private Action and the Public Good*, eds. W. W. Powell and E. S. Clements. New Haven: Yale University Press, 1998.

CHAPTER 12

第十二章

绩效、品质与消费者权益保障

——以社会服务契约委托的责信课题为例*

刘淑琼　台湾大学社会工作系助理教授

* 本文系修改自“绩效、品质与消费者权益:论社会服务契约委托的责信课题”一文,《社会政策与社会工作学刊》第9卷第2期,32—93页。

▶ 学习重点

1. 了解新公共管理的主张及内涵。
2. 认识责信理论的各方面全貌及实务运作上的具体做法。
3. 思考社会服务的本质及服务对象的特性与处境。
4. 区辨管理主义与行政法原则两个不同脉络下的责信主张、内涵与机制。
5. 洞察非营利组织责信的先天与后天限制。
6. 分析并反思现今提供弱势者直接服务的非营利组织展现责信的方式及其问题。

本章简介

在过去的20年里,新公共管理(New Public Management,NPM)浪潮从北美漫延到以斯堪的纳维亚模式著称的纽澳及北欧国家,这种重组公部门的新模型俨然已经挥别旧式的公共管理,成为崭新的行政正统。新公共管理的主要价值目标是效率、效能、经济、质量,其主要内涵包括引进市场机制与民间力量、重组公部门与公共服务、采取契约委托手段、鼓励参与、重视绩效管理、以顾客满意为导向。此一全球化公共行政改造运动,运用在政府运作实务上,被通称为"公部门革命"或"公共管理改革",美国学者称之为政府再造或政府转型,德法学者则称之"行政现代化"。

在新公共管理下,责信(accountability)这个不算新,也非革命性的概念重新被带回到社会服务的管理当中,责信以及达成责信的机制,已经成为社会服务范畴中的核心议题;同时,责信的重点也随着这股新公共管理的风潮,从传统的上下从属的层级控制、注重过程、讲究信任与文化传统,转向以顾客和结果为导向。这一"新责信"主张除了在公部门内部产生质变效应,也因大量的公共服务以契约委托的方式,转由民间营利或非营利组织来生产与供应,而引发了人们关注当这些服务从公部门内部的正式命令连锁结构移转到组织外部去,是否如新公共管理所主张的"本小利大"(do more with less)——政府以人民税收所执行的采购任务如政策所宣示的获得“物有所值”(value-for-money),甚至“物超所值”的回报;服务接受者的满意度提高、基本权益受到保障;当然更理想的是民间部门也因此壮大繁荣,达到所谓的“优质互补,创造多赢”。

由于过去相关中文文献对于责信理论的阐述在数量与内涵上均相当不足且局限,本章将系统而全面地阐述责信理论,分别探讨层级、法律、政治、专业等四个责信维度的意义、内涵、在委外实务上的运作及其挑战与因应。有鉴于社会服务的特殊性格、社会服务接受者的脆弱性,及其与服务提供者间不对等的权力关系,本章也将从行政法原则切入,进一步探讨在讲究绩效的管理主义责信下对服务使用者权益也冲击,并介绍实践行政法原则的责信机制。然后,将以当事人-代理人理论为轴心,剖析社会服务契约委托制度的本质,及要求管理主义与行政法责信的内在困境与限制。最后本章将在实务运作层面对民间受托的非营利组织提出具体的建议。

第一节 责信的精神与意义

责信概念在公共行政领域当中运用极早极广,文献多集中讨论行政部门或行政首长对立法、司法、监察权,以及对一般社会大众负责任及行政中立的问题之上。责信在社会福利领域虽经常被提及,但多属粗略含混的表达,从20世纪80年代中期起,在小区与社会服务供应方面,要求个人或组织负起责任,或者要求提高责信程序的透明度的呼声渐大(Walker,2002:62)。台湾地区过去在社会福利或非营利组织文献中较具体地探讨责信,主要是聚焦在财务(或募款)透明度之上(冯燕,2000,2001),关注非营利组织的公益形象及社会使命,期待借此增进社会大众对公益团体的认识与信任,进而愿意挹注更多的资源,繁荣公民社会促进社会进步。

责信可说是一个相当通用却也混淆的概念,在日常用语上经常与"责任"(responsibility)互用,虽有学者主张二者同义,但若加细究,责信仍有异于责任:所谓的责任只是"行动的义务",即该做就应该去做;而责信则是进一步要求履行"对行动的结果负起责任的义务"(Health Canada,2002:3),也就是不仅要尽本分地做,还要负责做得对、做得好、做得有效率。就狭义层次而言, McKinney and Howard(1998)定义责信为在任何情境下,执行权力的个人应该受到外部机制,以及某种程度的内部规范的合理规制。以掌握公权力、运用公帑的公部门行政人员为例,其外部责信机制包括:驳回诉讼或司法审查,以及立法与司法机关的监督等;内部规范则包括伦理守则与专业训练。实务上组织成员许多不符合责信原则的行为,如:不遵守伦理规范、无效率及不够主动积极等,其实都很难以外部的规约加以控制,需要建构组织内部的责信机制来要求,这种较广义的责信类似于 Gregory(1995)所称的主观责信(subjective accountability),重点在个人与组织的自我要求,也就是一般所通称的自律。

外部责信,又称为他律,至少包含两个以上的行动者,高效能的责信关系是:各行动者通过契约彼此间建立清楚且具共识的角色与责任期待,订立明确的预期绩效，在期待与能力之间取得某种平衡，一方有义务向另一方负责、解释，并提出成效导向的绩效测量与报告，同时对结果及达到预期的成效负起责任，此乃现代社会组织赢得公众信任、争取更多资源所必需。[①] 换言之，在这一脉络之下讨论责信基本上是评估性的（evaluative），是与绩效期待相勾连，是与效率和效能紧密联结的，不仅要做到资源的最佳使用，以及相对于成本的极大化产出，还要达成预期的目标，并追求成效的质量。这外，责信也是动态性的，它提供了一个组织学习的工具，借由对方案执行绩效的测量与检视，不仅证明能力；更要能锁定核心问题，进而对症下药加以改善，这才是责信最终极的精神与目的之所在。

第二节　管理主义下的社会服务责信理论

（一）社会服务的特质

诚如 Gregory（1995）所言，责信基本上是"工作可观察性（observability）的函数"，凡是服务的产出与成效越容易被观察到的，就越容易要求被责信的对象负起责任；反之，可观察性越低，责信的程序困难度就越高。以此标准观之，社会服务可观察性低、可评估性差、不可预测性高，确实不易要求责信，可说是不易委外的服务（difficult-to-contract service，Lavery，1999；Gilman，2002），研究却显示它高居美国地方政府委托民间供应服务的第三名（Martin，1999）。更矛盾的是，在社会服务契约委托具有以上不易要求责信的特质的同时，另一方面这个服务领域却也是最需要被要求责信的，除了有限福利资源的有效运用外，澳洲学者 A. Tang（1997）对社会服务的本质及服务接

---

① 加拿大审计总署对责信的界定可说典型地体现这样的主张：责信是一种依照共识的期待，建立在呈现绩效的义务，以及对绩效负起责任之上的关系。责信需要具备行动、程序、产出与成效（outputs and outcomes），并在组织价值与伦理、专业标准、立法的与法令的要求的脉络中，执行责信的承诺。（引自 Health Canada，2002：3）

受者脆弱性的阐述尤其发人深省。他认为小区服务[①]具有以下特质:①可以决定服务消费者个人现实生活的质量,该服务的消费者,不论是个人或团体,面对服务供应者的决策与行动所加诸的冲击,都处于极为脆弱的位置。②小区服务具有干预性、"没有选择"的本质。③消费者高度依赖他们所接受的服务,这也意味着消费者对于申诉所可能造成的后果,是充满恐惧且易受伤害的。

Tang 进一步指出多数小区服务接受者受限于年龄、能力,尤其是老人、儿童与身心障碍者,无法有效能地为自己倡议,或形成强有力的游说团体。这群弱势者的生活环境可能在谋当下的生计之外已无余裕,加上先前对社会正义及社会福利体系的负面经验,都会造成他们对于寻求行政法上的行政救济,抱持不情愿或嘲讽的态度。再者,小区服务接受者本身的权益意识和与知识均属贫乏,兼以外部的个人关系网络薄弱,缺乏他人的声援和支持,更容易陷入社会孤立的困境中。这种种特质在小区服务的消费者与服务供应者之间,形成严重的权力、信息与地位的不对等,这在一个资源不足、需求却十分殷切的环境中,更是雪上加霜。虽然不论是由公部门提供或由小区非营利,以致营利型组织供应服务都存在这样的可能性,但深究之,Tang 认为经费的来源还是左右消费者安全防护与行政救济机制能否落实的重要变量。他举一位住在公办公营的身心障碍住宿机构的案主为例,当事人要对机构所做的安置决定提出异议、要纠正服务供应者,或是要求责信的机会与效果,大于在民间属性的机构,而民间非营利性质机构又大于营利性质者。主要原因在于,公办公营机构本身受到由政府内部的层级责信,有法令规章及外部民意机关、民间非营利组织的监督等所构成的多重"公部门责信机制"(public sector accountability mechanisms)所节制,其异议与申诉的渠道可说相当多元而正式;相对的,完全未接受政府补助、仰赖使用者付费与小区捐赠营运的机构,其服务的责信机制只能仰赖一般的立法与专业人员的证照要求,消费者无从采取行政法上的行政救济与行政审查手段;而公办

---

① 小区服务:广义的小区服务包括儿童保护、家外安置儿童的替代性照顾、支持危机中的家庭或被认为在照顾儿童上有困难的家庭、身心障碍者及其家庭的调适及其他服务、老人与体弱者的家务支持服务、游民服务或其他形式的危机照顾等(Tang,1997)。

民营机构的责信程度则取决于契约的规范内容与监督的严谨度。

归纳言之，以契约委托形式为主的民营化，可说改变了公共管理责信的意义与内涵，而社会服务本身及供应者场域的特殊性与复杂性，更制造出诸多公共管理与责信的严重问题。Salamon（1989）直言传统的公共行政理论已不足以装备我们，Kettner and Martin（1993）则早于10年前就在《绩效、责信与购买委外服务》一文中提醒，进入1990年代，对责信议题的关注不应只限于传统的直接服务输送，还应密切关注购买契约服务。近年更有若干学者针对传统的公共行政理论与古典市场结构观点均不足以直接改善政府服务委外的责信困境，主张需建构多元与层叠的责信结构方能克其功（Freeman，1999：335；Johnston and Romzek，1999：387；Hansen，2003：2469）。总结这10年以来，尽管社会服务民营化十分盛行，已成为福利服务输送的主流，学界与实务界开始关注责信的课题，然而实际上它所受到的关注仍相当有限（Garvey，1995；Moe，1994，引自 Johnston and Romzek，1999），再加上受限于实证数据难以量化处理（Peat and Costly，2000），因此截至目前仍可说是一个新兴的研究领域。

（二）管理主义脉络下的责信理论

在新公共管理的浪潮与前述强调社会服务案主的特殊性两股不同思维的激荡下，在探讨社会服务契约委托的责信课题时，出现两种并存、着力点互异的理念——管理主义与行政法原则（principles of administrative law）。前者讲究绩效与成效；后者则抨击过度注重绩效而导致服务品质低落，高难度与高成本案主被牺牲，社会服务接受者的申诉渠道、安全防护、行政审查与行政救济等权益保障机制被严重忽略，使得原本就居处弱势的案主因此更陷于不利地位。这两种责信理念本质上互斥也互补，前者要求绩效与质量，有助于政府成为精明的购买者，可以更少的资源投入获致更多的服务量与更好的服务质素；后者则确保政府在移转服务生产功能的同时，不致因责信距离的拉长，以及对管理主义绩效的过度强调与要求，以致牺牲了服务对象的福祉和权益。两种思潮若能相互为用，应更可确保社会服务契约委托的绩效、品质，以及消费者权益。

委外责信的逻辑本质上是明列契约双方相互的期待、责任，与义务，公部门的行动者根据契约中明列的服务项目与执行成效进行监督，并检视契约所要购买的产品或服务是否被依约做到。换言之，若是能叙明契约中的委托项目、据实进行财务稽核，并依契约监督与要求执行绩效，即可确保责信。Romzek & Dubnick 于 1987 年提出了一套完整的责信理论，包括四种责信类型：层级责信（hierarchical accountability）、法律责信（legal accountability）、专业责信（professional accountability）与政治责信（political accountability）（Johnston and Romzek，1999；Romzek & Johnston，2005：440）。Johnston 与 Romzek（1999）并依“期待与（或）控制的来源”以及“自主程度”高低，将四种不同责信区分如图 12－1。层级责信（又称管理责信）与专业责信属于内部责信（即自律）的范畴；而法律责信与政治责信（又称公共责信）则为外部责信（即他律）。

期待与（或）控制的来源

自主程度	内部	外部
低	层级责信	法律责信
高	专业责信	政治责信

引自 Johnston and Romzek（1999）。

图 12－1　四种不同责信

1. 层级责信

层级责信是指在一个层级节制的组织结构中，遵从较高层级权威，通过上司对部属严密的监督以确保成员适当的行为并落实绩效，属于组织内部管理的范畴。组织中具体表现层级责信的方式包括：明确的组织运作指引、明文规约的规定与办法、标准作业流程（standard operating procedures，SOPs）等。科层控制的目的在于要求不同层级的工作人员依其职掌负起不同的责任，例如：决策阶层的政务官应决策未决策、决策错误、应督导未督导或督导不周，都应负起相应的政治责任；事务官应执行未执行、执行不力、缺乏绩效等,也有其应负的行政责任,以期做到各司其职、权责相符。

2. 法律责信

法律责信强调遵守各种具法律意义的法令规章与文件,以及对绩效表现进行缜密的与外在的监督。这一类的责信中经常运用到契约、财务稽核、疏失听证会、督察,以及法庭诉讼等机制,类似 Kearns(1996)所谓的服从式的责信模式,而学者们观察到近来人们谈到对小区及社会服务的责信要求,几乎都聚焦在最低限的财务责信之上,财务稽核几乎已成为责信概念的实质同义字(Duncan,1996;Bardach and Lesser,1996;Walker,2002;Gilman,2002)。

社会服务委外的法律责信包括采购法令、委托者的行政命令,以及契约条文的执行,它是典型的"当事人-代理人关系"(principal-agent relationship),两者之间以契约为其责信基础与责信机制,周延地说,应如前所述涵盖管理主义与行政法原则两个层面。多数的委外契约也多包含两种意涵的条文,惟实务运作上仍以财务稽核与控制为其核心,行政法原则的考虑通常只是聊备一格,未必真正落实。Johnston and Romzek(1999)在研究中指出美国堪萨斯州的政府部门对受托者进行年度财务稽核是法律责信最常见的形式,而绩效测量则主要是计算如"花在每一位案主身上的平均费用"的基本概括性统计,并与其他提供类似服务的供应者进行横向比较,以了解服务标准、服务成本与服务质量三者的关系,并搜集最佳实务的典范。为确保受托者依契约规定提供服务,该州也充分利用低收入医疗照顾管理信息系统成功地向受托者要求法律责信,不仅可检视个案管理服务建议的适当性,也可以掌握该项委外案的服务的水平、案主群的人口特征,以及花在每一位案主身上的平均费用。

Hansen(2003)则以美国纽约市的儿童福利服务(主要是寄养住宿服务、团体照顾服务及家庭维系的预防性服务)委外为例指出,承办这些福利服务委外业务的儿童局在策略上借助设定评估指标的分数权重来改变受托者的因应行为,以符合委托方案的预期目标。此外,儿童局也参考评估结果来决定契约的年限、哪些受托机构可以收进更多的案主,哪些方案则必须中止,可以产生一定的奖优汰劣作用。

3. 政治责信

最广义的"政治责信"是政府对纳税义务人(也就是公共服务的消费者)负起责任,成熟的民主社会所进行的选举制度可说是最直接与最终极的政治责信形式,人民用选票表达对执政者的施政的满意程度,Longley(1993)使用"公共责信"一词可能更容易理解。狭义来说,Lightfoot(1996: 126)把这一维度化约成两个方向:一是集中化的政治责信,对象是上级的中央政府;一是去集中化的责信,对象是一般民众(又可区分为个别服务接受者与整体案主群等),近年来重视"以顾客服务为导向"即反映这一强调。Johnston and Romzek(1999)指出被责信的一方尽管表面上看似责无旁贷该负起责任,但实际上它们对于是否以及如何针对主要的利益关系人以何种方式加以响应,其实握有某种程度的裁量权与选择权,例如:要被责信的组织可能会选择积极介入责信标准的制订,或加强对公部门行政人员的影响,以及致力于对立法过程的游说等,都是民主社会经常被运用的手段。Lightfoot(1996: 123)进一步指出"政治-公共责信"在判断行动的标准模糊、有争论空间的状况下最容易发生,此时被责信的一方就必须要对本身的行动,提出一套足以说服对方的说辞来。

在契约委托关系中,受托者为提高其政治责信,会策略性地主动响应各主要利益关系人,尽管这些响应有时未必为契约所要求的。受托者经常运用的策略包括:①调查服务满意度:以显示组织对顾客的响应力及服务接受者的肯定;②呈现产出数据:显示组织运用与管理的效率(Romzek,1998);③建立友善互惠关系:受委托的非营利组织以各种姿态来体现与委托者同心协力的诚意(Johnston and Romzek,1999),例如:依委托者的期待修改服务建议书、改变资源流向优先性的设定、应委托者(或承办人)要求做若干的行政配合(以台湾地区为例,像是在政府办的游园会中设摊位共襄盛举,或随时提供行政部门最新的资料与信息,以应付民意机关的索求)等。当然,相对地,当受托者与委托者(或个别承办人)建立起良好的互动关系,达到一定的政治责信时,或者当受托的一方在政治上具有某种委托者所难以抗衡的优势时,受托者也可以在契约明文规定之外,充分发挥行政裁量权,给予一定的融通性与便利性,甚至在契约规定的服务量与服务方式的认定上,都愿意提供某种有利的弹性空间(Milward,1996;刘淑琼,2002a)。

Johnston and Romzek(1999)的堪萨斯州个案研究指出由于承接该低收入老人医疗照顾个案管理的机构本身同时也是一个知名的老人福利倡导团体,因此它在政治责信上原本即运作得相当顺畅,举凡对内与董事会间的传统责信,对外部诸如州议会的民意代表、主要的资助者——州政府行政人员,以及作为消费者的案主,都能积极主动地、令人满意地予以响应。此外,该组织也对立法机关进行游说,成功地提高国会议员对老人医疗补助的重视,并且为该机构争取到在议题设定上与直接服务供应上关键而排他的主导角色,同时也如愿以偿地向委托者争取到更优越的付费条件。此外,该老人团体也运用测量案主群与服务消费者满意度来自我评估绩效表现。

Hansen 的纽约市儿童福利服务委外研究显示,政治效应也表现在受托者的游说行动与施压之上,甚至部分受托者因着本身良好的政治关系,享有相当的影响力。面对这样的政治压力,儿童局多少也会在相关采购法令容许的范围内以其行政裁量权略加调整以兹响应。不可讳言,受托者施加给委托者的压力,以及双方台面下的运作与利益交换关系,长期以来引发诸多公平性的质疑,而这种情况在高度政治化、由首长主导的采购体系内显得特别明显,亟需建构其他的责信机制加以查核和制衡(2003:2502－2504)。

4. 专业责信

专业责信聚焦于特定领域中行为的准则与平行的同侪审查,强调对"源自本身同行或工作团体的专业规范,与通用实务运作的专门技能和绩效标准"的遵从,亦即组织根据该专业领域内已建立共识并共同信守的规范、流程与作业标准来界定责信准则(Johnston and Romzek,1999)。社会服务委外的原始理性之一就是认定受托者有足够的能力提供更专业的服务,因此在专业认可的氛围下,委托与受托双方相互信任良性互动,委托者授予更大的方案规划与专业裁量空间,在订立契约时,公部门对于绩效要求只做一般性的陈述,减少繁琐的行政监控,留下较大的空间给专业人员安排机构的日常运作、决定其预期成效,并执行专业裁量。受托机构的工作人员则以专业知识、规范与价值来引导他们的实务运作,并以此为基准与组织内外其他同业、董事会成员、志工及捐助者互动,落实 Bardach and Lesser (1996)所谓的

“同行责信”(peer accountability)。因此,在专业服务历史悠久、知能较臻成熟的地区或服务项目,行内多已发展出一套具有高度共识的服务协议与指导方针、共同信守的服务素质标准、捍卫伦理守则的机制;相对的,公部门在委外案上最多只需要做一般性、例行性监督,在专业服务相关事宜上则是站在同行建议的立场相互切磋。

Johnston and Romzek(1999)的研究发现有关低收入老人医疗照顾个案管理委外的责信机制基本上即是以专业责信为核心,个案管理员因服务上的专业知识而被雇用,主要的任务在评估案主需要,并为体衰的老人发展照顾计划,他们在工作上一直被赋予实质的自主性,享有高度的裁量权。此外,他们的研究也发现委托者(州政府)、受托的个案管理者(负责拟定案主的照顾计划)与另一个与政府签约的直接照顾提供者(执行该照顾计划)之间所形构的三角关系,正好提供了一个极佳的制衡机制,第一线接触案主的直接照顾提供者从日常服务中获得足够的信息来判断个案管理员所拟定的个管照顾计划的适当性,并回馈给委托者;相对的,当受托的个案管理者发觉直接照顾服务的质量不理想时,他们也会向州政府报告,借此运用其专业裁量权向服务的提供者要求法律责信。

Hansen 的研究则显示,在缺乏竞争市场的情况下,借由强有力的专业监督与专业主义促成服务提供者合理的决策与服务成效,在某种程度上可以约束组织自利行为,可说是深具潜力的一种责信方式,对委托与受托双方均颇有帮助。在委托者方面,儿童局的经验是通过设置一位委外主管(Chief Contracting Officer,CCO),以及成立专责机构加强采购的训练和认证来落实专业主义,以提升决策品质,并降低贪渎的发生率。在受托者方面,由于纽约市提供儿童福利服务的非营利组织在得到公部门资助之前就已经拥有多年的服务输送经验,不仅在该服务领域早就建构了相当的专业性,与官员和民意代表的政治关系更是密切,经常扮演公部门决策的非正式监督角色,可说已发展到相当成熟的阶段,因此委托者可以在这个领域里得到更多同行对投标者行为更严谨的专业规范与非正式控制的好处(2003:2495-2496)。纽约市的民间儿童福利机构除了对委托者展现责信,也同时要对本身的董事会、工作人员、外部资助者、政府主管慈善组织的单位负责。由此可见,当政府的委托对象是这样一个专业的、有经验的非营利社群时，专业责信本身就已经提供了极为坚实的责信基础。

第三节　行政法脉络的责信——对管理主义责信的反思

尽管这一波从1980年以来偏好绩效导向的公共管理改革的国际运动几乎席卷了经济合作暨发展组织（OECD）各个会员国家，没有一个高度自我期许的政府可以脱离这股风潮（Pillitt and Bouckaert，2000：1，引自Boyne et al.，2003），然而也有学者批评，不仅整体而言管理主义所宣示的哲理与改革的实际行动之间的落实度未被严肃地评估与检讨（Boyne et al.，2003），它被用到社会服务领域当中的适用性，也受到相当的质疑。Lloyd（2005：8）即指出非营利组织所响应的责信对象多半仍停留在主管机关及捐款者，相对地，较疏于向下责信，亦即对于服务使用者的责信较不重视，而社会服务的接受者又较一般财货的消费者更为弱势，更无法向服务提供者要求责信。

（一）对管理主义责信的质疑

从行政法原则观点探讨社会服务委外的责信的主要关注在于：将契约委托、民营化等公共行政新模式运用到如小区服务等公共功能所造成的冲击；以及公部门将社会服务以私法契约委托之后，对服务接受者权益所造成的冲击（Tang，1997；Braye and Preston-Shoot，1999）。他们批评管理主义的支持者高度推崇市场力量与竞争机制，将脆弱与被边缘化的人们冠上"市场消费者"的新头衔，表面看似提升了这些人的地位，但是将此种思维套用在本质上缺乏商业功能与市场消费者特征的小区服务上，即便确实可以获得物有所值的好处，但这是否就足以取代行政法对服务接受者所提供的消费者安全防护与行政救济呢？过度强调绩效是否形同引导服务供应者不当地、不符合伦理地筛选服务使用者（creaming）（优先服务那些可以用最少的成本做出成效者，而这些人通常也是服务需求度较低的人），来换取所谓的效率？公部门在委外之后还能为服务接受者的权益提供多少实质的保护？行政法对人民权益的保障,免于服务供应者滥权的安全防护是否因委外而更被限缩,使其更加脆弱与不利?以上这些事关弱势服务接受者权益的议题在相关文献中鲜少被充分讨论,在实务工作上也未引发更深刻的思考,甚而是隐讳避谈的。

学者们进一步申论在社会及小区服务中,若干必要条件尚未到位之前,与市场有关的假设完全不成立,基本上是一种错误的消费者建构。现今社会服务的实况是(Lawton,1998;Braye and Preston-Shoot,1999):

(1)市场还没有出现真正的竞争性;

(2)消费者还不是一个有组织的整体,不具备议价能力,也缺乏足够必要的信息以及精确解读信息的能力;

(3)服务接受者无法像一般财货或服务的消费者一样,可依其满意度与自由意志进出各相互竞争的供应者之间,展现消费者主权(consumer sovereignty);

(4)服务的接受者对于与自身权益相关的事项,如:服务内容、时数、方式、居住的安排等,尚无自行决定,或是影响机构与专业人员决定的机会与能力;

(5)服务提供者的权力行使与行政裁量权的适当性未受到应有的检视与挑战。

此种现实在公部门将社会服务以契约委托的形式,把服务生产的责任交到民间营利或非营利组织手上时将更为严重。在第三者付费(third-party payment)的机制下,服务接受者基本上无从得知委托者与受托者间契约的详细内容,以及本身根据该项契约应获得的服务质量;再加上在委外关系中,扮演委托者角色的地方政府与实际接受服务的案主距离遥远,前者关心的是经费的支用是否与联邦政府的目标一致;而受托的民间机构的低层与中层主管所关心的是该组织"向上"的责信,而不是"向外"、"向下"对服务使用者的责信,其结果是专业伦理被稀释与妥协,福利接受者的程序权益(procedural rights)严重受损。综上所论,学者们因而多认为社会服务的接受者无法在这种虚幻的商业市场假象之上获致实质的好处(Lawton,1998;Braye and Preston-Shoot,1999;Gilman,2001,2002),而所谓的管理主义式的绩效测量与评鉴，也极可能造成对弱势案主的有形无形伤害。

（二）实践行政法原则的责信机制

Tang(1997)强调行政法原则应一体适用到所有的服务输送模式——不论是公立、公办民营或是纯民间部门，简言之，只要是执行公共功能者都应该被要求责信。委外是民间受托者支用公款、替代政府执行公共政策，自然有必要遵循这一原则并彰显在双方所制订的契约当中。换句话说，政府将这些服务委外后，应体察到在新的行政安排下公共权力被分散与稀释的事实，应实质地提高对服务供应者行政裁量权的责信需求，要主动制订服务输送、享领资格及公平平等对待的客观准则，并确保程序的正义性（Gilman, 2002）。

所谓行政法观点的责信着眼于被服务对象的民主权益，这对非营利组织来说尤其重要，毕竟这些人是非营利组织之所以存在的原因。归纳其重点有二：一是对一般大众的责信——通过民众与服务接受者实质而有意义的意见参与（如：问卷、会议、听证会等），以提高决策的透明度、公开性与合理性；二是对服务接受者的责信——当事人有权采取行政审查（administrative review）与行政救济的行动，以对抗服务提供者不当的决策与行动，确保服务的决策过程是公平、公开和负责任的（Tang, 1997; Braye and Preston-Shoot, 1999; Hansen, 2003; Lloyd, 2005）。简言之，一个实践行政法原则的责信机制，主张公平、开放、透明化和参与式决策、信息的适用性、免于行政与专业不当对待，以及要求行政审查的权利。

具体来说，一整套小区服务接受者安全防护的具体做法如下（Tang, 1997; Lloyd, 2005; Lloyd and de Las Casas, 2005）：

（1）针对各项主要服务设定具有法律基础的最起码服务准则；

（2）制订消费者权益宪章，也要依宪章行事；

（3）拟订信息公开的范围与具体做法，服务提供者有义务告知消费者有关服务标准及其权益的相关信息，尤其要叙表各种与案主权益相关的决策所依据的理由；

（4）建构消费者倡导和参与机制，好让消费者对于与自身权益相关的事务拥有发言权；

(5) 规划与监督机制应有外部人士及消费者的参与，并应表明后续的具体确实改善计划、经费投入、追踪评估、证照管理等，以克其功；

(6) 在决策过程中营造更高的开放性，设计更透明化的决策规则；

(7) 发展机构内部与外部的申诉和审查机制；

(8) 适用反歧视等规范个人与组织间关系的一般性立法。

上述各项都是在社会服务领域中重新建构服务供应文化，设法缩小供需双方的权力落差，确保消费者权益，使其免于服务供应者滥权的重要方法。

以英国为例，1998 年颁布《现代化社会服务》白皮书，宣布政府要为服务需求殷切的个人提供更好的保护，2000 年由卫生部主导、社会服务部负责协调的跨机构指导小组提出一份名为“没有秘密”(No Secrets)的指引性文件[①]，目的在尊重人权的基础上，确保当地主要的公私机构(以医疗、社会服务与警察单位为主)彼此协力合作，以确保高受虐风险的脆弱成人(如因精神障碍或其他类别的障碍、年老体衰或是有病在身)在任何服务供应的场域内，都能获得保护与支持，免于受伤害、剥削或受虐(从广义角度定义为个人的人权与公民权受到他人侵害)。地方政府当局应在政策与策略层面理解并重视这一问题，民间志愿组织——举凡提供住宿、日间照顾、庇护性或支持性的住宅服务、咨询与热线服务，或是提供信息和咨商辅导等特定服务者，都需要厘清在有关虐待的问题上，本身的角色，以及如何与政府机构相配合。该指引要求各相关公私机构应尽可能地防患于未然，万一预防策略失灵，则应确保一套处理虐待事件的健全程序已经到位，包括：建立有关处理成人保护的安排，对申诉、不满、表达焦虑，以及专业的和行政的不当处置的一致性的、有效能的回应。

针对日益普及的服务委外，该指引特别在策略上强调：①委外的承办人要确定所有的文件，如：服务的委外明细、邀标书与服务契约上，都要充分反映政府保护脆弱成人的政策，并且明确地陈述要求受托者应如何作为，以符

---

① 该文件的全名为：No Secrets：Guidance on Developing Multi-Agency Policies and Procedures to Protect Vulnerable Adults from Abuse.(2000)。在英国 Department of Health 的网站上可找到全文。

合政策要求;②对于委外服务中发生的任何服务接受者权益受损的申诉,承办人都应高度重视并即刻具体响应;③成人保护议题应成为履约监督的重要内容,以确保服务接受者的权益与人身安全。

(三)落实行政法原则的障碍

尽管以上这些行政法原则看似极有助于小区服务的接受者摆脱不利地位,但在实务运作上,只是在口头上或文件中标举行政法原则,显然不足以有效地保障服务使用者的权益,亦即在形式上建构出一套要求责信的机制并不难,但这些文书作业要真正化为行动发挥效用,其间还存有诸多实质的障碍有待排除。Braye and Preston-Shoot(1999)引用 Hunt(1998)的讨论指出,目前发展出来的社会服务契约委托的管理与责信机制运作严重失灵,可说是处在责信的危机当中。举例而言,明文规定的申诉程序是否真能有效地保护案主(如:老人、儿童、心智障碍者等)在机构中免于受虐?服务接受者真能做得到对仰赖甚深的专业人员提出负面的评价,甚至指控吗?申诉制度是安全的吗?各种形式的调查基本上都属回溯性的事后作为,在机构忠诚度凌驾于伦理与专业考虑的组织文化下,不当或劣质服务往往被当成组织内部的秘密与禁忌,机构上下守口如瓶,我们真能揭发并有效处理这些造成机构滥权的背后动力吗?申诉者事后会不会遭到各种有形无形的抵制和报复,使得原本孤立与脆弱的状态雪上加霜,甚至因此中止已建立的关系或失去服务?依照行政法原则,制订各种规章或标准作业流程,以规约实务运作程序与专业判断的执行,在保护案主的同时,是否也限制了专业自主性及有质量的决策?

诉诸司法审理(judicial review)也是行政法救济途径之一,重点在于检视机构所做的相关决策,是否合法、理性地行事,且符合程序妥适性。美国曾有一知名判例:Fuzie 以第三者受益法则(third party beneficiary rule)控告 Manor Care 公司接受俄亥俄州政府委托经营护理之家,却违反法令试图以非医疗理由要求住民搬离机构(Gilman,2002)。提出告诉虽然可以为服务使用者提供法律上的厘清与解释,对于服务提供者的行动与裁量权的使用多少具有一定的约束效果,但不可否认,由于服务接受者在委托与受托双方的契约协商当中没有任何角色，兼以一般契约条文所载的委托项目明细与目标都不够明确，因此 Gilman(2002)认为实务上很难成案，况且诉讼过程经常是一个冗长消耗的无底洞，非弱势案主所能负担。

信息揭露与信息公开也是实践行政法原则很重要的途径，在社会照顾服务的发展与输送上，强调于提供服务的前拟订计划，同时要在服务进行中通过咨询，清楚地向服务使用者说明决定采取该项处置的理由，并预留足够的时间与空间让服务接受者考虑、寻求第二意见，及表达不同的想法与需求，这就是所谓的知的权利(right-to-know)与告知后同意(informed consent，或知情首肯)。但由于在契约委托的架构中，服务案主的目标设定、成本效率及绩效测量的主导权与决定权都握在委托的公部门手中，服务使用者几乎无置喙余地，意见也未必受到重视；再者，即便服务供应者提供了若干信息，受服务者也未必有足够的知识基础来判断信息的质量并正确解读其意义，因此，所谓的充分咨询、参与和信息公开，若无清晰的理念与配套的作为，恐难以真正落实并发挥效用。还有，尽管像英国在地方层级的服务供应上曾标榜达成所谓的最佳价值(best value)，但是，对社会服务而言，由于服务接受者多为小区中的边缘族群，他们的需求与利益在公民咨询中也经常未能被表达出来，被听到，甚至被采纳(Braye and Preston-Shoot，1999)。

(四) 讨论

前述管理主义与行政法原则两种不同思维下的责信概念，各有其主张与着力点，不论从纳税义务人、服务接受者或是专业发展的角度看来，都是可欲的价值。从学理上来看，竞标与委外的意识形态，和社区服务部门“依赖合作与协力以满足消费者需求”的需要间是有所冲突，在“管理主义原则”与“行政法原则”的实务运作之间也存在着若干的对比性，主张行政法原则的学者担心在社区服务中运用竞标式的契约及绩效评估等管理主义策略，会改变政府与服务供应者间、服务供应者彼此之间，以及服务供应者和服务对象之间的关系本质与动力，最终可能对消费者造成伤害。因此学者建议除了要洞察受托者在面对两相冲突下的替代取舍关系，也要在管理主义的考虑之外，致力于促进行政法原则的消费者权益保障，才能确保此一冲突不致不利于弱势消费者(Lyons,1995,引自 Tang,1997)。

从实务运作上言,过度注重管理主义式的绩效,固然可能引导受托者挑选案主、恣意运用行政裁量权、使申诉与审查机制沦为形式等不当及非伦理的因应行为,造成最需要服务的人却被迫游走在各机构之间得不到服务,或使弱势案主不利处境更加恶化的后果。然而,另一种向度的思维是,如果能经过严谨评估,选定适当的服务项目采取所谓的绩效委外模式(performance-based contracting,Eggers,1997;Behn and Kant,1999;Martin,2002,2005),尽管受托的非营利组织可能因此必须改变组织文化、进行组织变革、提升组织管理经营效能,但是若能因此达到节省公款、以绩效获得社会信任的目的,从而运用多出来的资源服务更多的人、开发更多服务,何尝不也是正面的效益呢? 话说回来,尽管社会福利机构及其工作人员是以服务弱势为志业,但专业本质使然,让社会工作者在面对案主时,享有一定程度的权威与裁量权,这原是专业之所以为专业的必然与必需,但是行使专业权威和违法、不符伦理的滥权之间的分际,却是值得深究的核心议题;兼以社会服务机构这类庇护型的组织(coping organizations)原本就具有前线自主性、督导间接性、不透明性及缺乏产出与成效可观察性的特质(Patti,2000;Austin,2002),若非组织有一套尊重案主人权的组织文化、清楚的工作守则与完整的职前和在职训练,而专业工作者本身也经过严谨的专业养成教育,具有一定的自律与自省能力,否则即便是宣称助人的专业,也确实可能存在某种形式的渎职腐化(Gregory,1995),这与委外与否、注重绩效与否未必有直接的因果关系。职是之故,将这一长期以来在社会服务领域中隐讳避谈,却关乎案主权益与专业公众形象的议题放上台面公开讨论,从而建立一套依循行政法原则的责信机制,似乎也有其必要性。

Braye and Preston-Shoot(1999)指出过去专业社会工作者不关心也不熟悉本身的法律——公法与私法责任,但随着大环境对案主人权的重视与服务对象及其家属权益意识的逐渐升高,以及行政法责信原则的强调,在英国已相当程度引起福利专业工作者的恐慌,他们担心这一趋势将暴露出自己对于法律及相关程序的素养不足与无知,还可能因此要步上法律诉讼的路途;另一方面,对实务工作者而言,将程序的正确性与正义性的重要性置于过去所强调的互动技巧与伦理的决策之上，对于一个将伙伴关系与充权纳入价值基础并强烈承诺的社工专业来说，确实有它不言可喻的重大意义。

第四节 责信的先天限制与后天不足

综观前文分析，我们可归结为现今社会服务契约委托不论在管理主义的责信，还是行政法原则的责信上，都面临相当程度的困境，究其核心问题可说与社会服务契约委托的制度体质的先天障碍与后天管理资源投入不足有着相当的关联性。析言之，委外制度本质上有两项重要的特征：一是当事人与代理人关系；二是多元责信。前文所呈现的诸多现象与问题，都有很大一部分导因于这两项先天特质。决策者过度信仰民营化的优越性，视之为降低政府支出、解决政府财政困境的万灵丹，严重轻忽了委外契约管理所需要的支持与资源投入，这使得委外制度的先天性格弱点益形严重，更难以要求责信。而这正是我们在做政策规划与行政管理之前，必先了然于胸并设计响应策略的关键，否则极可能失之过度乐观轻忽或仅在枝节上因应，终究徒劳无功。

（一）当事人与代理人理论

社会服务契约委托不仅是传统的当事人-代理人关系，实务运作上可说是比一对一的两行动者模型更为复杂，在洛克“社会契约论”的概念下，政府相对于人民是被委托者（代理人）；在公共服务民营化的服务输送安排下，政府面对受托的非营利组织时又从代理人的身份转变成委托者（当事人），可说扮演双重角色。多元民主社会中，当事人-代理人关系所面对的最核心问题在于：当事人如何确定代理人在一个满意的价格下圆满达成被赋予的任务？于社会契约的环节是如此，契约委托也是如此。析言之，在当事人-代理人关系当中至少隐藏着以下三个关键问题：

1. 双方诱因不同、利益不一

委托者希望以最低的成本对指定的对象提供高质量的服务；受托者却希望以最小的投入，获得最多的回报，并借此为自己的组织多留存一些资源，极大化组织的利益，也就是受托者会表现出自利行为，形成所谓的机会主义者(Johnston and Romzek,1999；孙本初,2001:17；Van Slyke,2003)。

2. 受托者的规避行为

在契约委托的关系下，委托与被委托双方处于信息不对称状态，委托者经常陷于缺乏与成本和绩效相关的实质信息的窘境，不仅极容易诱发受托者的道德危险(Gates and Hill,1995)；监测受托者是否规避责任的难度与成本也就相对地提高。其结果是政府本身缺乏策略规划与检视责信的必要信息的独立可靠来源，在制订委托价格、进行监督与评估时，还需依赖受托者搜集、提供相关信息，既无法有效能地管理契约，也无立场、无基础去向受托者要求责信(Fox et al.,1998；Johnston and Romzek,1999；Lavery,1999:80；Breaux et al.,2002：93)。

3. 监督需投入成本

在整个契约存续的过程中，委托者经常要面对监督与否的两难。由于在社会服务民营化当中，若干假设的条件，如：竞争、取代与退场机制，并不必然存在；再者，有鉴于社会服务案主的脆弱性，政府基于对人民的民主责任与对案主的法律责任(雷文玫,2002)，实不宜等到契约执行期满后再去检视受托者绩效，或以续约评估绩效不佳为由不予续约，因此在契约关系存在期间的定期与持续监督有其必要性。然而，另一方面，监督需要耗用人力及其他成本，若真正落实去做，契约监督将实质地提高政府的支出，也就是增加交易成本，从而压缩了民营化原本可以节省的经费。Gates and Hill (1995)以数学模式分析在当事人与代理人之间的“监督赛局”(oversight game)发现，对民间受托者最有利的状况是，得到政府的契约但无需付出完全遵从契约规定的成本；对委托的公部门而言，最坏的结果则不外乎受托者未履行契约规定并受到惩处，因为这表示政府支付公款不仅未获得物有所值的回报，还必须付出监督和惩罚的行政与政治代价。因此当受托者未依约行事时，政府部门通常较偏好的处理方式不是剑及履断然处置，反而是合理化、默认、口头告诫、未加追究，或刻意忽略违约事实，而如此反应也无异提供受托者不依约行事的诱因。

以上所述尚且是单纯的一对一"当事人-代理人关系"所隐藏的制度困境，Breaux et al.(2002：94－95)更进一步指出许多地方政府的社会服务民营化方案引进多元的行动者与角色，例如：转包、协力、同一方案多个受托者等繁复的委外设计，如此不仅横向扩大控制幅度、纵向增加额外的层级，也拉长了监督管理的阵线，高度复杂化了委托与受委托关系，使得诸多原本已存在社会服务输送与管理当中的问题也随之恶化。在服务接收端的民众与初始付托的政府之间距离遥远而间接，委托者想要在这样的安排当中，与受托者达成合拍的利益，要求依约达成方案目标，符合服务对象的期待，保障其权益，做到所谓的多赢着实不易。Breaux 等学者在以密西西比州执行个人责任与工作机会法为对象的实证研究中发现，多重委托、又环环相扣式的社会服务民营化使得责信被严重稀释，责信机制被弱化，责任归属也变得相当分歧，不仅危及政府与人民之间的社会契约，整个计划的目标也因此做了相当的妥协，流失了原有福利改革的立法精神，扭曲了方案风貌，沦落成失功能(dysfunctional)。

从以上的分析可知，契约委托制度本身存有诸多先天的内在限制，复以倡议者与决策者信仰"竞争可自动带来市场责信"，因此委外后，公部门用在确保品质量与责信的投资明显不足、管理与责信机制设计不佳、承办人质量两缺的窘态下，有意义的监督，以致有效能的契约管理都受到相当的限制，委托者不可避免地将承担被欺骗、浪费与伤害案主等风险，或被机会主义者所蒙蔽，影响服务输送的质量、案主的权益，也造成服务接受者对政府的不信任(Van Slyke，2003)，公部门要成为一个 Kettl(1993)所称的"精明的购买者"的可能性将大为降低，还可能造成潜在合格的受托者因此被拒绝参与投标的副作用，降低服务供应场域内的竞争性，契约委托所期待的成本效益也就更难以展现。

(二) 多元责信

任何一个组织在其所处环境中都有一个以上的利益关系人，他可能是显性的或隐性的(Kearns,1996)。以一般社会服务组织为例,它的内外各利益关系人及其责信关系示意如图12-2。

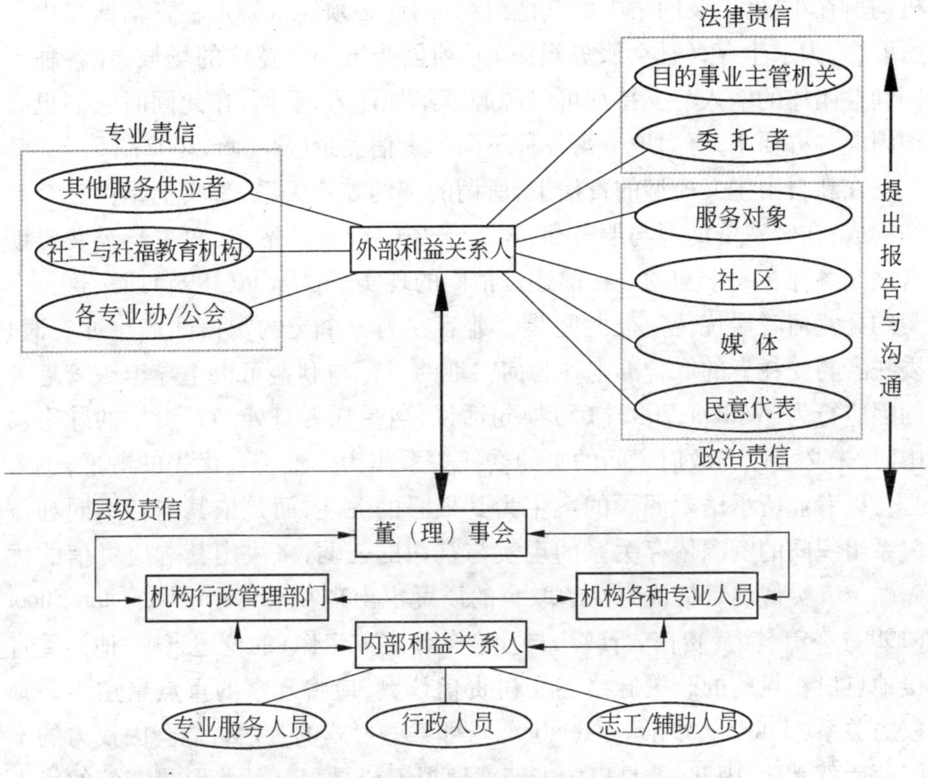

注:作者修改自 Canadian Council of Health Services。

图12-2　多元责信关系图

这些不同的个人或组织构成一个像花格窗一般的"责信网",核心组织处在一个要对不同的利益关系人善尽义务的复杂网络当中,要交代的对象是多重的、重要性不一、要求各不相同,甚至是相互冲突矛盾的,而且行动者也是经常变动的。在多元民主社会里,每一组织在同一时间点上几乎都需要面对一到两种以上的责信关系,而每一种责信关系对于该组织都有一定的期待与控制,可能一致,也可能是矛盾或重叠的。民间社会服务组织不同于公部门,其存在的正当性未必依赖民意机关,可说具有一定的相对自主性,这使得过去惯用于行政部门的责信概念不尽适用于这类组织之上(Gate and Hill,1995)。经费来源多重性的现实也使它们置身于多元责信关系当中,责信对象包括:各个经费资助者(政府委外只是其中之一)、服务使用者、机构所在小区,以及网络中的其他组织,因此必须经常游走在责信网当中有所取舍,为求生存,(社会服务组织)必须创造出一个宽广的场域,让各种不同利益团体的输入与支持都可以源源不绝地注入;然而,在此同时它们也必须因应各方要求,努力地平衡各种不同的责信关系(Walker,2002:75)。

在新自由主义模型的责信下,所谓的契约委托关系,事实上是由三个契约构成:在经费资助者与服务供应者、服务供应者与案主、案主与经费资助者之间各存在一个契约。在前述责信网的现实下,Martin(1995)质疑这三个契约究竟何者居优位?彼此间是否兼容?当三个契约责信间产生冲突时,委托者与受托者的取舍准则各为何?谁的目标与利益可以主导组织管理者的因应行为(Walker,2002:65)换句话说,当受托者身处多元责信的脉络当中时,未必会以与政府之间的契约委托关系作为其唯一且优先的考虑,也未必会以专业所承诺要照顾的案主为其核心的关注,而是依其与各不同利益关系组织间的资源依存关系的现实与赏罚的强弱,来决定其响应责信的优先顺位。类似的责信优先性的取舍的质疑也出现在 Braye and Preston-Shoot(1999)一篇名为《责信、行政法与社会工作实务运作》的论述当中,他们更直接地点出在目前的政策脉络中探讨责信议题,应将观察的重点聚焦于差别权力关系(differential power relations),即某些形式的责信可能会因权力的不同而凌驾其他,因此,若是机构未特意地捍卫或是提高某些形式责信的优先地位,那么网络中资源最缺乏、权力最薄弱的服务使用者,以及机构与专业人员对专业伦理守则的责信,都极可能会被牺牲和妥协掉,前文有关管理主义与行政法原则责信的讨论中,都曾触及类似的冲突状况,如:受托者在对资助单位的责信与对案主的责信之间将陷入两难,最终做出以追求绩效为先,牺牲案主权益的决策;社会工作者判断应做的专业处置,可能会因管理上的需要而被督导否决,或是因主管的指示而改采某种特定的处置手段;为符合财务责信,机构也可能必须修改提供服务的资格标准,导致难以自圆其说地违反若干重要专业原则的结果;经费资助者在交换政治支持的考虑下,将公共服务委托给不尽理想的受托者,或未善尽管理与监督的职责,辜负人民负托等均是。

第五节 结语——对非营利组织的建议

全球性新公共管理运动的风潮使得社会服务契约委托的责信议题开始受到前所未有的重视。在深入探究现存的责信机制与隐身在委外制度当中的责信动力之后,近年来有不少学者开始质疑美国自20世纪80年代新保守主义政权执政以来全力宣扬与推动社会服务民营化,恐怕是迎合流行的政治文化与意识形态,或追求所谓政治象征性的理由,多过于审慎评估的理性决策,本质上政治行为的成分大过经济行为,对于如何妥善处理委外之后的实际问题却失之轻忽(Johnston and Romzek,1999; Lavery,1999; Breaux et al.,2002)。

"民营化"的成功显然是有条件的。诚如前文所析论,契约委托先天存在当事人与代理人利益不一致、代理人规避监督及监督耗费成本等限制,因此当内外在环境不够成熟时,社会服务民营化的内在制度弱点将表露无遗,造成责信危机。而此一先天困境,又因后天民营化的倡议者低估了委外所需要的公共管理成本,也轻忽了委外之后在公共管理能量上必要的装备,使得问题益形恶化。从本文的探讨中可观察出公部门存在若干未能向委托者要求责信的管理障碍:公部门策略规划能力不足;未有效区辨适合与不适合委外的服务项目;中央政府缺乏对问题全面性的理解与关注;地方政府契约管理人员人力不足、职能有限、意愿低落;缺乏信息基础建设与信息管理系统;未能积极营造具实质竞争性的市场;专业责信未臻成熟;未建构出具有共识的绩效评估内容与程序、测量技术仍有待研发;现有的绩效评估制度与责信脱钩徒具形式等。在这种情况下,委托者无法向受托者要求最直接相关的绩效评估,以及案主人权与民主权益两个方面的法律责信;而受托的民间非营利组织本身既未能体察并力行其主观责信的义务,也缺乏一个在保障案主权益前提下以绩效为念的文化,兼以外在场域中的专业责信薄弱,结果很自然地形成受托者在政治责信上多有着力,试图以政治责信取代(或掩盖)法律责信与专业责信,借社会能见度、知名度与政治动员力排委托者的监督与管理,并自我证明本身的绩效与正当性。综合以上理论文献与实证研究分析,本章将针对民间受托的非营利组织提出以下确保绩效、质量与消费者权益的责信建议。

(一) 严以自律,实践主观责信

受托的民间非营利组织投注心力与小区媒体建立良好关系,打开知名度营造正面的公众形象,密切地与政治人物互动以影响政策,积极参与各种委员会贡献专业见解等作为,均属无可厚非。但是一个对社会有所承诺、以专业自诩、以为弱势代言自居,获得一定社会资源、声望,以及政府信赖的非营利组织,本身应更具有深刻的反省能力,在个别专业人员层面,应积极自我装备专业知识、并发挥批判反思与不疑处存疑的精神,以专业责信自我期许(Braye and Preston-Shoot,1999: 251);在组织层面,则应成立内部审视小组或聘请外部顾问,从管理主义的责信与行政法责信双方面诚实地检视组织目前的运作绩效与流程。在努力争取各政府部门委外资源以维持或不断扩展规模的同时,也应停下脚步,自我反省是否有负社会大众的负托,像所批评的官僚一样,以另外一种形式浪费公资源,以及有违专业承诺忽视案主权益的情事发生,并以更高的标准自我要求与自我节律。

(二) 提升专业责信,创造组织内绩效文化

社会服务契约委托的最高理性在于专业性与效能性,也就是受托的民间非营利组织被认为也自诩比政府部门、营利性质机构更接近服务对象、具有更高的专业水平、能提供更具效率、效能与质量的服务。因此,非营利组织在要求将营利组织排斥在社会服务契约潜在委托对象之外,要求委托者给予更多的专业自主与裁量空间的同时,本身也应在提供同性质服务的专业社群内建立服务准则与信守专业伦理的共识,以实践同行责信;此外,在组织内部要能摒除挟政治力遮掩实绩或应付、包装的习性,创造出一种"在意绩效"的文化,强化第一线服务人员的专业训练,降低流动率,以实质的专业表现确保非营利组织要求排他性地承接公办民营的正当性。

(三)熟悉行政法原则,保护案主权益

非营利组织自认较营利组织更专业、更谨守专业伦理、尊重案主的权益,但在实务操作上仍应再度虚心而诚实地检视机构服务流程与既有保障服务对象权益的规章和实际作为,有无专业人员滥用裁量权、剥夺案主及家属参与、因工作人员的专业程度不足造成案主权益受损(如:无人力或能力强化家庭维系与重塑,而让孩子没有选择地接受永久安置的对待;坐视、掩盖服务对象间像是霸凌、性侵害等各种形式的互相伤害)、工作人员语言或身体伤害,或虐待服务对象等事情,除在职前、在职训练、督导及内部会议在再三强调,深化法律概念的灌输,达到内化与约束的效果外,建议社会服务机构应比照医疗机构建立起"揭发制度"(whistle-bowing),在诚实地承认专业服务有差池的信念下,鼓励机构内的工作人员勇于提出服务中违反行政法原则的事情,并共同讨论最重要的是"不二过",不让犯错成为习以为常的组织次文化。

关键术语

- 责信(accountability)
- 新公共管理(New Public Management,NPM)
- 层级责信(hierarchical accountability)
- 法律责信(legal accountability)
- 专业责信(professional accountability)
- 政治责信(political accountability)
- 物有所值(value-for-money)
- 主观责信(subjective accountability)
- 行政法原则(principles of administrative law)
- 当事人-代理人关系(principal-agent relationship)
- 同行责信(peer accountability)
- 服务使用者的责信(beneficiaries accountability)
- 消费者主权(consumer sovereignty)
- 第三者付费(third-party payment)

交易成本(transaction costs)
责信网(web of accountability)
绩效委外模式(performance-based contracting)
揭发制度(whistle-bowing)

复习思考题

1. 非营利组织的责信除了一般所熟知的财务责信之外还包括哪些方面?你能不能就所在国家或地区的现况,就每一方面分别想出一些已经有的以及将来可以规划的责信机制呢?

2. 管理主义的责信所强调的绩效,运用在社会服务领域中会产生什么样的问题?行政法原则的责信的精神与主要内涵有哪些?实务上,实践行政法原则的责信的具体做法有哪些?会遭遇到什么样的困难?

3. 你能不能以某一个提供社会服务给弱势者的非营利组织为例,设计一套兼顾管理主义与行政法原则的责信机制,向相关的利益关系人交待?

参考文献

丘昌泰,《公共管理:理论与实务手册》,台北:元照,2000。

"行政院"研考会,《政府绩效评估》,台北:"行政院"研考会,2004。

孙本初,公部门责信问题的探究,《人事月刊》,第33卷第3期,第10—21页,2001。

黄源协,台湾地区小区照顾的实施与冲击:福利多元主义的观点,《台大社会工作学刊》,第5期,第55—101页,2001。

冯燕,921灾后的全民捐募与公益责信,《厚生杂志》,第11期,第31—33页,2000;从部门互动看非营利组织捐募的自律与他律规范,《台大社会工作学刊》,第4期,第203—242页,2001。

刘淑琼,依赖与对抗:论福利服务契约委托下政府与民间受托单位间的关系,《小区发展》,第80期,第113—129页,1997。

社会福利机构契约委托:为何?和谁?台湾地区社会福利民营化的政

治分析，发表于“中央”研究院社会学研究所筹备处《民营化政策在台湾地区：社会学的观点研讨会》，台北南港，1998。

社会服务“民营化”再探：迷思与现实，《社会政策与社会工作学刊》，第5卷第2期，第7—56页，2001。

《政府福利服务契约委托执行绩效评鉴的研究》，“行政院国科会”专题研究计划（NSC 90-2412-H-130-001），2001b。

《地方政府社会服务契约委托的决策策略与契约管理的研究》，“行政院国科会”专题研究计划（NSC 91-2412-H-002-011），2002a。

《地方政府推动防治家庭暴力实务运作模式及建构跨专业资源网络的规划研究》，“内政部”委托研究，2002b。

加拿大联邦政府卫生行政部门责信机制的设计与运作，于辛炳隆等撰，《加拿大健康照护系统的治理与责信机制》，台北：台湾地区健康保险学会，“行政院卫生署”补助项目计划出国报告书，第21—36页，2002c。

Austin, D. M., *Human Services Management: Organizational leadership in social work practice*. NY: Columbia University Press, 2002.

Bardach, E. and C. Lesser, Accountability in Human Services Collaborative: For what? and to whom?, *Journal of Public Administration Research and Theory*, 6 (2): 197 - 224, 1996.

Behn, R. D. and P. A. Kant, Strategies for Avoiding the Pitfalls of Performance Contracting, *Public Productivity & Management Review*, 22 (4): 470 - 490, 1999.

Boyne, G. A., C. Farrell, J. Law, M. Powell and R. M. Walker, *Evaluating Public Management Reforms*, Buckingham: Open University Press, 2003.

Braye, S. and M. Preston-Shoot, Accountability, Administrative Law & Social Work Practice: Redressing or reinforcing the power imbalance? *Journal of Social Welfare & Family Law*, 21(3): 235 - 256, 1999.

Breaux, D. A., C. M. Duncan, C. D. Keller and J. C. Marris, Welfare reform, Mississippi style: temporary assistance for needy families and the search for accountability, *Public Administration Review*, 62(1): 92 - 103, 2002.

Brinckerhoff, P. C., *Mission-Based Marketing: Positioning your not-for-profit in an increasingly competitive world*, John Wiley & Sons, Inc, 2003.

Christensen, T. and P. Lagreid, *New Public Management: The transformation of ideas and practice*, England: Ashgate, 2002.

Clark, H. and J. Spafford, Adapting to the Culture of User Control?, *Social Work Education*, 21(2):247 - 257, 2002.

Duncan, G., New Mandarins New Zealand style, In S. Rees and G. Rodley (eds.), *The Human Costs of Managerialism*, pp. 159 - 168. Leichhart NSW: Pluto Press, 1996.

Eggers, W. D., Performance-Based Contracting: Designing state-of-the-art contract administration and monitoring system, *Reason Public Policy Institute*, 1997.

Flynn, R., Managerialism, Professionalism and Quasi-Markets, in M. Exworthy and S. Halford (eds.), *Professionals and the New Managerialism in the Public Sector*, Buckingham: Open University Press, 1999.

Fox, M., J. Johnston, R. Davis, R. Lee, and M. Zimmerman, *An Evaluation of the Medicaid Managed Care Program in Kansas*, Report to the Kansas Department of Social and Rehabilitation Services, 1998.

GAO, *Social Service Privatization: Expansion poses challenges in ensuring accountability for program results*, Oct., 1997.

Social Service Privatization: Ethics and accountability challenges in state contracting. Apr., 1999.

Welfare Reform: Federal oversight of state and local contracting can be strengthened. Jun., 2002.

Gates S. and J. Hill, Democratic Accountability and Governmental Innovation in the Use of Nonprofit Organizations, *Policy Studies Review*, 14(1/2):137 - 148, 1995.

Gilman, M. E., Legal Accountability in an Era of Privatized Welfare, *California Law Review*, 89(569):571 - 642, 2001.

"Charitable Choice" and the Accountability Challenge: Reconciling the need for regulation with the First Amendment religion clauses, *Vanderbilt Law Review*, 55(3): 799 - 888, 2002.

Glennerster, H., *Paying for Welfare: The 1990s*, NY: Harvester Wheatsheaf, 1992.

Gregory, R., Accountability, Responsibility and Corruption: Managing the public production process, In J. Boston (ed.), *The State Under Contract*, pp. 56 - 77. Wellington: Bridget William Press, 1995.

Gooden, V., Contracting Negotiation: Effective practices of successful human service contract managers, *Public Administration Review*, 58 (6): 499 - 509, 1998.

Handler, J. F, *Down from Bureaucracy: The ambiguity of privatization and empowerment*. Princeton: Princeton University Press, 1996.

Hansen, J. J., Limits of Competition: Accountability in government contracting, *The Yale Law Journal*, 112(8): 2465 - 2507, 2003.

Health Canada, *Health Canada Audit Policy*, June 20, 2002.

Johnston, J. M. and B. S. Romzek, Contracting and Accountability in State Medicaid Reform: Rhetoric, theories, and reality, *Public Administration Review*, 59(5): 383 - 399, 1999.

Kearns, K. P., *Managing Accountability*. San Francisco: Jossey-Bass Publishers, 1996.

Kettl, D. F., *Sharing Power: Public governance and private markets*. Washington, DC: Brookings Institution, 1993.

Kettner, P. M., and Martin, L. L., Performance, Accountability and Purchase of Service Contracting, *Administration in Social Work*, 17 (1): 61 - 79, 1993.

Kettner, P. M., R. M. Moroney and L. L. Martin, *Designing and Managing Programs: An effectiveness-based approach* (2nd ed.), Thousand Oaks, CA: Sage Publications, 1999.

Lavery, K., *Smart Contracting for Local Government Services: Processes and experience*, Westport. Connecticut: Praeger, 1999.

Lawton, A., *Ethical Management for the Public Services*. Buckingham: Open University Press, 1998.

Lewis, N., Regulating Non-Governmental Bodies: Privatization, accountability and the public-private divide, in J. Jowell and D. Oliver (eds.), *The Changing Constitution* (2nd ed.), Oxford: Clarendon Press, 1989.

Lightfoot, J., Accountability in Public Services: Incorporating the Professional Domain, In Lunt, N. and D. Coyle (eds.), *Welfare and Policy: Research agendas and issurs*, London: Taylor & Francis Ltd. Press, 1996.

Lloyd, R., The Role of NGO Self-Regulation in Increasing Stakeholder Accountability, *One World Trust*, 2005.

Lloyd, R. and L. de Las Casas, NGO Self-Regulation: Enforcing and Balancing Accountability, *Alliance Extra*, 2005.

Longley, D., *Pubic Law and Health Service Accountability*. Buckmigham: Open University Press, 1993.

MacCracken, L., *Market-Driver Strategy: An executive guide to health Care's intergrated environment*. I Ill: American Hospital Publishing, Inc., 1998.

Mahtesian, C., Taking Chicago Private, *Governing Magazine*. April, 1994.

Martin, L. L., *Contracting for Service Delivery: Local government choices*. Washington DC.: International City/County Management Association (ICMC), 1999.

Martin, L. L. and P. M. Kettner, *Measuring the Performance of Human Service Programs*. CA: Sage Publications, inc., 1996.

McKinney, J. B. and L. C. Howard, *Public Administration: Balancing power and accountability* (2nd ed.). Westport, Connecticut: Praeger, 1998.

Miller, C., Towards A Self-Regulatory Form of Accountability in the Voluntary Sector, *Policy & Politics*, 30(4): 551 - 566, 2002.

Milward, H. B., Implications of Contracting Out: New roles for the Hollow State, in P. Ingraham et al. (eds.), *New Paradigms for Government: Issues for the changing public service*, San Francisco, CA: Jossey-Bass, 1994.

Milward, H. B., The Changing Character of the Public Sector, In J. L. Perry (ed.), *Handbook of Public Administration* (2nd ed), San Francisco: Jossey-Bass, 1996.

Olsen, J. P., Civil Service in Transition- Dilemmas and Lessons Learned, in J. J. Hesse and T. A. Toonen (eds.), *European Yearbook of Comparative Government and Public Administration*, vol. III, pp. 389 – 407. Nomos: Baden-Baden, 1997.

Patti, R., *The Handbook of Social Service Management*. Sage Publications, 2000.

Peat B., and D. L. Costley, Privatization of Social Services: Correlates of contract performance, *Administration in Social Work*, 24 (1): 21 – 38, 2000.

Preston-Shoot, M., A Triumph of Hope over Experience? Modernizing accountability: The case of complaints procedures in community care, *Social Policy & Administration*, 35(6): 701 – 715, 2001.

Romzek, B. S., Where the Buck Stops: Accountability in reformed public organizations, In P. W. Ingraham, R. P. Sanders and J. Thompson (eds.), *Transforming Government: The realities of managing change in public organizations*, San Francisco: Jossey-Bass, 1998.

Savas, E. S., Competition and Choice in New York City Social Services, *Public Administration Review*, 62(1): 82 – 91, 2002.

Salamon, L. M., *Beyond Privatization: The tools of government action*. Washington DC: Urban Institute Press, 1989.

Smith, S. R. and J. Smyth, Contracting for Services in a Decentralized System, *Journal of Public Administration Research and Theory*, 6: 277 – 296, 1996.

Starling, G., *Managing the Public Sector*. TX: Harcourt Brace and Company, 1998.

Tang, A., The Changing Role of Government in Community services: Issues of access and equity to administrative review, *Australian Journal of Public Admin-*

istration,56(2): 95 - 105,1997.

Van Slyke,D. M.,The Mythology of Privatization in Contracting for Social Services,*Public Administration Review*,63(3): 296 - 316,2003.

Walker,P.,Understanding Accountability: Theoretical models and their implications for social service organizations,*Social Policy & Administration*,36(1): 62 - 75,2002.

CHAPTER 13

第十三章

非营利组织财务信息的公开报告

——从美国经验看台湾地区

郑惠文　台北大学公共行政暨政策学系博士生
彭文贤　世新大学行政管理系教授

▶ 学习重点

1. 了解财务信息公开报导对于非营利组织的意义。
2. 认识信息揭露的途径与代理问题。
3. 介绍美国与台湾地区非营利组织发展财务信息报导的实务。
4. 比较美国与台湾地区非营利组织财务揭露的特点与差异。
5. 分析信息揭露的代理问题应该如何解决。
6. 思考台湾地区非营利组织应如何提升其营运透明度以增进社会大众的信任。

本章简介

1999年"九·二一"地震、2004年南亚海啸,以及2005年高雄罹患肾上腺白质退化症张氏三兄弟的救济和赈灾事件,大笔的民间捐款涌向各政府机关和民间公益团体,但因缺乏信息公开制度,使得民众无法得知捐款流向和用途。由于美国是一个臻于成熟的公民社会,发展非营利组织有其悠久的历史,而台湾地区则是从1987年戒严解除后才逐渐蓬勃发展起来。因此,本文主要汲取美国非营利组织财务信息报导的发展经验,植根于财务的观点,试从责信下的信息公开、财务信息报告的特性与目标,以及公开报告的途径,探讨财务信息公开对非营利组织的含义。借由美国非营利组织信息公开报告的实务,对照台湾地区目前非营利组织报导系统的困境与不足,思索因应对策,然后提出建议与结论。期能有助于台湾地区重视非营利组织财务信息公开制度的建构,以提升营运透明度,确实达到妥善代理社会大众善用社会资源的目的。

第一节　导　论

台湾地区的非营利组织在过去10年来成长迅速,根据“内政部”公布的数据显示,至2006年底为止,经相关部门核准立(备)案的人民团体总数计有38 044个,较2005年底增加2158个,增加率为6.01%。其中又以推展文化、学术、医疗、卫生、宗教、慈善、体育、联谊、社会服务或其他以公益为目的所组成的社会团体最多,占总数的73.7%,计有28 027个,较2005年底增加1 892个(“内政部”,2007)。[①] 非营利组织固然随着经济的成长和社会的多元化而逐年增加,却也日益凸显出管理上的问题。以九·二一大地震为例,在善款快速募集的情况下,民间对于捐款来源与流向开始产生疑虑,而政府主管机关对于相关规范如何执行监督则显得缓不济急。“内政部”有鉴于此,于1999年12月20日通过《劝募条例》草案,以弥补九·二一震灾各界募款无法可管的漏洞,并于2006年4月25日“立法院”三读通过《公益劝募条例》,规定劝募团体应于劝募活动所得财物使用计划执行完工后30日内,将其使用情形提经理事会或董事会通过后公告及公开征信,连同成果报告、支出明细及相关证明文件,呈报主管机关备查(“内政部”,2006)。再如2005年元月高雄发生罹患肾上腺白质退化症张氏三兄弟为数可观的爱心捐款,以及同月份“新闻局”募得4亿元的南亚海啸捐款,延宕8个月仍未拨交慈善组织,引起社会大众哗然。在质疑主管部门处理募款运用的效率低下,以及执行与拨款动作缓慢导致“急事缓办”的同时,也对非营利组织代垫募款项目的流向与管理产生疑问。由这些例子来看,主管部门在法令上如何建立完善的监督机制,协助非营利组织争取有限的社会资源,解决其成效不彰、效率过低、公器私用及投资不当等通病,并对之施以责信,唯有通过责信

① 根据2007年“内政部”统计通报显示,台湾地区人民团体的组织与活动依《人民团体法》的规定,分为政治团体、职业团体及社会团体等三种。至2006年底,以社会团体28 027个占73.7%为最多,职业团体9 853个占25.9%居次,政治团体(含政党)164个占0.4%再次之。资料来源:“内政”统计信息服务网:http://www.moi.gov.tw/news/news_p.asp? NewsId = 2665。

信息的充分报导和监督机制的发挥，才能有助于非营利组织的永续经营。

以非营利组织发展较为成熟的美国为例，在20世纪90年代就曾发生过两件与募款伦理和责信有关的财务丑闻，即1992年美国联合劝募（United Way of America, UWA）与1995年新世纪慈善基金会（The Foundation for New Era Philanthropy）的欺诈案件。美国国会于是在1996年通过法案，规范慈善团体主管人员的薪资和津贴，并且要求非营利组织向国税局（Internal Revenue Service, IRS）申报的IRS 990所得税报表必须向社会大众公开。IRS后来也在1999年制订条规，要求非营利组织不得拒绝提供近3年申报的IRS 990报表，且鼓励将IRS 990报表公布在自行架设的网站上。此外，非营利联盟组织的看门狗优良事务局明智捐赠联盟（BBB Wise Giving Alliance）也配合此措施，[①]于2004年7月推动"在线慈善报告和评估系统"，不但鼓励非营利组织将IRS 990报表公开在"指引星"（GuideStar）网站上[②]，甚至以此为非营利组织的评比标准，以供民众参考。

由于美国是一个臻于成熟的公民社会，发展非营利组织已有悠久的历史，而台湾地区则是从1987年戒严解除后才逐渐蓬勃发展起来。因此，本文希望通过此研究，倡导台湾地区重视非营利组织财务信息公开报告的发展，期能提升营运透明度，确保其达到妥善代理社会大众并善用社会资源的目的。首先将基于财务观点，试从责信的信息公开、财务信息报导的特性与目标及公开报告的途径，探讨财务信息公开报导对非营利组织施以责信的意涵，进而借由美国非营利组织公开报告的实践，对照台湾地区目前非营利组织报导系统的困境与不足，思索台湾地区未来信息公开报告的因应对策，最后则提出建议与结论。

---

① 优良事务局智能捐赠联盟（BBB Wise Giving Alliance）成立于2001年，合并台湾慈善信息局（the National Charities Information Bureau）和优良事务局基金会与其慈善咨询服务委员会（the Council of Better Business Bureaus Foundation and its Philanthropic Advisory Service）。网站：http://www.give.org/。

② 指引星（GuideStar）成立于1994年，为提供有关非营利组织使命、计划和财务的全地区性数据库网站：http://www.guidestar.org/。

第二节　财务信息公开对非营利组织的意涵

非营利组织(Nonprofit Organizations,NPOs)在各国或地区经济和社会系统扮演着重要的角色,在租税法令上均有明确的界定。举例来说,美国国税法(Internal Revenue Code,IRC)定义"非营利组织是为组织的一种,该组织限制将盈余分配给组织的人员,如组织的成员、董事或是理事等",且依该法第501条第C项第3款规定:为公共利益服务而给予免税鼓励的团体,包括教育、宗教、科学、公共安全等(IRS,2007)。加拿大的非营利组织分成慈善团体和非慈善团体两类,其免税资格须符合《所得税法》(Income Tax Act)第149条第1项第1款限制分配盈余给所有权人、会员和股东的规定(CanLII,2007)。台湾地区,非营利组织的免税资格乃依"所得税法"第4条第1项、第13款规定:教育、文化、公益、慈善机关或团体,符合"行政院"规定标准者,其本身所得及其附属作业组织的所得免纳所得税。而有关教育、文化、公益、慈善机关或团体的定义,则依"所得税法"第11条第4项规定,以合于民法总则公益社团及财团的组织,或依其他关系法令,经向主管机关登记或立案者。上述定义或许仍有些许的不同,但基本上皆将非营利组织视为从事劝募并分配资金给予慈善、宗教、文化、教育、社交或情谊为目的;或是执行他种"良善工作"(good works)的合法体制或组织(Financial Action Task Force,2006)。只要以服务大众为宗旨、不以营利为目的的组织结构、不致使任何人利己营私的管理制度、合法免税地位,以及可以提供捐助人减免税负的合法地位等特质的组织均可称之(Wolf,1999:21)。非营利组织既具有服务社会大众的公益使命,又依赖社会大众的捐输维持组织运作,并享有"社会公器"的免税地位,公信力可说是非营利组织最重要的资本(冯燕,1999:39)。如何将管理成果传递给信息使用者并受到社会大众的审慎检视,借以营造公信力?以下将就责信的信息公开、财务信息报导决策的有用性、公开报告的途径,以及信息揭露的代理关系,探讨财务信息公开报导对于非营利组织建立责信机制的意义。

(一)责信下的信息公开

长久以来,责信概念对于非营利组织来说,犹如潘多拉的盒子(Pandora's box),模糊且具有冲突,让人好奇又恐惧(Kearns,1994:187)。就私部门而言,责信是向企业投资者负责,以赚取利润为目标;对政府部门来说,责信则是向人民负责,以实践公共意志为目标,通常是反映在选民的投票、立法和审判诠释上。然而,非营利组织责信的组成要素众多,包括行为主体、责信标的、信赖属性、利益关系人,以及运作的开放性和责任的归属等(李嵩贤,2003:29)。如何在有限的资源下建立彼此间的信赖属性?责信标准是否会造成组织行为上的矛盾?而责信标的是否应该公开检视,以及经营责任的归属与成败又应该由谁负责等,在显示这些问题均比私部门和公部门来得更加复杂。

根据《韦氏新世界字典》或《牛津英文参考字典》对责信(accountability)的解释,均意指某人有说明其行为或行动的义务,以让人明白与了解(Neufeldt & Guralnik,1986:9;Pearsall & Trumble,1996:9)。从这简单的定义当中,可引申出三个重点:其一,责信是一种互动关系,至少包括责信者与被责信者;其二,被责信者因为授权的关系,有义务回答责信权者关于授权行动表现的问题,这种义务的设计,应该包括信息公开的法律义务,与信息表达结构的可理解性(comprehensiveness);其三,责信者与被责信者之间关于彼此关系互动时的信息焦点,是责信者所关心的绩效问题,也就是被责信者受托所应完成事项的达成程度问题,通常这绩效信息是不对称地储存在被责信者的身上(陈敦源,2003:11)。因此,责信常被视为是一种报告的机制,且为管理和政治的控制工具,其标准依组织的层级结构而有所不同(White,1926:221)。Cooper(1990:59-61)建议,应翻转层级节制的金字塔结构,顶端为受益者,其次为治理结构的自愿受托者,最后才是行政命令链的主管,如此才能重整责任的优先次序,确保组织绩效与行为责任的过程。

除此,责信是有目的的活动,与计划和组织息息相关,彼此的联结通过行为和绩效的定义来达成目的,信息即是最佳的呈现方式。因此,一个有意义的责信架构,须以信息来作为行为和绩效的沟通媒介,联系所有的计划和组织活动，包括：①有关行为和绩效的共同期望；②为履行这些期望，必须以共有语言或流通形式来加以描述；③这些履行形式必须明确地制订出共有的标准（Cutt & Murray，2000：2）。换言之，有效的责信机制需要清楚地陈述目标、制定决策、呈现关系的透明度、诚实报导已使用资源与达成的结果、评估组织的运作是否达到令人满意的结果，以及监督是否有具体的奖惩机制等，才能明确地将达成的绩效层级与目标紧密结合，使其对绩效负责。然而，在这信息爆炸的时代里，何种信息最能合乎责信的特性？显然，财务信息可以直接通过财务报表上的数字和指标反映着组织经济资源、义务和净资产的变动，除可得知资源流入和流出的相关信息外，还可了解组织提供服务的努力程度是否达到预算目标，最后还能表达已使用资源的诚实和效率（即诚信）并反映工作的影响和效能（即绩效），可清楚地让资源提供者明了管理者是否善尽其守护资产的代理责任。

财务信息既能说明非营利组织的行为或行动义务，则此责信设计不应局限于组织内部或正式关系的说明，还应传递信息给予外部或非正式关系者明了，通过信息公开的法律义务与表达结构的可理解性，才能使被责信者因授权关系而有义务地回答责信权者关于授权行动表现的问题。在责信下财务信息公开的概念下，Herzlinger（1996：97－107）曾提出 DADS 策略，主张组织将营运信息揭露（disclosure）、分析（analysis）、传布（dissemination）和制裁（sanctions），才能获取公众的信任和信心；换言之，在诚信的原则下，通过定期信息“揭露”的方式，提供信息给社会大众“分析”，再借由法定“传播”媒介，将未达标准或提供不实数据的组织依其违反的严重程度予以“制裁”。此外，美国著名的智库 Aspen Institute（2003：5－6）也指出，促进基金会责信的首要工作就是透明化，即通过因特网或便利的中介团体，以广泛取得且易于了解的形式，及时提供有关基金会目的、计划、现行优先次序、最近捐赠记录、人员名册、受托人，以及申请支持程序等信息给予一般大众知晓。总之，非营利组织责信的展现乃在于财务信息公开报告，信息使用者有权利要求非营利组织将其代理社会资源的使用原因和目的予以说明。非营利组织为了本身任务的执行，唯有善用绩效评估工具，根据评估结果的正负面响应，针对所做的事向报导对象负责，才能达到妥善运用社会资源的目的，争取社会的信任。

(二)财务信息报导的决策有用性

非营利组织信息报导的目的莫过于资源提供者想了解组织提供服务的能力,相对于营利组织的资源提供者预期获得投资报酬或现金收益而有所不同。虽然如此,为避免资源滥用,两者的资源提供者均重视组织效益评估,尤其是财务信息具有数字性的指标,较能具体反映经营的成果。但是,非营利组织为获取捐助者的资金支持,往往报喜不报忧,忽略信息提供的真实性与真诚性。如何辨别信息的有用性,进而减少信息的不确定性和使用风险,促进非营利组织的效能?美国财务会计标准委员会(Financial Accounting Standards Board,FASB)认为信息选择的最高指导原则为决策有用性(decision uscfulness)。简单地说,有用的信息应能协助信息使用者制定决策。为达到此目标,FASB 财务会计观念公报第二号清楚地定义信息应具备两个基本的质量特性,即攸关性与可靠性,兹分别说明如下(吴嘉勋、陈进雄,2003:367-368):[①]

1. 攸关性(relevance)

提供财务信息的主要目的在于帮助使用者进行各项方案评估,以利作出明智的决策。所谓攸关性,是指所提供的信息必须与决策有关,具有改变决策的能力,亦即使决策者由于获得该信息而做成不同的决策。一项信息是否具有攸关性,通常由预测价值(predictive value)、回馈价值(feedback value)和时效性(timeliness)等三个因素所决定。简单地说,信息能对未来事项提供合理预测,证实或更正决策者过去的预期,并且在决策前提供才能发挥价值。

2. 可靠性(reliability)

所谓可靠性,是指所提供的信息能免于错误与偏差,并能忠实表达所代表交易的经济现象。因此,财务信息的提供应具有可靠性,才能够帮助决策

---

① 美国 FASB 创建于 1973 年,原先只专注于一般企业,而不涉及非营利组织。但自 1979 年起,开始为非营利组织及特定产业制订会计准则,但不包括州政府与地方政府。

者有效运用有限的经济资源。而一项信息是否具有可靠性，通常是由忠实表达(faithful representation)、可验证性(verifiability)和中立性(neutrality)等三项因素所决定。简单地说，信息的表达须与经济事项相符，公正妥当地反映组织的真实情况，即使是换由他人处理也能产生相同的结果，不会为了达到预期结果或图利某利益关系人而故意安排不当的信息内容。

然而，攸关性和可靠性却具有相反的特质。譬如，当增进数据的可靠性时，往往忽略了时效的攸关性。两者之间如何权衡得失，则有赖决策者的专业判断(Johnson,2005)。[①]此外，为了达到攸关性和可靠性的质量特性，其他诸如比较性(comparability)、一致性(consistency)与可理解性(understandability)也是决策者进行分析时不容忽视的财务报导质量特性；换言之，信息应在相同基础且可理解的形式下，减少不必要的技术语汇与信息复杂程度，才能协助潜在使用者从事客观评估，便于与组织过去绩效或其他组织比较，进而做出正确的决策。因此，为符合信息使用者的需求，FASB 在财务会计观念公报第四号中，特别提出非营利组织的信息提供应达到下列目标(FASB,1980)：

(1) 制定决策：提供现在或潜在的资金提供者有关组织资源分配与合理制定决策的信息。

(2) 评估职责：协助现在或潜在的资金提供者评估非营利组织提供服务的能力，以及管理者是否有背离职责的表现。

(3) 反映变动：提供组织经济资源、义务和净资产的信息，以及呈现一些交易事件或环境改变对收入和利益所造成的影响。

(4) 呈现绩效：反映组织在一段期间的绩效，定期衡量非营利组织净资产金额和性质的变动、组织绩效与服务收入等信息。

(5) 表达事实：忠实表达组织如何取得和花费现金、其他流动资金、举债和还债，以及其他影响组织流动性的因素。

(6) 辅助说明：内容应包括一些解释和说明，以辅助信息使用者的了解。

---

① 详细内容请参考美国 FASB 网站：http://www.fasb.org/articles&reports/a&r_2005.shtml,3/26/07。

此外，美国政府会计标准委员会（Government Accounting Standards Board，GASB）也提出财务信息报导的16个标准，并将之归类于外部报告、报告范围和沟通等三方面，可供非营利组织参考（GASB，2003）：

（1）外部报告：外部报告应提供信息使用者对于组织使命、目的与目标的完成程度，以及潜在制定重大决策或责信应有的了解基准，包括：界定目的与范畴、陈述目的和目标、参与目的和目标的设立、呈现多元的报告层级、分析结果和面对挑战、专注于主要的衡量指标，以及提供可靠的信息等。

（2）报告范围：信息报导应协助组织沟通和达成目的与目标的计划、服务和策略，譬如：资源使用的衡量结果和效率、公民与顾客的认知、绩效评估的比较、影响结果的因素、信息的累积与散布，以及内容的一致性等。

（3）沟通：合理告知有兴趣的信息使用者其获悉绩效报告的可行性，使之能获取、了解和使用组织所报导的责信信息，包含容易发现、获取与了解的可及性，以及定期与及时的报告。

（三）公开报告的途径

责信和决策有用性是非营利组织财务信息报告的两大日标，其目的在于保护公共财产和避免挪用公物；从另一个角度而言，为控制使用和避免滥用，民众对于公共事务的态度也相对地影响到责信的力道和信息取得的能力（Nelson，Banks & Fisher，2003：78－79）。从信息供需关系来看，组织和利益相关人均能影响系统所发生的财务揭露和监督。在探讨财务信息报告系统的质量时，须考虑供需关系、内部会计系统、财务揭露要求、使用客体的特性，以及监督和检查的机制。针对这一论点，Keating & Frumkin（2003：4－9）曾提出非营利组织财务责信系统（financial accountability system）的概念，此模式包含了组织活动、会计系统、财务揭露、监督和辅导、绩效评估以及支持和参与的相关决策等6个要件，并以直接（实线）与间接（虚线）的沟通关系串联如（图13－1）所示。其内容强调组织所从事的活动应反映在内部的会计系统中，并定期地编制财务报表，将之传达给利益关系人；由内部或外部稽核单位检视和确认组织活动、会计系统与财务揭露，以确保活动与彼此同意的目标一致、会计记录精确地反映组织活动，且财务报导和揭露的要求一致；然后利益相关人如投资者、债权人、捐助者、客户和政府机关等，由揭露的信息发展组织的绩效评估和结果，进而影响未来是否参与和支持这些非营利组织的意愿。

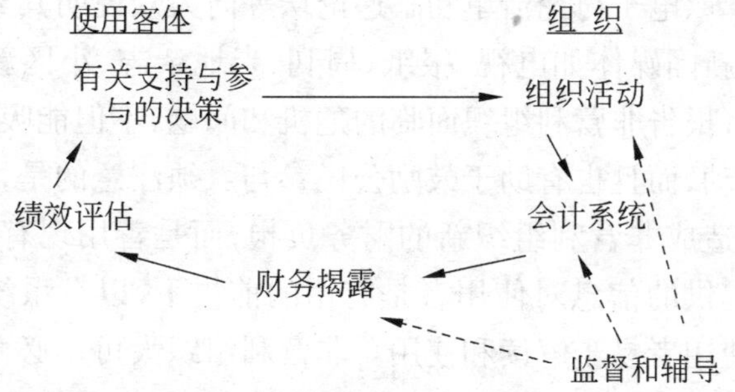

资料来源：Keating & Frumkin，2003：4。

图 13－1　财务责信系统

由上述财务责信系统的运作过程中，McCarthy（2007：163－164）认为承诺、沟通、能力、可靠性、一致性和持续性是增进财务透明度（financial transparency）的六大要素。O'Loughlin（1990：276－288）更进而建议可从三方面进行：①有效的沟通系统；②外部行动者影响组织的决策力；③决策制订自由裁量与否的考虑。首先在信息沟通质量方面，须衡量外部行动者所接受的信息质量、数量和检视频率。尤其，质量标准是否达到攸关性、正确性、时效性与明确性；核算通过正式和非正式渠道的信息数量，并检视其信息内容有哪些被善加沟通或被曲解；借由外部行动者出席及参与会议的情况、与组织人员交叉检视信息的密度和质量，以及对报告的审视与响应等，了解外部行动者检视信息的频率。其次，可从外部行动者与组织人员的互动、使用制裁或奖励措施影响组织人员的决策程度，以及制裁和奖励的频率次数是否和组织效能相符等，评估外部行动者影响组织决策力。最后，若组织政策在公开情况下被质疑，或者较重要的决策是通过非自由裁量而做的决定，均代表着外部行动者与非营利组织正面责信关系的良性发展。

信息披露（information disclosure）是非营利组织形成责信的主要途径，借由直接（direct）和间接（indirect）报导，非营利组织可向社会大众说明代理经营社会资源的产出和结果(Lee,2004:177－180)。直接报告则是指非营利组织直接以年度财务报表和组织报告,利用各种“电子报告”(e-reporting)的方式,如宽带频道系统、因特网、部落格、网址、实时视频影音传输、电子邮件发送、DVDs、CDs、电子讨论清单和邮递论坛等向大众说明其经营绩效;间接报告则是通过新闻媒体如电视、报纸、周刊、当地杂志、小区新闻稿、伦理相关发行刊物等,报告非营利组织面临的危机和问题,不但能吸引大众注意和了解其经营活动,而且也有助于鼓励公民参与。须注意的是,公开报告途径本质上并不是造成非营利组织新的财务负担,而是善用现有的财务和内部管理信息,在提供的信息对使用者是有用的前提下,以有系统、可了解且定期的设计,让使用者易于解读和使用。非营利组织大可不必由于资源有限,担心公开报告会增加其成本负担而抗拒接受;事实上有些成本和效益是无法用肉眼观察或数字来衡量的,须长远地仔细评估(Watts & Zimmerman,1990:131－156)。举例来说,为达到信息披露的目的,非营利组织短期或许会增加营运成本,投入大笔支出在自动化和标准化的软硬件设施上;相对的,信息披露亦能协助非营利组织降低与使用者间信息的不对称、减少使用者的捐助风险,进而吸引更多的新资金和管理人才投入等优点。所以基于长远运作与发展的考虑,非营利组织应审慎地评估使用者每项需求的成本和效益,而非一味抗拒,如此才能使责信系统产生重大利益。

(四)信息披露的代理关系

非营利组织信息披露的目的就是要解决代理问题(agency problem)。代理的原意来自契约委托人将契约工作交予代理人,约束代理人确实完成契约中所委托的工作,导引捐赠者的实质贡献产生并使受益者的利益极大化。倘若委托人(捐赠者)无法确定非营利管理者(代理人)管理资源的效率,则可能导致捐赠资金供给的减少;相反,如果非营利管理者能提供有效运用资源的信息,就可促使捐赠收入的增加。然而,由于委托人注重的是非营利组织的服务数量和质量,而代理人则着眼于组织的长期成长或自己的报酬和心理成就等利益,使得委托人与代理人间常因信息不对称(asymmetric information)而存在着利益冲突。若是代理人策略性地利用本身拥有的信息充分性来阻碍委托人的利益，委托人很难证明代理人的偷懒行为（所付出的努力小于报酬）和机会主义倾向（付出的努力乃增加自己的利益）。在道德危机（mortal hazard）的风险下，代理人为了自身的利益，极可能会牺牲委托人的利益，而迫使委托人因信息不足而做出有利于代理人的逆向选择（adverse selection），此时也仅能依赖代理人的道德自律了（孙炜，2004：150；蔡允栋，2001：212）。

在信息不对称的关系中，正因委托人不能直接观察代理人的行动，仅能观察到结果，若要促使代理人选择对委托人最有利的行动，委托人则必须给予代理人适当的激励来减少彼此的利益差异，避免代理人的偷懒行为，并支付一定的监控成本来限制代理人偏离正当的活动，即所谓的信息租金（information rent）来预防机会主义的行为发生（Laffont & Martimort，2002：39－40）。基本上，代理人的偷懒和机会主义行为分别是隐蔽行动（hidden action）和隐蔽知识（hidden knowledge）所造成的不可证实性（nonverifiability）。委托人唯有给予代理人适当的激励，以诱导代理人的努力，从中克服隐蔽行动所造成的偷懒行为；同时，通过信息交流来建立监控机制，以揭露代理人的隐蔽知识，防止机会主义的发生。此激励与监控的两个机制是相辅相成的，若是仅有监控机制而欠缺有效的激励机制，管理者将丧失生产的积极性，难免有偷懒行为；反之，如果只有激励机制而欠缺有效的监控机制，机会主义便会使激励机制发生扭曲。

因此，采取一些信息披露的激励及监督措施，应可降低信息不对称所引起的道德风险。下一节将从美国非营利组织信息报导的实务，进一步了解财务信息公开和实际运作的过程，以及财务信息公开报导对非营利组织的意义。

第三节　美国非营利组织信息报告的实务

在新右派思潮的影响下，美国非营利组织逐渐朝向市场机制发展，也确实从市场化的发展中获得利益，譬如获得更多且又可靠的资源、提供更佳的标的服务给支持者、增加合法性,以及促进较大的效率、创新与责信(Aspen, 2001)。但随着商业化而来之收入、契约竞争、新捐赠者和社会企业精神(social entrepreneurship)的期许,[①]对于非营利组织的价值守护者、服务提供者、倡导者和社会资本的营建者而言,固然有所帮助,但同时也带来无法达成社会使命的"无效能"、投注过少的收入比例予服务对象的"无效率"、内部人员自身图利,以及轻率地进行投资或财务决策等缺点,甚至牺牲了非营利部门创造与维护更强大的公民社会作为代价(Eikenberry & Kluver,2004:135)。这些问题凸显 Herzlinger(1996:98-99)所谓的破坏公共信任,强调亟须建立一套责信机制的规范。为有效地建立非营利组织的责信,美国非营利组织自 20 世纪 90 年代起即有相当程度的进展。

在 20 世纪 90 年代中就曾发生两则与募款伦理和责信有关的财务丑闻,包括 1992 年美国联合劝募(United Way of America,UWA)总裁 William Aramony 违法失职而下台并入狱;以及 1995 年新世纪慈善基金会(The Foundation for New Era Philanthropy)因诈欺案件而宣告解散(Bothwell,2001)。美国国会于是在 1996 年通过法案,规范慈善团体的主管人员的薪资和津贴,并且要求非营利组织必须将 IRS 990 报表向社会大众公开。后来,美国国税局于 1999 年 6 月制订规则,若是本人或民众以信件方式向非营利组织索取近 3 年申报的 IRS 990 报表,非营利组织不得拒绝提供,并且鼓励非营利组织将IRS 990报表公布在自行架设的网站上;[②]同年 7 月,美国国会通过《纳税人权利法案 2》(Taxpayers Bill of Rights 2,TBOR2),大幅扩张信息披露的程度,不但规范慈善团体的主管人员的薪资和津贴,并且要求非营利组织向国税局申报的 IRS 990 所得税报表必须对社会大众公开。以前一般民众只能

---

① 当政府补助、企业捐款、国际基金会赞助减少,以及全球经济不景气的情况下,一些公益团体开始转型,期望运用商业方式募集资源,借此提高组织效率与持续发展,公益团体开始建立和本身愿景相关的企业,一方面期望达到经费自主,另一方面实现宗旨及愿景,这类型的公益团体被称为社会企业。

② 美国非营利组织税务申报制度除教会组织外,非营利组织必须在会计期间终了时,向 IRS 申报及提交其他资料。IRS 对非营利组织按类别及规模进行分类申报管理,通常年收入超过 25 000 美元都必须填写 IRS 990 或 IRS 990 - EZ 申报表;若同时满足年收入总额不超过 100 000 美元和年末总资产不超过 250 000 美元两个条件,须填报 IRS 990 - EZ 报表;若不能同时满足以上两个条件,则填报 IRS 990 报表。

到 IRS 阅览非营利组织申报的 IRS 990 税务文件，现在只要以书方面申请免税的非营利机构请求，该非营利机构即应给予影印本，并对违反者处有罚款的规定；同年 10 月，联邦《综合统一及紧急补充提拨法案》（Omnibus Consolidated and Emergency Supplemental Appropriations Act，OCESA）通过，要求具有免税资格的非营利组织须向大众披露其基本数据与财务信息，并使大众能广泛取得（990online，2005）。①

迈入 21 世纪后，由于 2001 年发生 9·11 恐怖袭击事件，美国红十字会（The American National Red Cross）将部分捐款留置并用于其他用途，导致大众质疑红十字会对于这些庞大捐款的用途与责信力，接着 10 月又陆续爆发国际性企业安隆（Enron）和世界通信（Worldcom）的财务危机，破坏美国的金融秩序，美国政府遂于 2002 年 8 月推出《美国竞争力与公司责信法案》（American Competitiveness and Corporate Accountability Act），或称"沙氏法案"（Sarbanes-Oxley Act），要求所有公开上市与上柜公司须遵循治理、财务交易和稽核程序等新准则。此法案也同时影响了非营利组织，非营利组织研究机构"董事会资源"（BoardSouce）和"独立部门"（Independent Sector）建议将沙氏法案的精神带入非营利组织，强调治理与信息公开。2004 年 6 月，美国参议院财政委员会（U.S. Senate Committee on Finance）体认慈善机构责信的重要性，认为应加强非营利组织财务信息的透明度，以征信于捐赠者，优良事务局明智捐赠联盟（BBB Wise Giving Alliance）于是配合订定了治理与监督、效能评估、财务以及资金劝募和信息等四方面的"慈善责信标准"（Standards for Charity Accountability），以鼓励公平与诚实劝募的实务，促进非营利组织的伦理行为，并于 2004 年 7 月推动"在线慈善报导和评估系统"（Online Charity Reporting and Evaluation System），不但鼓励非营利组织将 IRS 990 报表公开在指引星（GuideStar）网站上，且以此为非营利组织评比的标准，以供民众参考（BBB，2004）。此外，2004 年 9 月底加利福尼亚州（California，以下简称加州）率先通过《非营利诚信法案》（The Nonprofit Integrity Act of 2004），

---

① OCESA 法案通过后，并非每个非营利组织都有能力自行架设网站或大量印制该组织基本信息，故有 990online.com 公司因应而生，经营协助申请免税的非营利组织在网站上公开该组织的基本信息，以满足信息公开的要求。

于2005年1月起全面实施，成为美国第一个州通过法案要求非营利组织超过200万元年收入时，须遵从稽核、独立稽核者、公开揭露、稽核委员会，以及执行长和财务长酬劳等五方面的规范。

从上述美国非营利组织责信的发展现况，归纳信息公开报告的途径有IRS 990报表申报、优良事务局明智捐赠联盟和指引星网站的在线报告系统以及加州非营利诚信法案等，兹分别说明如下：

（一）IRS 990报表的报告实务

目前美国非营利组织信息报告实务仍以IRS 990报表申报为主，理由归纳有三：①非营利组织必须向IRS和适当的州政府机关申报注册登记报表以获得免税的资格；②非营利组织除了宗教组织外，当年收入超过25 000美元，必须每年向IRS申报990报表；③立法要求非营利组织提供最近3年IRS申报数据给予信息索取者，并可索取合理的影印费用，但若能将IRS 990报表公布在网站上，使信息索取者广泛获取，则不受此限制。虽然申报实务的信息报告方式能增进信息公开的透明度且方便地供使用者获取，但信息的可靠性和攸关性仍让人质疑，其原因如下：

（1）时间落差：非营利组织所申报的数据并非是有用的，常有一至两年的时间落差。而且，延期申报是常被允许的，非营利组织并不会因申报时间延迟而受到惩罚，使得快速向IRS申报的现象并不存在。

（2）内容未获验证：IRS 990报表申报的内容有相当高的错误比例，诸如计算与誊写等错误，或者经常发生信息省略与错置字段等状况（Swords，1999）。

（3）报表申报与查核的报告实务有差异：IRS 990报表申报实务与一般接受会计原则（General Accepted Accounting Principles，GAAP）并不一致，例如IRS 990报表申报允许非营利组织将某些管理和劝募成本直接从收入抵消，而非报告为费用，得使IRS 990报表看起来较查核过的财务报表显得更有效率。

总之，由于及时性、验证和报告偏差等问题，使得非营利组织IRS 990报表呈现出选择性或误导揭露的现象，有意无意之间，增加了贡献的假象

(Keating & Frumkin,2003:8)。正因IRS 990报表信息报导上的限制,多半的州、联邦政府机关和研究机构便要求非营利组织在查核过的财务报表上提供补充性的披露数据。FASB过去15年来已致力于财务报告质量的改进,如资本支出的资本化与分摊,以及反映投资市场价值等数据的及时提供,这些皆是较为显著的改进。[①] 此外,非营利组织目前可向33个管辖地区(32个州和哥伦比亚特区)申报州报表或统一的注册登记报表,申报费由零至数百美元不等。其中,加州(California)、马里兰州(Maryland)和明尼苏达州(Minnesota)已设置可搜寻的网站数据库,允许个人获取自州政府申报的财务资料。联邦政府方面,也采用不同的补充要求,自1990年起,非营利组织若直接或间接接受联邦政府的实质协助时,须承受在《单一稽核法案》(Singl Audit Act)下比GAAP更严厉的查核要求,这些查核程序在管理预算局(Office of Management and Budget) Circular A-133中均有说明(OMB,2003)。

(二)在线报导和评估系统

以优良事务局明智捐赠联盟所推动的在线慈善报导和评估系统来说,该联盟基本上会索取会计师的查核报告、IRS 990申报报表、年度报告、预算、劝募合约、董事会名册、直接邮递诉求、公共服务发布稿,以及组织章程和条款等,并要求参与在线报告的慈善组织填写6页问卷,以确定该慈善组织是否遵循优良事务局明智捐赠联盟所订定的慈善责信标准。然后,通过此在线报告和评估系统,执行信息搜集、数据分析和报表产生等三个功能(BBB,2003):

(1)信息搜集:通过问卷询问有关该慈善组织的治理、资金劝募,以及财务数据等信息,填写完毕立即由在线收取数据。

(2)资料分析:经由专业化的计算机程序分析,分析该慈善组织的问卷回答内容是否符合该联盟所订定的慈善责信标准。

(3)报表产生:搜集而得的资料会自动地产生有关该慈善组织的初步报告,然后联盟的工作人员会根据该联盟所设定的程序来审视,最后在优良

① 所谓资本支出的资本化与分摊,指该笔支出的效益若不止于当期,就应该视如资产,然后随着效益期间加以摊销。

事务局明智捐赠联盟网站公布前送还该慈善组织检查和评论。

另外,值得一提的是,美国指引星网站提供超过150万个组织的财务数据,包括会计师查核报表、IRS 990报表的扫描图像、有关组织任务、重要主管和董事,以及目标与成果的信息,每天平均有两万人次通过该网站搜寻数据(GuideStar,2007)。除此,指引星网站成功地在2003年拓展至英国,英国目前也有16.7万个组织的数据库,并预计以"公民社会信息系统"为诉求,在全球推动"指引星联盟"(GuideStar Alliance),目前德国、匈牙利、印度和南非正陆续加入中。

(三)非营利诚信法案

如前所述,由于沙氏法案的影响,2004年9月底,加州州长Arnold Schwarzenegger签署了SB 1262法案,即《非营利诚信法案》(The Nonprofit Integrity Act),并已于2005年1月起全面实施,使得加州成为美国首创先例将公司治理精神融入非营利组织管理的一州(HB LLP,2004)。

该法案规定,当非营利组织的年收入超过200万美元时,须遵从稽核、独立稽核者、公开揭露、稽核委员会,以及执行长和财务长酬劳等五方面的规范:①稽核方面:经过会计师查核的年度财务报表须在会计年度终了的9个月内,向加州司法部检察长(Attorney General)登录申报;②独立稽核者:此份财务报表须由独立的稽核者查核,并符合一般接受的会计原则和美国审计长(Comptroller General)所公布的《政府查核准则》(Government Auditing Standards)的规定;③公开揭露:在会计年度终了的9个月内,查核过的财务报表须如IRS 990税务申报表格一般,公开让大众取得;④稽核委员会:慈善组织的稽核委员会应由董事会指派,其成员不能同时又是财务委员会中之一员或由执行长、财务长担任,须符合外部稽核者的聘用与内部稽核的程序;⑤执行长和财务长酬劳:须由董事会来审核,以确保其公正性和合理性。

至于年收入未达200万美元的中小型非营利组织,并非意味着因此得到免责,同样也被要求遵守公开揭露的规定。若该组织的财务报表编制是由会计师来查核,就应将查核结果如同IRS 990税务表格一般,公开给大众得知。特别的是,SB 1262法案将原受《为慈善目的统一监督受托人与劝募者法案》(Uniform Supervision of Trustees and Fundraisers for Charitable Purposes Act)规范的非营利社团(Unincorporated Associations)组织活动纳入,不再仅限于公司形态的非营利组织,并鼓励以政府会计准则委员会(Governmental Accounting Standards Board)所公布的会计原则为非营利组织维持财务记录的基准。①

自从加州通过《非营利诚信法案》后,也引发其他州制定类似法案或改变稽核门槛的规定,例如:马萨诸塞州(Massachusetts)草拟《促进公益慈善组织财务诚信法案》(the Act to Promote the Financial Integrity of Public Charities),且要求年收入超过50万美元的公益慈善组织呈送一份由独立会计师执行的查核报告,年收入介于10万美元与50万美元间者则须呈送一份独立会计师的财务复核报告;新罕不什尔州(New Hampshire)年收入超过50万元的非营利组织须呈送一份已查核的财务报表与IRS 990报表;缅因州(Maine)则不论金额大小,只要是登记为慈善组织者均须呈送一份已查核的财务报表与IRS 990报表;康涅狄格州(Connecticut)要求慈善组织每年呈送一份财务报表给消费者保护部,总收入超过20万美元者则须呈送一份已查核的财务报表;至于堪萨斯州(Kansas)的慈善组织必须在劝募基金前申报所得税,若收入扣除费用后之余绌超过50万美元者尚须呈送一份已查核的财务报表给主管机关(GuideStar,2005)。

第四节　台湾地区非营利组织信息报告的实务

根据"民法"的规定,台湾地区的非营利组织主要可分成社团法人和财团法人两个类别。社团法人为多数人集合成立的组织体,其组成的基础为

① 在美国,非营利组织有三种组织形态,即公司、社团和信托组织。几乎各州都有《非营利股份有限公司法》,当股份有限公司申请时,须填写股份有限公司条款及公司证明,以详细说明组织的基本目标及谁被授权有效行使组织行为。社团则是简单地通过章程及内部章程,便能行使法人权利而无须成为正式的股份有限公司,实体便能符合申请成为州级或联邦层级免税组织的资格要求。至于信托组织的成立,是经由信托声明或信托同意书,将资产委交资产管理人照顾管理。资料来自台湾地区文化智库网:http://www.adat.org.tw/f-a-3_info.htm,3/4/07。

社员;财团法人则以多数财产集合而成立的组织体,其成立的基础为财产。有关非营利组织的主管机关,社团法人为县市政府的社会局,财团法人则有20个监督机关,包括"内政部"、"经济部"、"外交部"、"教育部"、"财政部"、"交通部"、"法务部"、"文建会"、"蒙藏会"、"国科会"、"金管会"、"青辅会"、"体委会"、"农委会"、"劳委会"、"陆委会"、"退辅会"、"环保署"、"卫生署",以及"新闻局"等。由于监督的主管机关不同,使得监督信息报告的规范也不一致。以下分别就法律规范来分析台湾地区非营利组织信息报告的实务。

(一) 社团法人

社团法人的财务事务管理与监督除受"人民团体法"规范外,并根据"人民团体法"第66条规定,制定《社会团体财务处理办法》。在"人民团体法"中,与信息报告有关的规定仅第34条预算和决算的报备,明白指出人民团体应每年编造预算、决算报告,提经会员(会员代表)大会通过,并请报主管机关核备,但决算报告则应先送监事会审核,并将审核结果一并提报会员(会员代表)大会("内政部",2002)。至于社会团体财务处理办法,对于会计年度、会计基础、会计报告与会计科目、会计簿籍、会计凭证、预算决算的编审、财产管理、财务及会计处理、财务人员及财务查核等均有规定("内政部",2005)。兹将其归纳为会计制度、财务查核和申报期间等三个方面再说明如下。

首先在会计制度方面,社会团体的会计年度以历年制为准,从1月1日起至12月31日止。记账原则平时采用现金收付制,年终结算时采用权责发生制。报备查核的文件基本上包括当年度工作计划与收支决(预)算的相关报表,如资产负债表、收支决(预)算表、现金出纳表、资产负债表、财产目录、基金收支表,以及工作报告等。其次在财务查核方面,当社会团体的决算金额达新台币1 500万元以上者,得委请会计师签证,并未有强制规定。至于申报期间方面,社会团体应于年度开始前两个月由理事会编造年度工作计划及收支预算表,提经会员(会员代表)大会通过后,于年度开始前报请主管机关核备;此外,社会团体亦应于年度终了后两个月内由理事会编造当年度工作报告、收支决算表,连同现金出纳表、资产负债表、财产目录及基金收支表,送监事会审核,造具审核意见书,送还理事会,提经会员(会员代表)大会通过后,于3月底前报请主管机关核备。

(二) 财团法人

财团法人的财务事务管理与监督因组成条件为财产而非个人,不能有自主意思,所以必须设立管理人,依捐助目的来忠实地管理财产,以维护不特定人的公益与确保受益人的权益,并受各个主管机关监督准则的规范。以下依会计年度、会计信息、报导事项、会计制度、会计师签证、预算申报,以及决算申报与发布日等项目,将其归纳成基本原则、查核签证和申报期间等三方面来说明(喜马拉雅基金会,2002;许崇源,2003:24－27)。

(1) 基本原则:根据台湾地区各机关财团法人监督准则规定的信息报告规范,会计年度多采用历年制,从1月1日起至12月31日止。记账原则以权责发生制为基础,以实际发生作为收入和费用的认列标准。平时会计事务的处理被要求设有会计制度,并报请主管机关备查。报备查核的文件基本上包括业务计划书、经费预算和决算的相关报表如资产负债表、收支余绌表、基金余额变动表、现金流量表、主要财产目录,以及工作执行报告书等。

(2) 查核签证:关于期末财务报表是否应经过会计师签证,各主管机关的规定及标准并不一致。原则上依"行政院"所颁订的教育、文化、公益、慈善机关或团体免纳所得税适用标准的规定,财产总额达新台币1亿元以上或当年度收入总额范围从500万元至3 000万元以上的教育、文化、公益、慈善机关或团体,其本身及其附属作业组织的所得均免纳所得税者,应委托经财政部核准为税务代理人的会计师查核签证申报。

(3) 申报期间:有关预算与决算申报的期间,各主管机关几乎都要求财团法人应于年度前1至3个月期间内,拟具和申报预算及业务计划书,向主管机关报备查核;年度结束后也是在1至3个月期间内申报决算,除非有会计师查核而得以延迟。较为特别的是经济部,年度开始前,就政策方针、执行策略与运作方式提经董事会讨论通过后报部核备;年度终了后4个月内向董事汇报告,并邀请科技项目及业务主管机关发表意见。

(三) 研拟中的草案

由于台湾地区尚未有制定有关非营利组织财务信息公开报告的法令,行政主管部门正研拟将信息公开制度融入相关的法律研究与规划中,包括“法务部”于2002年9月呈报“行政院”审议的《财团法人法》草案,以及“青辅会”于同年12月研提第六版的《非营利组织发展法》草案(喜马拉雅基金会,2002)。[①]其中,《非营利组织发展法》草案规定非营利组织应于每年年度开始前或年度终了后3个月内,将其业务计划书及收支预算表,或业务报告书、收支决算表、资产负债表及财产目录等各项营运数据提请会员大会或理、监事会通过后,送主管机关备查,并主动公开。《财团法人法》草案除明定财团法人须于每年1月31日前,将各项营运及运作数据送请主管机关备查与主动公开相关信息外,为遏止财团法人不依期限报送营运与运作数据或不主动公开相关信息,以致延迟信息的传递与影响利益关系人制定决策的攸关性,主管机关得处财团法人新台币3万元以上至15万元以下的罚款,甚至废止其设立的许可。

此外,比较此两个草案与目前各部会财团法人监督准则最大不同之处,在于检具年度预算书及业务计划书属于财团法人的自治事项,由会员大会、理监事会或董事会执行即可,不但无须用法律加以规定,也不需送主管机关核备或处以罚款。至于会计制度方面,目前各部会的财团法人监督准则是否应由会计师签证则规定不一。其次,非营利组织发展法草案要求当年度收入总额达新台币3 000万元的非营利组织,其财务报告应经财政部核准为税务代理的会计师查核签证;但财团法人法草案则仅规定以公认会计原则处理,并未要求由会计师查核签证,两个草案也有所不同(喜马拉雅基金会,2002;何伟敏,2002)。[②]

---

① 《财团法人法》草案已于2007年4月通过“行政院”的初审。详细内容可参考自由时报网站:http://www.libertytimes.com.tw/2007/new/apr/23/today-p5.htm。

② 政府法人财产总额或当年度收入总额达新台币1亿元以上,其本身所得及其附属作业组织的所得免纳所得税者,应委托经“财政部”核准为税务代理人的会计师查核签证申报。

第五节　美国与台湾地区非营利组织财务披露的特点

美国公民社会的发展可追溯到殖民时代与立国之初,是由许多协会(associations)所组成的社会,致力于宗教、政治、教育,以及慈善和商业等各种活动,通过人民的互助来解决社会问题。相对的,台湾地区在1987年戒严解除以前,民间社会结社的权利是受到压制的;在戒严解除后,随着民主意识抬头与经济起飞,民间结社逐渐地发展起来。相形之下,美国已是一个臻于成熟的公民社会,而台湾地区则正值起步阶段。为汲取美国非营利组织财务披露的实务,兹将两者发展特点分析如下:

(一)美国

从前一节美国财务披露的实务中,呈现着三项特点:即财务信息公开报告实务以IRS 990为主、由民间联盟组织推动在线报导和评估系统,以及财务责信注入沙氏法案的精神。以下分别说明。

1. 财务信息公开报告实务以IRS 990报表为主

美国非营利组织为获取免税的资格,须向IRS和适当的州政府机关注册和申报IRS 990报表,且提供最近3年IRS申报数据给予信息索取者。虽然IRS 990报表申报实务具有强制性和方便性的优点,但也有下列缺点,包括:①信息申报有时间落差,影响决策攸关性;②信息申报内容常未获验证,可靠性堪忧;③990报表与查核报导要求有差异,未达标准一致性。因此,美国学者纷纷研究是否有可替代性系统,以取代IRS 990报表披露的方式,使信息披露更为透明。例如Keating & Frumkin(2003:9－10)认为美国证券交易委员会(Securities and Exchange Commission,SEC)和全国信用联盟管理(National Credit Union Administration)本身具有信息散布、检视做法律施行的角色,其财务报告系统应该有系统地提供攸关又可靠的信息给予相关的社会大众。

2. 由民间联盟组织推动在线报告和评估系统

为达到更严谨的自我要求与约束,美国非营利组织自发性地组成联盟,设置专责的独立单位来管理。以优良事务局明智捐赠联盟为例,该联盟制定了慈善责信标准,并对公益团体的财务、募款和机构治理等工作进行认证与辅导;此外,该联盟正推动着在线慈善报导和评估系统,其主要工作乃通过系统执行信息搜集、数据分析和报表产生等三项功能,让非营利组织的财务信息透明化,以接受社会大众的审视,确保爱心善款的妥善运用与组织服务绩效的提升。特别的是,此民间联盟组织并非采用强迫的方式招募会员,会员是自动参加且愿意接受计划管理、信息披露、募款方式,以及财务状况等专业方面的要求与辅导,符合资格的会员则可得到认证。一旦大众对该联盟的会员与专业能力产生信任时,便能进而促使非营利组织模仿性机制的运转,凝聚更多的仿效与学习。

3. 财务责信注入公司治理的精神

由于受沙氏法案的影响,美国政府或民间研究组织均鼓励非营利组织将公司治理的精神融入其内部治理,包括内线交易和利益冲突的回避、独立且有能力的稽核委员会、稽核者的责任、签证的财务报表、披露、弊端揭发者的保护及文件销毁等七方面(Independent Sector,2003)。公司治理强调董事会功能和运作的治理观点,以及组织健全运作的内部控制与信息披露的监督机制,其目的在于保障股东权益、公平对待大小股东、尊重其他利害关系人的权益、提升透明度,以及强化董事会的责任。这种负责、公平、尊重和诚信的理念,与非营利组织所要求的责信精神是相符的。目前加州是最早实施非营利诚信法案的州,该法案融入了公司治理的精神,其重点主要是针对年收入超过200万元的非营利组织,须遵从稽核、独立稽核者、公开披露、稽核委员会,以及执行长和财务长酬劳等五方面的规范,目的是增进信息的透明度,协助组织内部自我规范的养成,以及提升管理和专业化,如此才能不负外部捐赠者的嘱托。

(二) 台湾地区

台湾地区的非营利组织目前以中小型规模为主,董、理、监事多属于酬佣性质，经营管理的专业能力与信息电子化的程度普遍不足。因此，相较于非营利事业发达的美国，台湾地区非营利组织财务信息的报告实务则处于起始阶段，不但尚未强制公开信息，也尚未如美国已建立在线报告和评估系统或者是注入了公司治理的精神。以下分析台湾地区非营利组织财务披露实务的特点：

1. 各主管机关监督信息报导的规范不一致

如前节所述，台湾地区的非营利组织主要有社团法人和财团法人两个类别。社团法人的财务事务管理与监督受《人民团体法》及《社会团体财务处理办法》的规范，其主管机关为县市政府的社会局。财团法人依捐助目的来管理财产、维护不特定人的公益，以及确保受益人的权益，并受各主管机关监督准则的规范；然而，财团法人有 20 个主管监督机关，由于主管机关不同，使得监督信息报告的规范也不一致。当财务会计制度的规范散见于各个主管机关制定的法规中，并且非营利组织缺乏可遵循的专用公认会计原则的情形下，财务报表的表达与绩效衡量必然产生困难。

2. 未建立信息公开的制度

由于台湾地区目前尚未有非营利组织信息公开的制度，致使组织发展上面临一些困境。例如 1999 年九·二一地震、2004 年南亚海啸，以及 2005 年高雄罹患肾上腺白质退化症张氏三兄弟的救济和赈灾事件，大笔的民间捐款涌向各政府机关与民间公益团体，民众却无法得知其捐款的流向和用途。尤其当各种捐款滥用的情形经媒体披露后，更让捐款人对于往后的募捐行为感到却步。若是台湾地区能引进信息公开的制度，便可让民众自行检视社团法人和财团法人所提出的各种计划书与报表、监督捐款的流向，评断非营利组织的良窳。因此，通过有限资源竞争的市场机制，能确保非营利组织的营运是否合乎其设立的目的。

3. 尚未有专责管理的民间联盟组织

台湾地区目前尚未有一个专责的监督机构，专职于发展并制定一套适用于非营利组织运作的自律与公开报告的规范，并用以检查所有非营利组织，而后公布结果，让社会大众及捐款人知悉各受款组织在每个自律规范项目的表现。不过有一值得未来观察的,即2005年11月由喜马拉雅基金会等30家公益团体率先发起的台湾地区公益团体自律联盟,正式成立了一个常设性组织,希望能借重彼此的专业发展经验,以具体行动来展现公益团体在募款诚信、财务透明、服务效率和机构治理等高标准的自我规范。这是保障捐款人的权益、强化捐款人对于公益团体的信心,以及共同营造良善的公益团体生存发展环境的良好开端。

第六节 他山之石:台湾地区的借鉴

经过前一节的比较后,反映了台湾地区非营利组织正处于发展困境,不但各主管机关监督信息报告规范不一致,也未有信息公开的制度,更无须提及是否有财务公开报告的规范、建立在线报告和评估系统或者注入公司治理的精神了。以下将针对台湾地区非营利组织财务信息公开报告的发展困境,借由第一节所述的信息披露的代理关系,思考美国的实务经验是否有值得台湾地区借鉴的地方,提出因应对策与建议。

(一) 因应对策

为促使非营利组织财务信息的公开报告,首要工作即是解决代理的问题。代理问题是来自于委托人(捐赠者)和代理人(管理者)的信息不对称,而信息不对称又可分为时间发生的不对称(事前与事后)与信息内容的不对称(隐蔽行动与隐蔽知识)。因此,若要解决非营利组织的信息不对称,则必须从缩短时间落差和揭示信息内容两方面来着手。

(1) 在缩短时间落差方面,政府机关、研究机构和民间团体须评估可能的电子申报途径,以增进信息的预测价值、回馈价值和时效性。由于台湾地区的财务信息报告并未强制非营利组织公开,即使主动公开者,其财务报表申报通常也仅反映过去一年的经营结果而已,如果再加上1至3个月可被允许延期申报决算的期间,那么前后将造成一至两年的时间落差,使得快速向国税局申报与向大众公开的现象并不存在,着实影响利益关系人决策的攸关性。但此问题并非台湾地区所仅有，就连美国也正在研究其他的解决途径，例如通过网站的电子数据搜集、分析和存取系统（Electronic Data Gathering, Analysis, and Retrieval, EDGAR），将财务报表申报给类似 SEC 这种具有强制性的信息散布、检视做法律施行的单位，让大众在 48 小时内获知。不过，公开披露的成本是昂贵的，除需要资金投资计算机化的会计系统和内部控制系统，及雇用会计和内外稽核人员来确保财务信息的质量外，同时也需要非营利组织愿意支付申报费来负担昂贵的系统费用，才能使执行单位得以运作。所以在评估可能电子申报途径时，相关单位须审慎权衡成本效益的问题，才能产生重大的利益。

（2）在揭示信息内容方面，须针对会计年度、会计基础、会计方法、会计制度、报告事项，以及报表签证和预决算申报等有统一的规范，以增进信息质量的攸关性和可靠性，客观和公正地反映组织的真实状况。美国非营利组织目前向各州政府和管辖特区申报州报表或统一注册登记表，并遵循 FASB 和 GASB 的会计规范，致力于突破 IRS 990 报表信息报告上的限制；相对的，台湾地区对于非营利组织财务会计制度的规范，则散见于各主管机关制定之法规中，在无可遵循和专用的公认会计原则的情形下，必然使非营利组织财务报表的表达与绩效衡量产生相当大的困难。因此，统一主管机关的监督法规与会计制度是必要的，将使非营利组织处理各项经济业务时有所依循，以提升财务信息质量和透明度，使非营利组织健全发展。至于委托人如何通过激励机制和监督机制，披露代理人的隐蔽行动和隐蔽知识，避免代理人的偷懒行为和机会主义的发生，此将保留至最后的建议。

从美国财务信息公开报告的发展实务来看，可预见台湾地区的非营利组织未来将朝向电子化且以一致与易于了解的形式，公开提供财务与营运相关的信息，并致力于信息质量的提升。借由非营利组织财务信息的透明度，从而提升其诚信度，促进非营利组织的健全发展。换言之，唯有以有系统、易于了解和定期的形式，才能将有用且易于获取的信息传达给大众，明了其计划执行的状况，不负大众委托非营利组织守护社会资源之责。然而，当汲取与复制美国强制非营利组织提供相关的财务信息、鼓励其将信息公开于网站上、推动在线报导和评估系统,以及融入公司治理的精神等经验,弥补台湾地区的财务信息公开报导实务面临各主管机关监督准则规范不一和尚未建立信息公开制度等不足时,也应考虑两者间非营利组织的历史背景和文化上的差异。为避免揠苗助长,政府更应审慎地设计监督机制,并切实做好倡导和培训的工作,提供适当的配套措施和诱因,激励非营利组织公开信息与接受社会大众的检视。

(二) 建议与结语

综合上述可了解,当民众发现无法通过公开信息了解非营利组织的营运与绩效时,必定对捐款抱持着迟疑的态度,在难以形成一股公信力的前提下,将有碍于劝募和公益活动的推展。据此,本文提出以下三点建议。

(1) 当务之急应促使政府修改"人民团体法",并融入公司治理的精神,尽快通过"财团法人法"草案,能期改善目前多头马车,且内容繁简不一、标准宽严有别的法令规范,促进非营利组织遵循治理、财务揭露和稽核程序等新准则,以建立社会大众的信任。其中,通过会计师查核报告及公众审查制度,亦能减轻主管机关监督责任,有效促进非营利组织的良性竞争,逐步建立责信和增进透明度。目前非营利组织的发展及重要性,对社会秩序已产生某种程度的影响,然而相关法令却迟滞不前,不但不能制定统一财务处理准则,无法使监督与管理准则趋于一致,也使非营利组织对多头马车的要求无所适从,让有限资源形成不必要的浪费或重复使用。在主管机关人力和能力有限的情形下,唯有早日通过统一监督与管理规范,并交由民间独立的会计师查核,才可减轻主管机关监督的负荷。然而,有关会计师对相关专业的认知和审计准则制定等,则有待相关单位做更深入的研究,才能建立一套完整的监督机制。

(2) 研拟统一的非营利组织会计制度,以建立财务的责信系统。如前所述,台湾地区非营利组织目前以中小型规模为主,常囿于资源和能力的限制,更甭提内部稽核作业和控制系统。尤其,财务会计制度的规范散乱于各主管机关制定的法规中,在非营利组织缺乏可遵循的专用公认会计原则的情形下,财务报表的表达与绩效衡量必然产生困难。因此,政府应制定统一的会计制度,协助非营利组织管理走向制度化,以面对未来更复杂的信息需求和会计环境,保障捐款人和会员的权益。此外,财务责信系统的建立本质上并非造成非营利组织新的财务负担,而是善用现有的财务和内部管理信息,在提供有用信息给予使用者的前提下,以有系统、可了解且定期的设计,让使用者易于解读和使用。值得注意的是,祖国大陆地区自2005年1月起已在全国民间非营利组织中全面实施民间非营利组织会计制度(中国财政部,2004);相形之下,台湾地区则有待努力。

(3) 政府须提供配套措施和诱因,以鼓励优先于惩罚的渐进方式,营造非营利组织信息报导和评估的能力。台湾地区的非营利组织碍于诈骗案件频起、担心被其他组织觊觎资源,或者有利益输送情事的揭发等诸多因素,多数均排斥将财务信息公开,即使愿意公开也是被动提供。有关财务信息公开,未来除通过台湾地区公益团体自律联盟会员主动地以身作则地影响其他非营利组织之外,政府应先从非营利组织不得拒绝将财务信息的规定做起,开始缩短信息报导的时间落差,并鼓励其主动且定期地公开财务信息与经营运作的情况,才能使大众通过信息的解读,降低信息不对称的情形,检视非营利组织的行为,并给予认同及信心。未来主管机关若考虑以因特网作为信息披露的工具之一,也应顾及非营利组织不愿公布攸关个人隐私权信息的立场,或是有些非营利组织因规模小或业务发展不顺遂而没有能力架设网站等问题,给予这些团体在基础建设上的协助,帮助架设网站或提供相关作业的咨询的配套措施。

以上三点建议是基于监督和激励的立场,协助委托人获悉代理人的隐蔽行动和知识,以避免代理人的偷懒行为和机会主义的发生,降低代理关系所产生的信息不对称。为求持续性发展,非营利组织更应领导和提供更多且更好的信息给利益关系人,而非仅限于狭隘的财务报表的提供,以满足税务稽征者和主管机关的要求为目的。多数非营利组织失败的原因在于缺乏与大众沟通其工作内容,鲜少公布劝募信息与说明项目失败的原因,只有少数发行年报或出版品叙述其项目计划。在持续性发展的概念下,信息透明度的重点为强调保护价值,而此价值正是来自于不断学习、创新和策略发展的能力。因此,广义的财务信息应包含影响财务营运结果的非财务信息，如内部流程、学习和成长及利益关系人的需求等，甚至更进一步地披露因组织运作和计划产生的产品与服务所造成的经济、环境、社会的全面影响，并为此担负起社会责任，达到所谓持续性报告的信息报告。

总之，财务信息公开报告是建构非营利组织责信机制，进而创造社会公益价值的一条途径。非营利组织一方面肩负着服务大众的公共使命，另一方面仰赖社会大众的捐输而运作，接受政府补助或项目计划，并享有社会公器的免税地位。虽然非营利组织有适当的隐私权保护其真正机密或财产信息的需要，但大众也应有权知悉非营利组织的基本信息，并要求该组织对其行为负责且在更高标准的透明运作。在持续发展的概念下，非营利组织唯有具备长期经营的远见与负责开放的态度，适当地披露信息、对外提供有效的服务，并将治理和财务相关信息摊在阳光下，接受社会大众的监督，才能确保所有利益关系人的最高福祉，也唯有如此，才能提升公信力以维系公共性，并为组织创造价值，进而促成公民社会的实现。

关键术语

责信(accountability)
DADS 策略(DADS strategy)
公开报告(public reporting)
决策有用性(decision usefulness)
财务责信系统(financial accountability system)
财务透明度(financial transparency)
信息披露(information disclosure)
直接报告(direct reporting)
间接报告(indirect reporting)
代理问题(agency problem)
信息不对称(asymmetric information)
信息租金(information rent)
社会企业精神(social entrepreneurship)
沙氏法案(Sarbanes-Oxley Act)
非营利诚信法案(the Nonprofit Integrity Act)

复习思考题

1. 你认为财务信息公开报告对于非营利组织的重要性如何?

2. 从美国与中国台湾地区发展非营利组织财务信息的报告实务中,你认为有何相同或相异之处?美国是否有值得学习的地方?

3. 从本章的介绍中,你认为中国台湾地区非营利组织的财务信息报告应该如何增加其营运透明度?

参考文献

“财政部”会计准则委员会,《民间非营利组织会计制度》,2007。http://www.casc.gov.cn/gnxw/200607/t20060703_337026.htm,2004

“人民团体法”,http://sowf.moi.gov.tw/11/07-1.htm,6/3/07,2002。

“社会团体财务处理办法”,http://sowf.moi.gov.tw/11/07-7.htm,6/3/07,2005。

公益劝募“条例”,http://sowf.moi.gov.tw/15/new15.htm,5/12/07,2006。

“内政部”统计通报,2007 年第 10 周,3/13/07,http://www.moi.gov.tw/news/news_p.asp? NewsId = 2665,2007。

台湾地区公益信息中心,“中央”主管机关～财团法人设立及监督法规一览表,http://www.npo.org.tw/NPOLaw/index1 -4a.asp,3/4/07,2006。

李嵩贤,非营利组织管理责信初探,《人事月刊》,第 37 卷第 1 期,第 27—35 页,2003。

何伟敏,财团法人条例的立法精神与推动工作,台湾地区新世纪文教基金会。http://www.taiwanncf.org.tw/seminar/20020730/20020730-21.pdf。3/4/07,2002。

吴嘉勋、陈进雄,会计学,台北:华泰文化事业股份有限公司,2003。

孙炜,非营利管理的责任问题:政治经济研究途径,《政治科学论丛》第 20 期,第 141—166 页,2004。

陈敦源,透明与责信:行政过程控制的信息经济分析,反贪倡廉与行政透明国际学术研讨会,台北:政大公企中心,03/04/07,http://www.ti-taiwan.

org/ch. files/pdf. files/conference411_4. pdf,2003。

冯燕,非营利组织的定义、功能与发展,萧新煌主编,《非营利部门:组织与运作》,第1—41页,台北:巨流,1999。

喜马拉雅基金会,最新NPO发展趋势,台湾地区公益信息中心,3/4/07, http://www. npo. org. tw/NPODev/index. asp,2002。

蔡允栋,官僚组织响应力的研究:个案证实分析,《政治科学论丛》第15期,第209—240页,2001。

Federal NPO Disclosure and Public Access Laws, 3/4/07, http://www. 990online. com/fedlaws. html#tbor2,2005.

Aspen Institute, *The Nonprofit Sector and the Market: Opportunities and Challenges*. Publication 01-013. Washington, DC: Aspen Institute. 3/26/07. http://www. nonprofitresearch. org/usr_doc/Market%20Pamphlet. pdf,2001.

Foundation Accountability and Effectiveness. Washington, DC: Aspen Institute. 3/4/07. http://www. nonprofitresearch. org/usr_doc/Foundation_Statement. pdf,2003.

BBB Wise Giving Alliance, Standards for Charity Accountability, http:// www. give. org/,3/4/07,2003.

BBB Wise Giving Alliance Unveils 21s Century Charity Accountability Tool, 3/4/07, http://www. give. org/news/cares. asp,2004.

Bothwell, Robert O., Trends In Self-Regulation And Transparency Of Nonprofits In The U. S, *The International Journal of Not-for-Profit Law*, Vol. 4, Issue 1. 5/12/07. http://www. icnl. org/journal/vol4iss1/bothwell2. htm,2001.

CanLII, Income Tax Act 149(1),3/12/07, http://www. canlii. org/ca/sta/ i-3. 3/sec149. html,2007.

Cooper, T., *The Responsible Administrator: An Approach to Ethics for the Administrative Role*. San Francisco: Jossey-Bass,1990.

Cutt, James & Vic Murray, *Accountability and Effectiveness Evaluation in Non-Profit Organizations*. London: Routledge,2000.

Eikenberry, A. M. & J. D. Kluver, The Marketization of the Nonprofit Sector: Civil Society at Risk? *Public Administration Review*, Vol. 64, No. 2: pp. 132 - 140, 2004.

FASB, *Statement of Financial Accounting Concepts* No. 4, pp. 1 - 36. http://www.fasb.org/st/index.shtml#cons, 3/4/07, 1980.

Financial Action Task Force, *Interpretative Note to SR VIII (Non-Profit Organizations)*. 3/7/07. http://www.fatf-gafi.org/dataoecd/16/6/36174688.pdf, 2006。

GASB, *Reporting Performance Information: Suggested Criteria for Effective Communication*. 3/4/07. http://www.seagov.org/index.shtml, 2003.

GuideStar, Nonprofits, Sarbanes-Oxley, and the States, 5/12/07, http://www.guidestar.org/DisplayArticle.do? articleId = 779#6, 2005.

About us. 3/4/2007, http://www.guidestar.org/about/index.jsp? source = dnabout, 2007.

HB LLP, Nonprofit Integrity Act: What does it mean to your Nonprofit?, www.hbllp.com/pages/pdf/alert_2004.pdf, 3/4/07, 2004。

Herzlinger, Regina E., Can Public Trust in Nonprofits and Governments Be Restored? *Harvard Business Review*, Vol. 74, No. 2: pp. 97 - 107, 1996.

IRS, Exemptions & Requirements of Charities and Non-Profits, 3/12/07, http://www.irs.gov/charities/charitable/article/0,,id = 96099,00.html, 2007.

Independent Sector, Sarbanes-Oxley and Implications for Nonprofits, 3/4/07, http://www.independentsector.org/issues/sarbanesoxley.html, 2003.

Johnson, L. Todd, Relevance and Reliability. *The FASB Report*. 3/4/07, http://www.fasb.org/articles&reports/a&r_2005.shtml, 2005.

Kearns, Kevin P., The Strategic Management of Accountability in Nonprofit Organizations: An Analytical Framework. Public Administration Review, Vol. 54, No. 2: pp. 185 - 193, 1994.

Keating, Elizabeth K. & Peter Frumkin, Reengineering Nonprofit Financial Accountability: Toward a More Reliable Foundation for Regulation, *Public Administration Review*, Vol. 63, No. 1: pp. 3 - 15, 2003.

Laffont, Jean-Jacques & David Martimort, *The Theory of Incentives: The Principal-Agent Model*. Princeton University Press, 2002.

Lee, Mordecai, Public Reporting: A Neglected Aspect of Nonprofit Accountability, *Nonprofit Management & Leadership*, Vol. 15, No. 2: pp. 169 - 185, 2004.

McCarthy, Jack, The Ingredients of Financial Transparency, *Nonprofit and Voluntary Sector Quarterly*, Vol. 36, No. 1: pp. 156 - 164, 2007.

Nelson, Morton, William Banks and James Fisher, Improved Accountability Disclosures by Canadian Universities, *Canadian Accounting Perspectives*, Vol. 2, No. 1: pp. 77 - 107, 2003.

Neufeldt, Victoria & David B. Guralnik, *Webster's New World Dictionary*. 3rd college edition, edited by Victoria Neufeldt and David B. Guralnik, Cleveland and New York: Weber's New World Dictionary, (p. 9), 1986.

O'Loughlin, M. G., What Is Bureaucratic Accountability and How Can We Measure It? *Administration & Society*, Vol. 22, No. 3: pp. 275 - 302, 1990.

OMB, Circular No. A-133: Audits of States, Local Governments, and Nonprofit Organizations. 3/4/07, http://www.whitehouse.gov/omb/circulars/a133/a133.html, 2003.

Pearsall, Judy & Bill Trumble, *The Oxford English Reference Dictionary*. Edited by Judy Pearsall and Bill Trumble, Oxford: Oxford University Press, (p. 9), 1996.

Swords, Peter, Nonprofit Accountability: The Sector's Response to Government Regulation. http://www.qual990.org/np_account.html, 3/4/07, 1999。

Watts, Ross & Jerold L. Zimmerman, Positive Accounting Theory: A Ten Year Perspective, *The Accounting Review*, Vol. 66, No. 1: pp. 131 - 156, 1990.

White, Leonard, *Introduction to the Study of Public Administration*. New York: Macmillan, 1926.

Wolf, Thomas, Managing a Nonprofit Organization in the Twenty-First Century, New York: Simon & Schuster, 1999.